법률사무소 **김앤장**

법률사무소 김앤장

신자유주의를 성공 사업으로 만든 변호사 집단의 이야기

1판 1쇄 | 2008년 1월 8일
1판10쇄 | 2016년 1월 8일

지은이 | 임종인, 장화식

펴낸이 | 정민용
편집장 | 안중철
편집 | 윤상훈, 이진실, 최미정, 장윤미(영업 담당)

펴낸 곳 | 후마니타스(주)
등록 | 2002년 2월 19일 제300-2003-108호
주소 | 서울 마포구 양화로6길 19(서교동) 3층
전화 | 편집_02.739.9929/9930 영업_02.722.9960 팩스_0505.333.9960

홈페이지 | www.humanitasbook.co.kr
페이스북 | facebook.com/humanitasbook
트위터 | @humanitasbook
블로그 | humanitasbook.tistory.com
이메일 | humanitasbooks@gmail.com

인쇄 | 천일_031.955.8083 제본 | 일진_031.908.1407

값 12,000원

ⓒ 임종인·장화식, 2008
ISBN 978-89-90106-54-4 03300

이 도서의 국립중앙도서관 출판시도서목록(CIP)은 e-CIP 홈페이지(http://www.nl.go.kr/ecip)에서
이용하실 수 있습니다(CIP제어번호: CIP2008000004).

법률사무소 **김앤장**

신자유주의를 성공 사업으로 만든 변호사 집단의 이야기

임종인·장화식 지음

후마니타스

차례

표·그림 차례

일러두기

1 책·신문·정책자료집 등의 제목은 겹낫쇠(『』)를 쓰고 보고서·기사 등 글의 제목은 홀낫쇠(「」)를 썼
   다. 방송 제목·법률명은 단격쇠(( ))로 표기했다.
2 인용문 중 [ ] 안의 내용은 모두 '필자 주'이다.

서문 '보이지 않는 권력'의 형체를 찾아서

이 책을 처음 집어 든 독자라면 필자인 우리 두 사람에 대해 궁금할지 모르겠다. 임종인은 국회의원이고, 장화식은 노동운동을 하고 있다. '왜 김앤장인가'를 말하기에 앞서, 서로 활동의 장을 달리하는 우리 두 사람이 김앤장에 대한 책을 같이 쓰게 된 이유를 간단히 설명하는 게 좋겠다.

장화식과 김앤장

필자의 한 사람인 나 장화식은 외환은행 자회사인 외환카드에서 15년을 근무했고 노조위원장을 지냈다. 2004년 외환카드가 외환은행으로 통합되면서 해고되었다. 좀 더 정확히 말하면, 김앤장의 법률자문과 지도에 따라 두 조직이 통합되었고 해고는 그 과정에서 일방적으로 내게 통보되었다.

그해 1월부터 회사와 싸움을 시작할 때까지만 해도 내가 왜 해고의 찬바람에 떨어야 했는지 이해할 수 없었다. 누가 해고했는지 알고 싶었다. 해고가 잘못된 일이라고 부당해고 소송도 했다. 그런데 시간이 지날수록 나를 해고한 상대가 간단치 않다는 것을 알게 되었다. 단순히 외환은행이라는 회사만 상대하면 되는 줄 알았는데, 그 뒤에는 이 책 전체를 통해 끊임없이 언급될 론스타라고 하는 국제펀드가 있었다. 그리고 다시 그들 뒤에서 법률자문을 해 주고 소송도 도맡아 대행해 주는 김앤장이라는 국내 최고의 법률회사가 있었다.

소송을 했지만, 법률 지식이나 영향력에서 나는 김앤장의 상대가 되지 않았다. 그렇다고 해서 엄청난 돈을 주고 변호사를 선임할 능력도 없었다. 내가 할 수 있는 일은 뜻있는 사람들과 김앤장 사무소 앞에서 항의 집회를 하는 것이었다. 매주 목요일 점심때면 어김없이 가서 목소리를 높였다. 김앤장 고위 변호사들은 정확히 11시 45분만 되면 건물 아래로 내려왔다. 검은 양복을 입은 사람들이 도열해서 문을 열어 주었고 그들은 검은색 최고급 승용차를 타고 어디론가 사라졌다. 그런 뒷모습에 대고라도 우리들의 요구를 소리쳐 말해야 했다.

그렇게 몇 개월이 지난 뒤 김앤장에 근무하는 친구에게서 전화가 왔다. 고생한다며. 한번 만나자고. 고등학교 졸업 후 처음 만나게 된 친구였다. 반가웠다. 소주를 마시면서 그동안 못한 이야기를 하던 끝자락에 집회 이야기가 나왔다. 김앤장은 법률사무소이며 단순한 대리인이니까 여기서 시위하지 말고 외환은행이나 론스타 앞에 가서 하라는 것이었다. 내 입장에서는 당연히 거절할 수밖에 없었고 그 이유를 말했다. 그 친구는 "너와 관련된 소송 건에서 손을 떼겠으니, 시위는 그만하라"고 이야기했다. 그렇게 헤어졌다. 그 뒤 김앤장은 정말로 손을 뗐다. 그런데 나중에 알고 보니 우습게도 새로 소송을 맡은 곳은 김앤장 출신 변호사가 운영하는 로펌이었다. '지성'이라는 이름의 그 로펌은, 본문에서 살펴보겠지만 노동문제와 관련된 사건에서 김앤장의 파트너로 늘 붙어 다니는 곳이다.

시위와 소송을 떠나 김앤장 대표(김영무)를 한번 만나고 싶었다. 그래서 면담을 요청하는 공문을 보냈다. 답변이 왔다. "변호사는 직무상 알게 된 고객 문제에 관한 사항을 타인에게 이야기하는 것이 금지되어 있고(〈변호사법〉 제26조, 〈형법〉 제317조), 검찰에서 수사 중인 사항에 대해 이야기하는 것은 적절치 않으며, 나아가 김영무 변호사는 론스타 건에 관여한 바가 없다"라는 내용이었다. 면담 요청 공문을 다시 보내자, 이번에는 "근거 없는 의혹 제기와 불법 행동을 중단하기 바랍니다"라는 정중한 표현의 협박조 답변이 왔다. 그리고 김앤장은 변호사를 별도로 선임해 나에 대한 법적 대응을 시작했다.

김앤장을 대리한 변호사는 "변호사 조력을 받을 권리는 헌법적 권리이고 사회적 비난을 이유로 수임을 거절할 수 없다"며 묻지도 않은 설명을 전제한 뒤, 계속 면담을 요구하면 "〈특정범죄가중처벌 등에 관한 법률〉 제5조 9항에 의해서 가중처벌받을 수 있다"라는 내용 증명을 두 차례 보내왔다. 누구나 변호사의 조력을 받을 수 있다는 그 말이 위선처럼 느껴졌다. 그래서 큰 종이에 "본인은 김앤장 변호사의 조력을 받고자 합니다"라고 써서 김앤장을 찾아갔다. 1층에서부터 쫓겨났다. "김앤장은 개인 소송은 맡지 않고, 국내 일은 맡지 않는다"는 게 이유였다.

곧이어 종로경찰서에서 〈집회및시위에관한법률〉 위반으로 조사할 것이 있으니 경찰서로 출석하라는 '출석 요구서'가 날아왔다. 경찰서에 가서 "집회 신고도 했고 합법적인 집회를 하는데 왜 조사를 받아야 하는가"라며 항의하자, 담당 경찰관은 "수사 요청이 왔기 때문"이라고 했다. "누가 수사를 요청했는가? 김앤장인가?" 하고 묻자, "정보과에서 요청을 했고, 더 이상 알려 줄 수 없다"라고 했다. 경찰서에 앉아 조사를 받고 억울하게 벌금 70만 원까지 물어야 했다.

물러서지 않으려니 공부를 해야 했다. 우선 전문 지식을 현장 활동과 결합하는 것이 필요했다. 그래서 2004년 8월, 대학에 있는 학자들과 전문 연구자들을 함께 모아 투기자본감시센터를 만들어 체계적인 조사 활동과 정책 연구를 하게 되었다. 이 과정에서 현실적으로 가장 큰 도움이 되었던 것은 '정치'였다. 웬 정치냐 하는 독자들이 있겠지만, 관련 자료를 가장 많이 갖고 있으면서 숨기고 있는 것은 정부였고, 이 자료를 청구하고 유익하게 활용할 수 있는 곳은 국회였다. 국회의원을 찾아 문제의 중요성을 알리고 입법 조사 활동을 지원하면서, 어떻게 이런 사태가 벌어질 수 있었는지를 이해하는 데 도움이 될 많은 자료를 구할 수 있었다. 민주주의에서 왜 정치가 중요한지, 현실 정치가 제아무리 문제가 많다 해도 없는 것보다 있는 것이 얼마나 절실한 것인지 이해하게 된 경험이기도 했다. 그때 만난 국회의원이 바로 임종인이다.

임종인과 김앤장

이 책의 또 다른 필자인 나 임종인이 장화식을 만난 것은 론스타의 외환은행 인수 과정의 불법성을 파헤치는 과정에서였다. 당시 국회 법사위원으로서 나는 시민의 관심이 집중되어 있는 이 사건을 다뤄야 한다고 생각했다. 법사위 소관 부처인 감사원과 검찰을 상대로 사건 경위의 명확한 실체 파악을 추궁하고 책임자에 대한 엄정한 사법 처리를 요구했지만, 나 자신부터 조사와 연구가 필요했다. 그 과정에서 사건의 실체를 가장 잘 알고 있는 장화식과의 만남은 필연적이었다.

외환은행 매각이 납득할 수 없는 방식으로 이루어졌음을 밝히는 과정에서 나 역시 마주치게 된 것은, 바로 김앤장이었다. 잘 알다시피 투기성 사모펀드 론스타는 자산 규모 62조 6,033억 원의 외환은행을 단돈 1조 3,833억 원에 샀다. 이 과정에서 김앤장은, 자신들은 단순 법률자문만 했을 뿐 책임이 없다고 주장해 왔다. 하지만 나는 외환은행 인수 당시 김앤장이 재경부, 금감위와 공모한 증거를 찾아냈다. 대표적으로 「론스타의 외환은행 인수 자격에 관하여」라는 제목으로 김앤장이 작성한 비공개 문건이 있다. 이 문건의 결정적 중요성에 관해서는 본론에서 자세히 살펴볼 것이다. 나는 이 문건을 2006년 10월 국정감사에서 공개하면서, 김앤장 고문을 지낸 전 부총리 이헌재와 김앤장 소속 변호사 등을 증인으로 신청했다. 하지만 이들은 국회에 나타나지 않았다. 대신 이들을 증인에서 빼 달라는 로비는 강력했다. 여러 사람이 내게 압력을 넣었다. 그중에는 법조계와 정치권에서 오랫동안 친분을 나눠 온 사람들, 심지어는 법무부 장관을 역임한 분도 있었다. 김앤장의 위세를 실감하지 않을 수 없는 경험이었다.

국정감사를 마치면서 장화식과 나는 김앤장에 대해 좀 더 체계적인 조사가 필요하다고 판단했다. 우선 장화식이 중심이 되어 조사를 시작했고, 여러 학자들과 노조 관계자, 민변에 있는 동료 변호사들의 도움을 받아 관련 자료를 검토했다. 2007년 2월 12일자로 발간한 정책자료집『한국 사회의 성역, 김&장 법률사무소: 법률에서 사업이 된 김&장의 문제점과 대안 제시』에 그 결과를 담았다. 이를 바탕으로 국회에서 정책토론회도 개최했다. 김앤장에 대한 하나의 체계적인 조사 및 연구, 공론화가 이루어진 것은 이때가 처음이었다.

김앤장에 대한 정책자료집을 동료 법사위원들에게 전했을 때 '엄청난 일'을 했다는 반응이 쏟아져 나왔다. 국회의원들에게도 김앤장은 매우 부담스러운 존재다. 우리 사회의 슈퍼재벌로 등장한 삼성보다 더 조심한다. 동료 국회의원 가운데 삼성의 잘못된 행태에 대해 비판적 태도를 보이는 사람은 여럿 있다. 그러나 국정감사에서 이건희 삼성 회장을 증인으로 신청하자고 하면 "우리가 그렇게 바쁜 분을 어떻게 부를 수 있느냐"라며 만류한다. 달리 보면 증인 신청은 반대하지만 적어도 비판과 문제 제기는 한다는 뜻이기도 하다. 하지만 김앤장에 대해서는 어떨까? 대다수의 국회의원은 비판은커녕 거론조차 하지 않는다.

나 역시 변호사 출신이니 법조계에서 김앤장의 존재나 그 영향력에 대해 모를 수가 없다. 그러나 제아무리 같은 직업 집단에 속한 사람들의 문제라 할지라도, 그것이 우리 사회의 중대 사안이라면 대중 정치가는 지지자를 대표해 자신의 판단을 분명하게 밝혀야 한다. 국회에서 실현될 수 없다면 거리에 나서서라도 발언해야 한다고 본다.

2006년 국정감사 당시 나는 론스타와 김앤장에 대한 조사를 주장했다. 하지만 이들의 비협조적인 태도와 담당 정부기관의 방조, 동료 국회의원들의 기회주의적이고 무책임한 태도, 그리고 국회 안팎으로부터의 압력 때문에 제대로 증인조차 부를 수 없었다. 명색이 원내 제1당이자 집권당이었던 열린우리당 소속 국회의원이었지만 그랬다. 그 후 나는 노무현 정부와 열린우리당의 반개혁적 행태를 비판하면서 2007년 1월 22일자로 탈당해 지금까지 무소속으로 남아 있다. 국회에서는 나 혼자였으므로 더더욱 사회를 향해 문제를 제기해야 한다고 생각했다. 우리 사회가 좀 더 나은 공동체가 되기를 희망하는 시민들과 더불어 여론의 장에서 이 문제를 공론화해야 한다고 보았다. 이 책은 바로 그런 문제의식에서 만들어졌다.

이제 우리 두 사람의 개인적 경험의 차원을 넘어 우리 사회 전체의 관점에서 김앤장의 문제를 생각해 볼 차례다. 도대체 왜 김앤장인가?

김앤장과 한국 사회

'꼭 이겨야 하는 소송이라면 우리에게로 오라'고 홍보하는 법률 전문가 조직이 있다. 그들의 홈페이지에 가면 이런 내용과 함께 여러 언어로 자신들을 소개하고 있다. 한글로는 '金·張 법률사무소'라고 표기하고 영어로는 'KIM & CHANG'이라 한다. 그러나 일반적으로는 '김앤장'이라고 부른다. 로마자 표기를 발음 나는 대로 한국어로 옮긴 재밌는 이름이 보편화된 것이다.

이기기 어려운 소송, 그러나 꼭 이겨야 하는 소송에서 승소한다면 그건 분명 그 로펌의 대단한 실력이라 할 수 있다. 실제로 김앤장은 다른 로펌보다 많이 승소했고 그래서 남다른 명성을 쌓았다. 이제는 "김앤장이 나서면 안 되는 게 없다"라는 말이 공공연하게 쓰일 정도다. 최근 김앤장이 맡은 대형 사건들만 일별해 봐도 실감이 난다.

2007년 5월에 있었던 한화 김승연 회장 보복 폭행 사건을 둘러싼 재판에서 김승연 회장의 변호를 맡은 것도 김앤장이다. 2006년 구속 수감되었던 정몽구 현대차그룹 회장의 변호도 맡았다. 미국계 사모펀드인 론스타가 외환은행을 매수할 때 법률자문을 했다. 진로그룹 대 골드만삭스 분쟁과 SK그룹 대 소버린의 경영권 분쟁 당시 양 소송 당사자를 모두 변호했다. 대북 송금 사건의 현대그룹 측 변호도 했다. 대선자금 수사 때 LG그룹, 현대자동차그룹, 한화그룹도 대리했고, 김우중 전 대우그룹 회장도 변호했으며, 두산그룹 비자금 수사에서 박용성 전 회장도 변호했다. 삼성이 에버랜드 전환사채CB 저가 발행을 통해 경영권을 불법으로 승계하는 과정에서 변호를 맡았고 그 대가로 거액의 수임료를 받기도 했다. 이처럼 김앤장은 우리 사회 최대의 부와 재력을 자랑하는 재벌과 투기자본이 법적인 문제가 생길 때마다 믿고 찾아가는 곳이 되었다.

왜 모두 김앤장으로 갈까? 김앤장의 객관적인 실력만으로는, 그 이유를 설명하기 어렵다. 그만큼 실제보다 과장되었다고 말할 수 있겠다. 하지만 중요한 것은 김앤장의 실제 실력이 어느 수준인가와 상관없이 그들은 이미 하나의 신화적 존재로 평가받고 있다는 사실이다. 『한겨레』 2007년 5월 2일자를 보면 한화 김승연 회장 사건과 관련해 언뜻 이해하기 어려운 설명이 나온다. 한화 법무실이 김앤장을 변호인단에 불러들인 이유를 설명하는 대목인데, 기자는 한 검찰 출신 변호사의 말을 인용해 "상부에 '최선을 다했다'는 것을 보여 주려고 국내 최대 로펌인 김앤장을 선택했을 것"이라고 말했다. 무슨 말일까?

법조계에는 이런 이야기가 있다. 재벌 기업의 법무실이나 회사 중역들 중에는 김앤장 소속이 아닌 변호사들과 친분이 있고 또 그들이 김앤장 변호사보다 실력이 있다는 사실을 아는 사람이 많다. 그러나 그들 역시 큰 사건이라면 모두 김앤장을 찾는다. 왜 그럴까? 만약 김앤장이 아닌 곳에 맡겨 패소하면 상부에서는 "왜 김앤장에 맡기지 않았는가, 그러니 진 거지"라고 질책한다. 다른 변호사에게 맡겨도 승소했을 사건을 김앤장에 맡겨 이기게 되면 "그것 봐라, 김앤장이니까 되잖아" 그런단다. 김앤장에 맡겼는데 패소하면? "김앤장도 안 되는데 별 수 없는 거지"라고 한단다. 이런 구조라면 누구나 김앤장을 추천하게 된다. 어떤 경우이든 책임을 피할 수 있다. 그렇다고 내 돈 쓰는 것도 아니다. 고액의 수임료는 회사가 내는 것 아닌가. 확실히 김앤장은 하나의 성공 신화를 구축하고 있다. 그 신화 때문에 과다한 수임료가 오가고, 또 그 신화를 지키기 위해 어떻게든 이기려는 무리한 노력이 뒤따르게 된다.

김앤장에 대한 평가 가운데 어디까지가 실력이고 어디서부터는 신화일까? 또 김앤장의 사업과 활동 중 어디까지는 용인하고 어디서부터는 법의 정의나 민주주의의 원칙에 의해 제재하고 책임을 물어야 할까? 혹자는 투기 자본의 첨병이라고 하고, 국가 권력과 거대 사익을 매개하면서 가난한 노동자와 서민의 이익을 희생시키는 대가로 천문학적 부를 축적한 부도덕한 법률가 집단이라 말한다. 그러나 또 다른 사람들은 능력과 실력이 있어서 많은 돈을 버는 것을 문제 삼는 것은 온당치 못하다고 반박한다. 혹자는 김앤장이 돈을 버는 방법은 불법적 로비이므로 법의 이름으로 처벌해야 한다고 주장하고, 또 다른 혹자는 지식과 정보를 선진적 기법으로 결합한 성공적 법률 기업에 대한 질시가 오히려 문제라고 말한다. 김앤장은 어떤 입장일까? 자신을 둘러싼 여러 논란에 대해 그들의 설명은 어떠하며, 반대로 김앤장 비판자들의 주장은 어느 정도까지 사실일 수 있을까?

이제 우리 사회에서 김앤장에 대한 논의는 더 이상 회피할 수 없는 주제로 분명하게 떠올라 있다.

보이지 않는 권력, 김앤장

우리가 어떤 주제에 대해 책을 쓴다고 할 때, 자료가 너무 많아서 어려울 때가 있고 또 너무 적어서 문제일 때가 있다. 당연히 대한민국 최고의 법률회사인 김앤장의 경우라면, 자료나 정보가 많아서 고민이어야 정상일 것이다. 하지만 2006년 말 정책자료집을 만들기 위해 조사를 하고 그 뒤 이 책을 내기 위해 추가 조사를 하면서 우리가 취합할 수 있었던 김앤장 관련 자료는 너무 적었다. 김앤장의 내부 구조를 들여다볼 수 있는 자료나 정보는 없었다. 무엇보다도 김앤장 스스로 자신을 드러내려 하지 않았다. 자료 요청은 번번이 거절했고, 요식적인 답변으로 설명을 대신했다. 우리가 할 수 있는 것은 단지 특정 사건의 외형적 결과와 김앤장이 지나간 자리의 흔적만을 추적하는 것뿐이었다.

대한변협이나 국세청 같은 공적 기관도 이들에 대한 자료를 갖고 있지 않다. 매출액이 얼마 되지도 않는 자영업자의 소득 상황에 대해서는 다양한 조사 자료를 만드는 국세청이 매년 수천억 원의 매출을 올리는 김앤장에 대해 아무런 자료를 갖고 있지 않다는 것은 놀라운 일이다. 국내의 인터넷 사이트를 제아무리 검색해 봐도 김앤장 대표인 김영무 변호사의 사진 한 장 구하기 어렵다. 김앤장 법률사무소 앞에는 그 흔한 간판 하나 없으며 건물 안으로 들어가도 층별로 어떤 사무실이 있는지를 나타내는 안내판조차 없다. 내부자가 아니면 안을 들여다볼 수 없는 구조다. 김앤장은 대단한 영향력과 권력을 행사하고 있는 것은 분명하지만 그 실체가 잡히지 않는 존재로 지금 우리 앞에 서 있다.

보이지 않는다는 것, 실체를 들여다볼 수 없다는 것이 왜 문제인가? '가시성'visibility의 문제를 근대적 권력 개념과 민주주의 문제로 확장해 강조한 것은 이탈리아 철학자 노르베르토 보비오다. 그는 현대 대의제에서 권력에 대한 민주주의의 이상은 공중the public에게 그 실체가 가시적으로 노출되는 데 있다고 보았다. 현대에 들어와 공공성 내지 공론장이라는 말이 공개publicity의 의미로부터 파생되었던 것은 바로 이 때문이기도 하다. 따라서 그는 현대 민주주의에 대한 가장 큰 위협을 '보이지 않는 권력'이 커지는 문제로 본다. 그리고 민주적이고 사법적인 통제를 넘어서는 보이지 않는 권력의 유형이, 현대 사회에서는 경제를 관리하는 영역에서 주로 확대된다는 점을 지적한다.

우리는 김앤장의 사례에서 이 문제의 중요성을 보게 된다. 김앤장은 국제 투기자본이 막대한 이익을 챙길 수 있도록 정부 정책을 바꾸고 관련 소송을 도맡아 처리하며 그 대가로 거액의 자문료와 사건 수임료 그리고 별도의 성공보수를 받은 것으로 알려져 있지만, 실제의 구체적 과정과 자세한 내용이 가시화된 것은 아니다. 보이지 않으니 책임을 묻기가 어려운 것은 당연하다. 김앤장에 대해 민주주의와 법의 통제가 필요한지를 판단하기 위해서라도 김앤장을 보이게 만드는 일은 매우 중요하다. 그러나 김앤장은 잘 드러나지 않는다. 보이지 않는 영역에서 그들이 끊임없이 강력한 영향력을 행사할 수 있는 비결은 대체 무엇일까? 우리는 이 책 전체를 통해 바로 이 문제와 대면해 보려 한다.

김앤장을 보이게 하기 위하여

아마 독자 여러분 중에는 프랑스 철학자 미셸 푸코의 권력이론을 아는 사람이 많을 것이다. 그는 영국의 공리주의 철학자 제레미 벤담이 구상했던 판옵티콘, 즉 원형 감옥의 비유를 불러들여 '보이지 않는 것'과 '보이는 것' 사이에서 나타나는 권력 작용을 독창적으로 분석한 것으로 유명하다. 그에 따르면, 보이지 않는 실체가 행사하는 권력 효과는 그 보이지 않는 존재에 대해 복종하지 않을 수 없는 훈육적 제재의 형태로 나타날 때 분명해진다. 김앤장의 경우도 이와 매우 유사한 형태의 제재를 강제한 사례가 있다.

2006년 12월 12일자 시사주간지 『뉴스메이커』에 김앤장에 대한 취재 기사와 인터뷰 기사가 실린 적이 있다. 김앤장 측은 사전에 기사 게재를 중단하라고 요구했지만 편집진은 이를 무시하고 기사를 게재했다. 그 후 김앤장은 10억 원대의 소송을 청구하겠다는 말과 함께 정정 보도와 사과문 게재를 요구했다. 재정 기반이 취약한 『뉴스메이커』에는 김앤장과 맞선다는 것이 생존을 위협하는 도전이었고, 결국 그들은 김앤장의 요구를 받아들일 수밖에 없었다. 담당했던 취재기자는 사표를 냈고, 당시 『뉴스메이커』는 다음과 같은 정정 보도문을 실었다.

본지가 2006년 12월 12일자(703호) 커버스토리로 보도한 '김&장-론스타-외환은행 커넥션 집중해부', '김&장은 론스타게이트의 숨은 몸통?'이라는 제목하에 10쪽에 걸쳐 보도한 기사 중 일부 내용은 대검찰청 수사 결과 다른 것으로 밝혀졌기에 다음과 같이 정정합니다. 김&장 법률사무소 관계자들의 명예에 손상을 끼친 것에 대해 유감을 표명합니다.

대검찰청 중앙수사부는 2006년 12월 7일 중간 수사 결과 발표에서 김&장 법률사무소가 외환은행 인수에 관여한 것은 론스타 측 법률자문사로서 일반적 자문 역할을 수행한 것으로 판단되며 그 외에 김&장의 관계자들이 외환은행 매각 과정에서 불법적 로비에 관여하는 등의 행위를 한 일이 없다고 밝혔습니다.

김&장 법률사무소가 이른바 '론스타게이트'의 숨은 몸통이 아니며, 범법 행위를 한 일이 없다는 것입니다. 아울러 김&장 법률사무소는 론스타의 외환은행 인수와 관련해 재경부 및 금감위와의 어떤 협상 채널의 역할을 맡은 바 없으며 한국은행과 수출입은행, 금감위, 청와대 등에 대해서도 법률자문을 하거나 관여한 일이 없다는 것입니다.

결과적으로 본지의 제목 '김&장은 론스타게이트의 숨은 몸통?'과 본지에 실린 일부 시민단체, 관계자들의 발언은 주장이라는 것을 밝혀드립니다.

우리는 이 사례에서 김앤장이 보이지 않는 실체로 있을 때 가지게 되는 강력한 파워를 보게 된다. 김앤장은 스스로 가시적이고 투명해지는 방법으로 대응하지 않았다. 그들은 검찰의 중간 수사 발표 내용 뒤로 자신을 숨겼다. 독자 여러분들도 잘 알듯이, 중간 수사 발표 이후 1년도 넘게 지났지만 검찰 수사는 아직 종결되지 않고 있다. 그 사이 국회뿐만 아니라 사회 각계에서 이 문제를 둘러싼 논란은 계속되었다. 그런데도 김앤장은, 김앤장의 잘못을 제기한 측이 증명이 아닌 단순한 주장만을 했다는 이유로 거액의 소송으로 위협하며 발언을 억압할 수 있었다. 이처럼 그들 전략의 핵심은 철저히 비가시성의 영역 안에 머무는 데 있다. 조금이라도 시비의 소지가 있는 내용으로 김앤장에 대해 말할 경우, 법률 전문가들로부터 거액의 소송을 당할지 모른다고 해 보자. 누구든 김앤장의 보이지 않는 권력을 두려워하지 않을 수 없게 될 것이다.

김앤장의 권력과 싸우는 가장 효과적인 방법은 어떻게 해서든 김앤장을 가시화하는 것이다. 벤담 역시 죄수의 눈에 보이지 않는 간수의 권력을 민주화하는 방법은 주권자인 시민들이 간수를 볼 수 있게 하는 데 있다고 말한 바 있다. 이 책에서 우리가 하고자 하는 방법도 바로 이것이다.

자료는 충분하지 않다. 게다가 김앤장 내부에서 김앤장의 구조와 문제점을 알려 주는 정보는 없다. 우리는 김앤장의 외부자로 있고, 그 바깥에서 보이지 않는 실체와 다툴 수밖에 없는 위치에 있다. 따라서 우리는 기존에 밝혀진 자료와 새롭게 조사된 자료의 조각들을 서로 연결해 가는 단순한 방법으로 논의를 시작할 것이다. 김앤장이 단순 변호나 자문 업무만을 했다고 주장하는 수많은 사례들도 면밀히 추적해 볼 것이다.

물론 하나의 사례가 보여 줄 수 있는 정보의 양은 많지 않고 또 각각의 사례와 정보가 그리 계통적으로 연결되어 있는 것도 아니다. 따라서 우리는 하나의 사례를 통해 전체 사실의 한 부분을 말하고 또 다른 사례를 통해 또 다른 부분을 부각시키게 될 것이다. 흡사 밑그림을 드러내기 위해 전체 겉

그림을 이곳저곳 끊임없이 긁어내는 스크래칭과 같은 작업으로 비유할 수 있을지 모르겠다.

　이처럼 서로 다른 종류의 자료들과 정보, 사례를 교차시켜 보면서 우리는 수많은 질문을 던지고 가정을 세워 볼 것이다. 그것은 마치 미로를 헤쳐 나가는 방법처럼, 갈림길을 만나면 질문을 던지고 가능한 해답을 찾아 방향을 선택해 가는 과정의 반복으로 이루어진다. 김앤장은 누가 어떻게 운영하고, 어디에 있고, 얼마나 돈을 벌며 또 어떻게 벌까? 안타깝게도 각각의 질문에 바로 답을 줄 자료나 정보는 없지만, 하나의 질문을 탐색하면서 순차적 가정을 세우고 이쪽저쪽 작은 자료들을 모아 가다 보면 어느덧 우리가 찾고자 하는 김앤장이라는 형체의 윤곽선이 그려질 것이다. 독자들에게 대단히 죄송한 일이지만, 우리가 하고자 하는 스크래칭 작업과 미로 찾기에 인내심 있게 동참해 주길 바랄 뿐이다.

　자, 이제 긴 서설을 마치고 본격적으로 김앤장의 실제 모습을 구체화하는 여행을 떠나 보자.

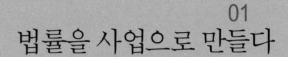

01

법률을 사업으로 만들다

김앤장이라는 이름은 어디서 왔을까

우선 '김앤장'이라고 하는 생소한 이름에 대한 이야기에서 시작해 보자. 이 이름을 처음 듣고서 성이 김 씨이고 이름이 앤장인가 하고 착각하는 웃지 못할 일이 가끔 있다. 론스타 문제와 관련해 국회에서 김앤장에 대한 이야기가 나왔을 때, 국회의원조차 "거참, 이름이 어째 이상하네. 앤장이 뭐야?"라고 의아해 하기도 했다.

김앤장은 1972년 12월 하버드 로스쿨 법학박사 출신인 김영무 변호사가 서울 광화문 구세군빌딩에 사무실을 연 것에 그 출발점을 두고 있다. 그리고 그다음해인 1973년 판사 출신인 장수길 변호사가 합류하면서 지금 우리가 말하는 김앤장이라는 이름이 처음 만들어졌다. 김앤장 법률사무소라는 이름은 김영무의 '김'과 장수길의 '장'을 결합해 만든, 서양식 작명법에 따른 것이다.

김영무 변호사는 1964년 제2회 사법시험에 합격하고, 1966년 서울에서 변호사 개업을 했다. 그리고는 곧바로 미국으로 유학을 떠나 1970년 미국

하버드 로스쿨을 졸업했다. 1970년부터 1971년까지 국무총리비서실 법무
담당 보좌관으로 근무하다 군법무관으로 일했다. 그는 한국 하버드클럽 회
원이기도 하다. 하버드클럽의 총동창회 회장은 한덕수 국무총리(전 한미FTA
체결지원위원회 위원장)가 맡고 있다. 그는 국무총리가 되기에 앞서 부총리로
발탁되기 직전까지 김앤장의 고문으로 있었다.

장수길 변호사는 1998년부터 현재까지 국제투자분쟁중재센터 중재위
원으로 활동하고 있다. 국제투자분쟁중재센터는 한미자유무역협정에서 대
표적 독소 조항으로 불리는 '투자자-국가 소송 제도'에 따라, 미국의 투자자
가 투자 손실을 보았다는 이유로 우리나라 국가를 상대로 제소할 수 있는
세계은행 산하의 중재기구를 가리킨다.

초기 김앤장을 만드는 데 참여한 다른 한 명이 있다. 그는 1979년 대법
원 재판연구관을 그만두고 김앤장에 합류한 서울고등법원 판사 출신의 이
재후 변호사다. 김앤장이라는 이름이 만들어진 다음에 들어왔지만, 분명 그
역시 김앤장을 구성하는 한 축이다. 김앤장에서 외부로 나가는 공문은 대표
변호사 이재후 명의로 발송된다. 이재후 변호사는 1997년과 2002년 대통
령선거 당시 이회창 한나라당 후보의 핵심적인 법조 인맥으로 분류되었고,
1997년에는 후원회의 발기인으로 참여하기도 했다.

그렇다면 이 세 사람은 공동으로 김앤장을 운영하는 동업자 관계일까?
그건 아니다. 명실상부하게 김앤장을 지배하고 대표하는 사람은 김영무 변
호사다. 김영무 1인 회사인데, 왜 그런지는 조금 뒤에 이야기하겠다. 아무튼
그는 2005년에 연 소득 570억 원을 신고하면서 동갑내기 이건희 삼성 회장
을 제치고 국내 소득 1위를 차지해 세상을 놀라게 한 사람이다. 2006년에는

600억 원의 소득을 신고했다. 하루에 1억 6,000만 원 이상을 번 셈이다. 1990년 국세청 자료에 따르면 당시 김영무 변호사의 소득은 3억 8,600만 원이었다. 15년 만에 소득이 150배 늘었다. 변호사가 재벌을 능가하는 한국 최대 부자로 등장한 것이다.

사무실은 어디에 있을까

사무실, 보통은 아무것도 아닐 수 있다. 그렇지만 김앤장에게는 특별한 의미가 있다. 우선, 위치가 독특하다. 많은 사람은 김앤장이 법률사무소니까 당연히 서초동 법원단지 주변 어딘가에 있을 것이라 생각한다. 최소한 서초동과 가까운 강남에 있을 것이라고 생각하는 사람도 있다. 아니다. 김앤장은 법원이 아니라 국가 권력과 가장 가까운 거리에 있다. 광화문을 중심으로, 청와대와 정부종합청사에 걸어서 갈 수 있는 범위 안에 마치 부채꼴 모양으로 펼쳐져 있다고나 할까.

사무실 숫자도 다른 로펌과는 차이가 있다. 김앤장 법률사무소는 모두 다섯 곳에 사무실을 두고 있다. 종로구 내자동 223(세양빌딩), 종로구 내자동 219(한누리빌딩), 종로구 적선동 66(노스게이트 현대상선빌딩), 종로구 적선동 80(적선현대빌딩), 종로구 신문로 1가 226(흥국생명빌딩)에 사무실이 있다. 2007년 1월 KBS 탐사보도 〈시사기획 쌈〉이 김앤장을 다룬 적이 있는데, 이때 종로구 운니동 114-31(서울빌딩)에 별도의 사무실이 또 하나 있다는 것이 밝혀졌다.

사무실 규모도 단순하지 않다. 재벌 그룹의 본사처럼 거대한 규모를 자랑한다. 사무실 소유 구조는 왜 이 법률사무소가 김영무 개인회사인지 보여주는 척도다. 본사 격인 세양빌딩은 지상 12층, 지하 4층인데, 건물 넓이만 2,954평(9,751㎡)에 달한다. 이 빌딩의 소유자는 김영무 변호사 개인이다. 1층에 외환은행 지점이 들어와 있는 것을 제외하고 건물 전체를 변호사들이 사용하고 있다. 한누리빌딩은 종로구 내자동에 있는 지상 15층의 빌딩이다. 김앤장 법률사무소는 이 빌딩의 1층부터 15층 전부를 임차해 통째로 사용하고 있다. 건물 전체에 전세권을 설정하고 있는데, 물론 임대차계약의 당사자는 김영무 변호사 개인이다. 노스게이트(현대상선)빌딩은 종로구 적선동에 있는 지상 12층짜리 빌딩인데, 이 빌딩의 2층, 3층, 4층, 5층을 임차해 사용하고 있다. 이 사무소의 임차계약도 김영무 변호사 개인 명의로 되어 있다.

적선현대빌딩은 종로구 적선동에 위치하고 있으며 지상 12층, 지하 4층의 빌딩이다. 김앤장 법률사무소는 여기에도 사무실을 두고 있다. 이 빌딩의 3층, 6층, 7층, 12층의 일부가 김영무 변호사 개인소유다. 특히, 6층의 경우는 서부산업㈜이 소유하다가 1995년 서울은행이 대출금에 대한 근저당권을 설정했는데, 이 채권이 2000년에 한국자산관리공사KAMCO, 구(舊)성업공사로 넘어가게 되고 법원의 '화의인가'● 과정을 거치면서 그 소유권이 김영무 변호사로 옮겨오게 되었다. 흥국생명빌딩은 종로구 신문로에 있는 지상 24층, 지

● 화의(和義) 제도 기업이 파산 위험에 직면할 때 법원의 중재 아래 채권자들과 채무변제 연기를 합의해서 회사를 회생시키는 제도를 말한다. 화의 신청이 타당하다고 판단되면 법원이 회사 재산 보전 결정을 내려 부채를 5년 이상 분할 상환할 수 있게 하는 등 도산을 막아 준다는 점에서 법정관리와 비슷하다. 그러나 법원이 관리인까지 선임해서 경영을 책임지는 법정관리와는 달리 화의 제도는 법원이 전혀 기업 경영에 개입하지 않고 기존 경영주가 기업 경영을 계속 맡는다. 화의에 들어가려면 채권단이 전체 회의를 소집, 신고 채권의 4분의 3 이상 찬성으로 가결해야 하며 법원은 특별한 하자가 없으면 화의인가 결정을 내린다.

하 7층의 초현대식 건물이다. 김앤장 법률사무소는 이 건물의 6층, 7층, 8층, 9층 전부를 전세권을 설정해 사용하고 있다. 물론 전세권자는 김영무 변호사 개인이다.

서울빌딩은 종로구 운니동 114-31번지에 있는 지상 5층의 붉은 벽돌 건물이다. 이 건물의 소유자도 김영무 변호사? 맞다. 이 사무소는 김앤장 법률사무소의 홈페이지에는 공개되어 있지 않다. 그래서 KBS 탐사보도팀은 이를 일종의 비밀 사무소라고 규정했다.

이렇게 많은 사무실의 공통점이 있다. 우선, 간판이 없다. 보통의 법률사무소는 영업을 위해 간판을 달고 있다. 그러나 다섯 곳 모두 간판이 없다. 그래서 언뜻 보면 무슨 일을 하는 회사인지 알 수가 없다. 다음으로 일반인의 출입이 자유롭지 않다. 김앤장에서 일하는 사람을 제외하고 그 사무실에 가 본 적이 있는 사람은 거의 없다. 법률사무소가 아니라 흡사 첩보영화 속의 국가기관 같다.

현행 〈변호사법〉 제21조3항은 "변호사는 두 곳 이상의 사무실을 둘 수 없다"라고 규정해 이중 사무소 설치를 금지하고 있다. 2007년 10월 입법예고된 변호사법 개정안에서 법률사무소의 대형화 추세에 따라 이중 사무소 금지 기준을 완화했지만 "조직 확장 등 필요한 경우 인접 건물"에 한해서만 허용하고 있다.

사무소 숫자를 제한하는 이유는 변호사라는 직종의 특징 때문이다. 사무소 설치를 제한하지 않을 경우, 이윤 극대화를 위해 동일 변호사의 사무소가 난립하게 되고, 피대리인에게 직접적이고 실질적인 서비스를 제공할 수 없기 때문이다. 법무사·회계사·행정사·노무사 심지어는 공인중개사 등

전문자격증 소지자가 두 개 이상의 사무소를 설치하는 경우 제한을 두는 것도 이 때문이다. 더구나 변호사는 권력의 핵심이라 할 수는 있는 법률을 다루는 직업이다.

어떤 경우이든 현재의 김앤장이 사무소로 쓰고 있는 여러 건물들은 이중 사무소 설치 금지 조항을 위반하고 있다. 그러나 김앤장은 전혀 신경 쓰지 않는다.

더 흥미로운 사실이 있다. 종로구 운니동에 있는 서울빌딩 이야기다. 이 빌딩 터는 원래 운현궁의 일부인 영로당에 속해 있던 자리다. 서울빌딩의 주소는 서울특별시 종로구 운니동 114-31번지로, 이는 운현궁의 주소 114-9번지가 114-31과 114-33으로 나뉘면서 생겼다. 운현궁? 흥선대원군의 사저이자 그의 둘째 아들인 고종이 태어나서 12세까지 살았던 곳? 그렇다면 옛날 왕실 재산일텐데, 어떻게 그 자리에 김앤장 법률사무소 건물이 있을 수 있을까?

김영무와 운현궁

운현궁은 흥선군 이하응이 갖은 수모를 겪으면서도 왕실 집권을 실현시킨 장소이자, 집권 이후 대원군의 위치에서 정치적 영향력을 행사했던 근거지다. 운현이라는 말은 '서운관 앞 고개'라는 뜻인데, 서운관은 오늘날로 말하면 기상청에 해당한다. 흥선군의 사저가 운현궁으로 불리게 된 것은 고종 즉위(1863년) 이후부터다. 지금은 서울특별시 사적 제257호로 지정되어 있다.

대원군이 운현궁의 터를 확장해 규모가 가장 컸을 때는 마치 궁궐처럼 웅장했다고 한다. 현재 덕성여자대학교 평생교육원, 구TBC방송국, 일본문화원, 교동초등학교, 삼환기업 일대가 모두 운현궁이었다. 운현궁의 주 건물로는 노안당과 노락당, 이로당이 있다. 노안당은 운현궁의 바깥채로, 대원군이 기거하던 생활공간이자 고종 즉위 이후 섭정을 하면서 안동김씨 세도정치에 맞서던 정치의 중심지였다. 노락당은 운현궁의 안채로서 고종과 명성왕후가 가례를 올린 장소다. 이로당은 고종의 어머니가 거처했던 별채다. 남자들은 출입할 수 없는 여자들만의 공간이었다. 지금도 운현궁에서 열리는 각종 공연을 위해 분장실로 쓰이는데, 여자들만 사용할 수 있다. 역사는 이렇게 흔적을 갖는다.

　　그럼 영로당은 어디 있는가? 운현궁을 소개하는 홈페이지에도 영로당은 소개되지 않고 있다. 영로당은 흥선대원군의 큰아들인 이재면 내외가 살았던 곳으로 현재는 일본문화원과 운현궁 사이에 있다. 지금 이 영로당의 소유주는 김영무 변호사로 되어 있다. 영로당은 이처럼 개인소유로 되어 있기 때문에 사적에 포함되지 않고 서울특별시 민속자료 제19호로 별도 지정되어 있으며, '운니동김승현가'雲泥洞金承鉉家로 불리고 있다. 그리고 이 저택 바로 앞에 김앤장 법률사무소의 비밀 사무실로 알려진 서울빌딩이 서 있다. 영로당이 어떻게 김영무 변호사의 개인소유가 될 수 있었을까?

　　일본은 한일병합 후 1912년 토지 조사를 실시하면서 대한제국의 황실 재산을 몰수해 국유화하고 이왕직 장관을 시켜서 운현궁을 관리하게 했다. 그러나 실제로 운현궁을 유지·관리하는 일은 소유권에 관계없이 이로당의 안주인들이 계속 맡아 했다. 일제 치하에서 벗어난 뒤 운현궁의 소유권이

다시 대원군의 후손에게 넘겨지게 된 것은 박찬주(1914~1995)의 노력에 의해서다. 그는 대표적인 친일파 박영효의 손녀로서 1935년 5월 3일 고종의 손자인 이우와 결혼했다.

해방 후 미군정은 '구蕉왕궁사무청'을 설치해 구왕실 재산을 관리해 왔다. 1948년 8월 15일 대한민국 정부가 수립되자, 정부 또한 서둘러 왕실 재산 환수에 나섰다. 1949년 2월 16일 정부는 〈구왕궁재산처분법〉을 입안해 국회에 제출했고, 이 법안은 국회의 심의를 거쳐 이듬해 4월 8일 공포(법률 제119호)되었다. 이에 따라 왕실의 거의 모든 재산이 국가 소유로 넘어갔다. 물론 운현궁도 국가 환수 대상에 포함되어 있었지만 국회 심의 과정에서 삭제되었다. 그 내막은 이렇다.

『제국의 후예들』(황소자리, 2006)의 저자인 정범준에 따르면, 박찬주는 운현궁이 미군정의 관리를 받고 있던 1948년 초 미군정 당국에 운현궁의 반환 요청 진정서를 제출했다. 남편 이우가 고종황제의 손자이기는 하지만 이준용의 양자로 들어갔기 때문에 왕실과는 관련이 없고, 따라서 운현궁은 왕실 소유가 아닌 개인소유라는 내용이었다. 그의 주장에 일리가 있다고 판단한 미군정은 같은 해 6월 "운현궁의 재산은 순전히 사유로 구황궁 재산에 소속되지 않음이 인정된다. 그러므로 지금까지 국가에서 행사하던 관리권을 철회하며, 모든 재산에 대한 권리와 소유권 및 이권 일체를 반환하겠다"라는 공문을 박찬주에게 전달했다. 이 공문을 근거로 그는 운현궁의 소유권을 얻을 수 있었던 것이다.

1948년 9월 4일 박찬주는 운현궁의 소유권을 장남인 이청 앞으로 이전하면서 운니동 114-9번지에 있던 운현궁의 일부인 영로당을 9월 7일 매매를 통해 김승현(1911~1993)에게 넘겼다. 그 후 정부와의 환수 공방이 벌어졌고, 국회 심의 과정에서 미 군정청의 공문을 근거로 환수 대상에서 제외되었다. 구한말, 한 시대를 호령하던 대원군의 사저이자 종로 일대에서 가장 큰 기와집 중의 하나였던 이곳은 이렇게 해서 김승현이라는 한 개인의 차지가 되었다. 나중에 운현궁은 서울시로 매각되었지만, 영로당은 아직까지 개인 소유로 남아 있다.

그렇다면 김승현은 누구인가? 김영무 대표변호사의 아버지다. 그가 어떻게 전체 642.3평에 이르는 어마어마한 넓이의 영로당을 구입할 수 있었는지에 대해서는 알려진 바가 없다. 다만 그 당시 이승만 대통령의 주치의였다는 사실과 함께, 종로 낙원동에서 '김승현 내과'를 운영했고 일제 강점기와 미군정기에 상당한 재력을 쌓았을 것이라고 유추만 할 수 있을 뿐이다. 하지만 재력이 있다 해도 몰수와 환수라는 단어가 난무하던 혼돈의 시절에 누구나 그런 저택을 살 수 있는 것은 아니었을 텐데, 그 내막은 알 길이 없다.

종로에 있는 운현궁에 가 본 사람은 많을 것이다. 그러나 영로당에 가 본 적은 없을 것이다. 왜냐하면 영로당은 운현궁 내에 있지 않고, 운현궁과는 높은 기와 담장으로 막혀 있기 때문이다. 운현궁을 나와서 일본문화원 쪽으로 걸어오면 5층짜리 붉은 벽돌로 된 빌딩이 있고, 입구에 나무로 된 '서울 빌딩'이라는 팻말이 있다. 그 빌딩의 대문을 들어가야 영로당, 아니 '운니동 김승현가'에 갈 수 있다. 나무로 된 대문은 굳게 닫혀 있고, 그 옆에 철제로 된 안내판이 있어 이곳을 알아볼 수 있을 정도다. 그나마 여기까지 들어가는 것도 쉽지 않다. 경비가 있어 출입을 못하게 막기 때문이다. 경비에 막히고 개인소유라는 이유로 출입이 금지된 영로당의 모습에서, 김앤장의 보이지 않는 힘의 원천이 역사적으로도 깊은 뿌리를 갖고 있음을 어렴풋이 느끼게 된다.

김앤장을 움직이는 사람들

김앤장의 사무실 이야기는 이쯤하고 이제 본격적으로 김앤장 내부를 들여다보기로 하자. 김앤장에는 어떤 사람들이 있고, 조직은 어떤 방법으로 운영될까?

김앤장 법률사무소에는 변호사, 공인회계사, 세무사, 노무사, 외국 변호사 등의 전문가 그룹이 있다. 주요 관료 출신들은 고문이나 각종 전문위원으로 일하고 있다. 고문은 대개 행정 부처의 국장급 이상, 금융업계의 임원급 이상 고위직 출신들이 맡고 있으며, 자신들의 전문 영역에 대해 자문을 하는 것으로 알려져 있다. 고문들의 숫자는 2006년 10월 말 현재 19명 정도로 파악되고 있다.

국장급 이하의 정부 관료 출신들에게는 전문위원이라는 직책이 주어지기도 하고, 실장 또는 부실장 등으로 임명돼 중추적인 활동을 하기도 하는데, 44명 정도가 있다. 그리고 이들을 보조하는 사무 그룹이 있고, 회사 조직을 본떠서 부서별로 나누어 이사들이 책임을 맡고 있다.

전문가 그룹의 중심은 변호사다. 변호사 숫자는 단연 업계 1위다. 2006년 10월 말 현재, 김앤장에 소속되어 있는 국내 변호사는 253명, 외국 변호사는 84명이다. 이들도 주식회사처럼 각자 업무 영역을 나누어 전문 부문별로 일하고 있다.

이 밖에도 변리사 100명, 공인회계사 46명, 세무사 13명, 노무사 6명, 총 1,500명 정도의 직원들이 일하고 있다. 대한변협에서 집계하는 로펌별 변호사 숫자에서 1위를 차지한 광장과 태평양이 각각 129명인 것과는 비교할 수 없는 규모다.

김앤장보다 훨씬 규모가 작은 로펌이 1위를 차지했다는 대한변협의 발표를 의아하게 생각할 수도 있겠다. 그 이유는 김앤장이 대한변협에 로펌, 즉 법무법인으로 등록되어 있지 않기 때문이다. 누구나 다 한국을 대표하는 로펌으로 알고 있는 김앤장이 로펌이 아니다? 이게 무슨 소리인가 되묻는 독자들이 많겠지만, 잠시 그 궁금증을 참아 두시길. 생각보다 중요하고 또 복잡한 내막이 있기에 2장에서 자세히 다룰 것이기 때문이다. 다시 김앤장의 내부 조직에 대해 계속 살펴보자.

2005년 8월에는 지적재산권 관련 업무를 강화해, 신문로 흥국생명빌딩에 독자적인 사무실을 두었다. 이곳은 전자부·기계부·화학부·상표부·지적재산권소송팀으로 구성되어 있으며, 김앤장의 장수길 변호사와 이재후 변호사가 이곳에서 소송 업무를 총괄 지휘하고 있다. 33명의 소송 전문 변호사, 100여 명의 변리사, 그리고 200여 명의 실무진으로 구성된 별도의 사무실이다. 이곳은 아예 공식적으로 부서별 명칭이 붙어 있다.

정부 고위공직자 출신은 2007년 8월 말 현재 63명에 달하고 있다. 부처별 분포는 국세청 출신 22명, 재정경제부 9명, 공정위 7명, 산업자원부 6명, 관세청 5명, 노동부 3명, 청와대 3명, 보건복지부 2명, 감사원 2명 그리고 외교통상부·국무조정실·정보통신부·문화관광부 출신이 각각 1명이다. 세금과 재정과 금융에 관련되는 부처가 압도적이다. 김앤장은 고위공직자 출신들의 명단을 철저히 비밀에 부치고 있어서 사실 정확한 숫자를 파악하기는 어렵지만, 지금까지 이런저런 계기를 통해서 드러난 숫자가 63명이라는 뜻으로 이해하면 되겠다.

변호사들이 근무하는 회사인 로펌law firm은 우리말로 하면 법무법인 혹은 종합법률회사라고 할 수 있다. 로펌의 체계는 각 법무법인마다 조금씩 다르지만, 대표변호사와 파트너변호사, 어소시엣변호사로 구성되어 있다. 파트너변호사는 구성원변호사라고도 하고 시니어라고도 하는데 대표변호사와 함께 로펌에 지분을 갖고 있는 변호사다. 어소시엣변호사는 로펌에 들어가서 파트너변호사가 되기 전까지 파트너변호사의 지휘하에 일을 하는 변호사를 말한다. 주니어라고도 하는 이들은 월급을 받으며, 파트너변호사를 꿈꾼다.

파트너변호사는 자기가 출자한 지분과 로펌의 매출액, 필요 경비 등 로펌의 전반적인 손익에 대해 모두 알고 있어야 정상이다. 그래야만 본인의 지분율에 따라 수익을 분배받을 수 있고, 로펌의 경영에 대해 책임질 수 있기 때문이다. 김앤장도 파트너변호사들을 '공동사업자'로 등록해 놓고 있다. 그러나 김앤장의 파트너변호사들은 핵심 인사를 제외하고는 자신들의 지분율과 소득 분배 방법을 모르고 있으며 배당도 받은 적이 없다. 그 이유는 독특한 사무소 구조 때문이다.

김앤장 법률사무소의 핵심은 김영무 변호사이며, 그는 최대 지분 소유자다. 변호사 사무실의 모든 부동산은 그의 소유로 되어 있으며, 사무실 임대차계약과 변호사 채용뿐만 아니라, 정부 부처 공무원이 '민간근무휴직' 제도●를 이용해 김앤장으로 파견 나올 경우 그 계약 당사자 역시 김영무다. 사무실 운영은 김영무 변호사를 포함해서 핵심 인물들이 참석하는 '7인 운영위원회'가 하는 것으로 되어 있지만 형식일 뿐이다. 서로 토론과 협의를 하는 자리가 아니라, 김영무 변호사의 뜻을 이행하는 데 초점이 맞춰진 회의이기 때문이다.

'7인 운영위원회'의 존재는 2007년 1월까지도 내부 변호사들조차 잘 모르고 있었다. 이 회의에 누가 참석하는지도 정확히 알려져 있지 않다. 다만 김영무 변호사와 공동 설립자 장수길 변호사, 기업 인수·합병을 책임지는 신희택, 금융을 담당하는 정계성, 송무를 책임지는 한상호 변호사, 그리고 '건강보험 직장가입자 최다 소득자 20인'에 포함된 이재후 대표변호사 정도가 꼽히고 있다.

이재후 변호사는 최시중 한국갤럽조사연구소 회장, 김진홍 뉴라이트전국연합 상임의장과 함께 이명박 대통령 당선자의 '말벗'으로 알려져 있다. 신희택 변호사는 2007년 9월에 로스쿨(법학전문대학원) 도입에 대비한 서울대 법대의 특별 채용으로, 함께 일하던 박준 변호사와 함께 서울대학교 법대 교수로 자리를 옮겼다. 서울대 법대에는 김건식 교수가 로스쿨 추진위 위원장을 맡고 있는데, 그 역시 김앤장 법률사무소 출신이다.

● **민간근무휴직 제도** 공공 행정에 민간 경영 기법을 도입하기 위해 공무원이 휴직을 하고 민간 기업에서 일정 기간(최대 3년) 근무할 수 있도록 한 제도.

김앤장은 어떤 변호사를 뽑나

스펙specification은 직장을 구하는 사람들 사이에서 학력·학점·토익 점수 따위를 합한 것을 이르는 말이다. 그렇다면 김앤장의 스펙은 어느 정도일까? 직원들에 대한 스펙은 별도로 하고, 변호사들에 대해 알아보자.

김앤장 소속 변호사 253명 가운데 서울대학교 출신은 227명으로 89.7%를 차지하고 있다. 그 뒤를 이어 고려대 12명, 연세대와 한양대가 각각 5명이다. 그리고 성균관대 2명, 동아대 1명, 하버드대 1명, 이것이 전부다. 판사를 하다가 그만두고 들어온 변호사들의 학벌도 서울대가 91.5%를 차지한다. 연수원 출신을 바로 뽑는 경우에는 그 수치가 더욱 올라간다. 연수원을 졸업하고 곧바로 사무소에 들어온 169명 가운데 159명이 서울대 출신으로, 무려 94%에 달한다. 그나마 검사 출신의 경우에만 그 비중이 60%로 떨어질 뿐이다.

서울대 출신 227명 중에서도 법대 출신이 189명, 비법대 출신이 38명이니 기본적으로 서울대 법대 출신을 채용한다고 볼 수 있다. 연수원 성적에서 법관 임용권은 200등 수준, 검사 임용권은 300등 정도까지다. 2007년 사법연수원을 수료한 975명 중 법관 임용은 97명, 검사 임용은 100명이었다. 그러니 대형 로펌에는 연수원 성적이 300등 이하라면 가기 어렵다고 생각해야 한다.

김앤장의 경우에는 파격적인 대우와 연수 등을 제시하고 연수원 성적 100등 이내의 서울대 출신으로 채용한다. 그리고 한 기수에서 한꺼번에 많은 인원을 선발하는 것이 아니라 7~10명을 선발하면서 전 기수에 걸쳐 골고루 한 명씩 뽑는다. 최근에는 숫자를 늘려 2007년도에 12명을 뽑았다. 연수원 출신뿐만 아니라 판사 출신이나 검사 출신을 뽑을 때도 마찬가지다. 각 기수마다 한 명씩은 반드시 뽑는다는 원칙을 견지하고 있다. 그래서 법조계의 모든 인사들이 김앤장과는 기수로 엮여 있다.

연수원 생활은 예비 법조인들이 사법시험을 통과하고 2년 동안 함께 생활하면서 공부하는 기간이다. 때로는 공부 모임을 만들고 때로는 친목 모임을 만들어 긴 시간 동안 함께 지내기 때문에 상상 이상의 친목 관계가 형성된다. 이른바 사법시험 동기에 연수원 동기라는 끈끈한 유대 관계가 전관예우의 기반으로 작용하는 것은 그 때문이다. 김앤장이 기수별 인원을 선발하는 데에는 서울대 위주의 인적 구성을 보완하려는 목적도 있다. 그야말로 '촘촘한 그물망'을 형성하려는 것이다.

현행 제도에 따르면 정부는 1인당 연간 1,160만 원의 예산을 투입해 사법시험 합격자들에게 연수를 시킨다. 연수생 신분이지만 별정직 공무원 5급 1호봉에 해당하는 급여도 지급한다. 회계사·변리사·감평사·노무사 등 다른 어떤 국가시험에서도 없는 연수 제도다. 그 자체로 형평에 맞지 않는 일이기도 하지만, 연수원을 마친 변호사들이 김앤장이나 사설 로펌에 취직하는 현실은 더더욱 문제가 아닐 수 없다. 사실상 그것은 국민의 세금으로 변호사 연수를 시켜 법률 사기업에 공급해 주는 것에 다름 아니기 때문이다.

성공한 법률 대기업인가

김앤장은 성공의 대명사로 불린다. 1972년에 생긴 김앤장 법률사무소의 발전 단계를 굳이 구분하자면 1970년대 후반부터 1980년대 중반까지가 초기 발전기다. 우수한 성적으로 사법시험에 합격한 사람이나 연수원을 수료한 젊은 변호사들이 김앤장에 들어오면서 성장의 발판을 마련했다. 수석 합격이나 최연소 합격 등의 수식어가 붙는 변호사들이었는데, 당시로서는 판·검사가 아닌 변호사 사무실로의 직행은 파격적이라고 불릴 정도였다. 호남의 수재로 알려진 천정배 전 법무부 장관도 1980년대 초·중반 김앤장에 몸 담았던 적이 있다.

김앤장은 1980년대 중반 체이스맨해튼은행과 씨티은행 등을 고객으로 확보하면서 도약의 발판을 마련했고, 이 무렵부터 업계 선두로 나서기 시작했다. 지금도 국내에 진출한 외국 기업과 외국 금융기관의 법률자문과 소송 사건의 거의 대부분을 맡고 있다. 그리고 1980년대 후반과 90년대 중반을 거치면서 한국을 대표하는 기업형 법률사무소로 성장했다.

특히, 1997년 외환위기 이후 대규모 합병, 기업화의, 해외매각과 이에 따르는 구조조정 과정에 적극 참여하면서 그 성격과 규모가 이전과 완전히 달라졌으며, 시대의 변화에 따라 새로운 성격의 로펌으로 탈바꿈한 것으로 평가받고 있다.

금융·법률 전문 잡지인 『인터내셔널 파이낸셜 로 리뷰』*International Financial Law Review*에서 주관하는 아태지역 로펌 시상식에서 김앤장은, 국내 로펌으로는 처음으로 1998년과 2002년 '아태지역 최우수 로펌'으로 선정되었다.

[그림 1] 한국 10대 로펌 (소속 변호사 수 기준)

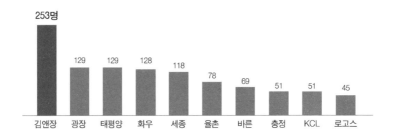

주: 김앤장을 제외한 로펌의 변호사 수는 2007년 1월 변협 발표에 따름.

2002년에서 2004년까지, 3년 연속 '한국 최우수 로펌'에 선정된 것도 김앤장이 유일하다.

　법률 전문 잡지 『아시아로』*Asialaw*는 로펌의 여섯 개 분야에서 국제 업무 수행 능력을 평가해서 순위를 발표하는데, 2007년 5월호를 보면 김앤장이 한국 내에서 금융, 지적재산권, 기업 자문, 송무 및 중재, 인수·합병 등 모두 다섯 개 부분에서 1위를 차지했음을 알 수 있다. 정보 통신 부분에서만 3위를 차지했을 뿐이다.

　사건 수임의 크기에서도 김앤장은 타의 추종을 불허한다. 전체 수임 액수로 보면 전체 로펌 수임액의 40% 이상을 차지한다. 단순 매출액만 따질 경우 광장·태평양·화우·세종 등 2위 그룹 로펌과 비교도 할 수 없을 만큼 월등히 앞선다. 단순한 1등 로펌이 아니라 로펌 중의 로펌이라 할 수 있는 슈퍼급 로펌인 것이다. 그러니 '법조계의 삼성'이라고 불리는 것도 무리는 아니다.

직원 규모에서도 마찬가지다. 앞에서 살펴보았듯이 소속 변호사만 253명에 이르고 공인회계사, 세무사, 노무사, 외국 변호사 등의 전문가 그룹과 정부 관료 출신 고문과 전문위원이 포진해 있고, 전체 1,500여 명의 직원이 김앤장에서 일한다. 변호사 숫자로만 보더라도 웬만큼 큰 수도권 지방법원 판사들 숫자보다 많다. 2007년 7월 31일 현재 규모가 가장 큰 서울중앙지방법원 판사 숫자는 309명이고, 수도권에서 제일 큰 수원지방법원 판사 숫자가 189명임을 생각하면 그 크기와 규모를 알 수 있다.

개인별 급여도 대단하다. 2006년도 신고 연 소득 6억 원 이상인 변호사가 무려 114명이 된다. 연봉 10억 원 이상 변호사도 54명에 달한다.

이쯤 되면 단순한 법률사무소가 아니라 법률 대기업이라 부를 만하다. 김앤장이 무슨 사업으로 얼마를 벌고, 그 구성원들의 개인 소득은 어떻게 되는지 등의 문제는 천천히, 그리고 자세히 살펴보기로 하고 우선 이렇게 대기업이 된 법률회사에서 발생할 수 있는 문제들에 대해 생각해 보자.

김앤장이 제기하는 문제들

김앤장은 자타가 공인하는 한국 최대의 법률회사로, 1997년 외환위기를 기점으로 급성장했는데, 기업의 대규모 합병, 해외매각, 구조조정 등을 법률사업의 주요 항목으로 만드는 데 성공했기 때문이다. 아이러니하게도 김대중-노무현으로 이어진 민주정부 시기가 김앤장의 '황금기'였다. 그래서 김앤장은 신자유주의가 지배하는 세계화의 환경에 성공적으로 적응해 법률 서비스를 천문학적 규모의 사업으로 만들었다는 평가를 받고 있다. 일명 '김앤장 모델'로도 불린다. 법대생들의 로망, 누구나 선망하는 이름이 된 지 오래다.

그러나 김앤장의 성공은 우리가 생각해 봐야 할 수많은 질문을 던지고 있다. 김앤장이 스스로 강점이라고 자랑하는 내용만 봐도 생각할 문제들이 많다.

김앤장에 따르면 자신들은 "각종 법령의 입안 과정에서부터 참여하여 법령 및 실무에 많은 경험을 갖게 되었"거나 또는 "법률의 제정 및 개정에 긴밀하게 참여하여 그 과정에서 축적된 경험과 지식을 바탕으로 법률 서비스를 제공한다"고 한다. 그리고 "관련 협회들의 정책 수립 과정에 참여하여 경험과 이론을 갖게 되었"고 한다. 나아가 "국내 관련 입법 작업을 지원하고, 통상 담당 부서에 지속적인 자문 역할을 하면서 얻은 정보로 소송에 활용하거나, 민영화 프로젝트에 관여해 오면서 민영화 기업에 조언한 내용을 활용하여 김앤장을 찾는 고객에게 서비스를 제공하고 있다"라고 말하고 있다. 그런데 이것이 한편으로는 경험과 지식을 활용하거나 법률 제정에 참가하면서 획득한 정보와 자문 내용을 가지고 자신의 고객들에게 서비스하는 것이 되기도 하지만, 또 한편으로는 내부 정보 활용과 직무상 얻은 정보를 이용한다는 비판과 함께 불법성에 대한 논란을 낳고 있다.

김앤장은 지적재산권이나 형사사건 분야에서 많은 변호사들이 "판사, 검사 및 특허청 심사관과 같은 다양한 경력을 지니고 있어 그들의 경험과 노하우가 도움을 준다"거나, 또는 "법원과 검찰에서 10년 이상 실무 경험을 기진 분들이 포진하여 더 바랄 수 없이 막강한 구성원을 갖추었다"라고 자랑한다. "경제사건, 특수부사건 수사 경력을 가진 변호사를 주축으로 변호인단을 구성하고 있어 막강 파워를 자랑하고 있다"고도 선전하고 있다. 그러나 이런 주장 역시 법조계의 고질병인 '전관예우'와 '인맥을 통한 로비'가 아니냐는 논란을 만들어 냈다. 더구나 김앤장은 비리 재벌 총수의 변호를 거의 도맡아서 해 왔다는 사실도 늘 문제가 되고 있다. 김앤장은 "반드시 이겨야 할 소송에 처한 고객이 제일 먼저 선택하려고 하는 법률사무소라는 평판을 듣고 있다"고 자랑하지만, 그것이 만약 재벌 총수들의 불법을 방어하거나 은폐하기 위해 자신들의 법률 지식과 영향력을 동원하거나 투기자본의 이익을 위해 수단과 방법을 가리지 않는 것이라면 그것은 법적 정의를 위협하는 일이다.

김앤장은 자신들이 조세 부분에서 보유하고 있는 가장 귀중한 자산 가운데 하나로, "국세청장을 비롯하여 일선 실무자급에 이르기까지 다수의 전직 국세청 공무원들이 포진함으로써 조세당국과 원만한 관계 속에서 업무를 수행할 수 있다"고 선전한다. 그러나 고객과 조세당국 간의 불필요한 분쟁을 방지하고, 양자 간의 원만한 의사소통을 가능하게 함으로써 고객에게 도움을 주거나, 현직에서의 풍부한 경험을 살려 기업이 세무조사를 받을 때 효과적으로 대응할 수 있는 방안을 제시해 준다는 것이, 사실은 세무당국과의 유착이나 조세회피 나아가 탈세를 의미한다면 사정이 달라진다.

정부에 대한 법률자문의 경우도 마찬가지다. 김앤장은 "1997년 외환위기를 전후하여 정부에 금융기관 구조조정에 관하여 심도 있는 조언을 제공했고, 그 바탕으로 회사 정리, 화의, 파산절차와 관련하여 기업들을 대리하여 많은 사건을 성공적으로 처리했다"고 스스로를 평가하고 있다. 그런데 정부의 입법 과정에 참여해 법률 제정에 주도적인 자문을 하고, 이런 과정에서 취득한 정보와 법률 지식 및 전문 지식을 활용해 부실채권의 인수나 기업 구조조정에 참여한다면 이것은 법이 허용하는 범위를 벗어난 사실상의 범죄가 된다. 직무상 취득한 비밀을 갖고 의뢰인을 위해 일하는 셈이 되기 때문이다. 대표적인 경우가 자산관리공사의 부실채권 매각 과정이다. 김앤장은 부실채권 처리를 위한 법률 제정에 참가하면서 또 한편으로는 부실채권 입찰에 참여한 회사의 법률자문을 맡았다. 나아가 '공정거래위원회의 조사 및 신고 수리 절차에 있어서 고객(기업)을 대리'하던 김앤장의 변호사가 어느 날 갑자기 정부의 공정거래 관련 핵심 업무의 책임자로 임명되기도 했다. 과연 그는 누구의 이익을 위해 일했을까?

〈변호사법〉 제1조에 "변호사는 기본적 인권을 옹호하고, 사회정의를 실현함을 사명으로 한다"라고 규정하고 있다. 제2조에서는 "변호사는 공공성을 지닌 법률 전문직으로서 독립하여 자유롭게 그 직무를 행한다"라고 규정하고 있다. 김앤장은 변호사법에 규정된 사명대로 기본적 인권과 사회정의를 옹호하는 일을 해 왔을까? '고객의 이익과 만족'을 최우선으로 고려한다는 자신들의 모토와 법률이 요구하는 공익성은 현실에서 갈등 없이 공존할 수 있었을까? 김앤장 소속 변호사들이 청와대·법무부·금감원·재경부·공정거래위원회 등과 같은 힘 있는 공직에 진출하는 것은 문제가 안 되는가? 부적절한 유착인지 아니면 경험과 정보의 활용일 뿐인지의 논란은 또 어떻게 보아야 하는가?

법률이 정의를 실현하는 수단이 아니라 사업의 아이템이 되고, 공익과 사익의 경계를 넘나들어 영향력을 주고받으면서 결과적으로 재벌과 투기 자본의 이익에 봉사하게 된다면, 우리 사회는 어떻게 될까? 구조조정으로 일자리를 뺏기고, 건실했던 기업이 투기자본의 사냥감이 되고, 300만이 넘는 사람들이 신용불량자가 되는 고통을 짊어지고 있을 때, 다른 한쪽에서는 바로 그러한 일이 큰돈을 벌 수 있는 사업의 기회가 되는 사회는 괜찮은 것일까? 법 앞의 평등을 전제로 하는 민주주의는 오늘의 한국 사회에서 무슨 의미를 갖는가? 김앤장의 사례를 통해 우리가 생각해 봐야 할 문제들은 한결같이 크고 중대한 주제들이다.

02

실체는 있으나 법적으로는
존재하지 않는 조직

한 로펌과의 이상한 다툼

앞서 우리는 김앤장이 대한변협에 로펌으로 등록되어 있지 않다는 사실을 지적하고, 그 이유를 설명하겠다고 약속했다. 이제 그 문제를 이야기할 차례다. 우선 우리가 흔히 말하는 김앤장 법률사무소는 실제 그 이름으로는 존재하지 않는다는 사실부터 지적해야 할 것이다. 변호사협회든 세무서든 어디든 그 명칭을 찾을 수 없다. '법무법인 김앤장', '김앤장 합동법률사무소'로도 존재하지 않는다. 외국인에게 널리 알려져 있다고 하는 KIM & CHANG 법률사무소가 있고, 그 한국식 이름이 김앤장 또는 김&장 법률사무소라고 지칭되고 있을 뿐이다.

그럼 뭐란 말인가? 왜 스스로의 조직 형태에 대해 분명한 정의와 명칭을 규정하고 있지 않은가? 이 흥미로운 문제에 다가가기 위해 최근 법무법인 광장 소속의 변호사와 김앤장 간에 벌어졌던 상호 진정 사태를 잠깐 살펴볼 필요가 있다. 포문은 김앤장이 먼저 열었다.

2006년 12월 15일 김앤장은 '김·장 법률사무소 대표변호사' 이재후 명의로 한 통의 진정서를 대한변호사협회에 접수시켰다. 상대는 법무법인 광장의 임성우 변호사였다. 그는 "피진정인이 저희 사무소에 대해 악의적인 비방과 명예 훼손 행위를 하고 있다"고 주장하면서, 진상을 조사해 재발 방지를 위한 적절한 조치를 취해 줄 것을 요구했다. 김앤장은 임 변호사가 법무법인 광장의 파트너변호사이자 언론 활동을 총괄하는 책임자로서 2006년 여름부터 여러 언론사 기자를 지속적으로 만나면서 김앤장을 비방해 왔다고 주장했다.

그에 따르면 임 변호사의 주된 비방은 이렇다. "김앤장은 리딩 로펌으로서의 자격이 없다. legal practice[법률적 활동 – 저자 주] 대신 非legal practice [비법률적 활동 – 저자 주] 영역에서 경쟁력을 키우면서 변호사 윤리를 저버린다. 법률가 집단이라기보다 장사꾼 집단이다. 아무 견제 없이 독주하다 보니 김앤장은 오만방자하고 변호사로서의 균형 감각을 상실했다. 언론이 견제해야 한다. 김앤장은 법인이 아니고 합동법률사무소 형태이기 때문에 변호사 윤리에 비춰 볼 때 해서는 안 되는 부도덕한 여러 가지 행위를 일삼는다. 김앤장은 쌍방대리를 일삼는다. 의뢰인이 양해하는 경우도 더러 있을 수 있지만 그렇더라도 직업윤리에 비추어 볼 때 해서는 안 된다. 김앤장 고문의 역할은 브로커다. 非legal practice를 잘하는 것이 김앤장의 경쟁력이다. 법적으로 가능하지 않은 것을 비법률적인 영역에서 가능하게 만들어 준다. 김앤장이 형사팀을 강화하는 것은 법률가 집단이라기보다 변호사로서의 윤리는 저버리더라도 비즈니스면 다 한다는 장사꾼 같은 속성을 보이는 것이다." 이재후 변호사는 이런 비방이 내용 자체도 진실이 아닐뿐더러, 같은 변호사로서 지켜야 할 최소한의 예의를 벗어난 비윤리적·비도덕적 행태이자, 명예 훼손과 영업 방해에 해당한다고 주장하면서 조치를 요구했다.

아마도 예민한 독자라면 김앤장과 광장의 공방 가운데 이미 많은 쟁점이 노출되어 있음을 알 수 있을 것이다. 김앤장을 변호사 윤리에 기초를 둔 법률가 집단으로 볼 수 있는가 하는 문제로부터 시작해서, 법인이 아닌 합동법률사무소라는 조직 형태를 내세우는 것의 비윤리성과 불법성 문제, 그리고 그러한 조직 형태가 쌍방대리를 용이하게 하기 위한 것인가 아닌가 하는 문제, 김앤장의 고문을 맡고 있는 정부 고위공직자 출신의 역할은 단순한 자문인지 아니면 비법률적인 브로커 역할로 볼 것인가 하는 문제 등이 대표적이다. 아무튼 우리가 판단하기 전에 광장의 임성우 변호사는 어떻게 반응했는지부터 살펴보자.

이재후 변호사의 공격에 대해 임성우 변호사도 즉각 반격에 나섰다. 2007년 1월 10일 임 변호사는 김앤장을 상대로 대한변협에 진정서를 접수시키면서, 김앤장의 문제를 조목조목 따졌다. 그중 우리가 관심 있는 김앤장의 조직 형태에 대해서 살펴보자.

변호사법에는 근거가 없는 조직 형태

임 변호사 주장의 핵심은 "김앤장 법률사무소는 변호사법에 근거가 없는 특이한 형태의 조직을 만들어" 법률 사업을 한다는 것, 혹은 "조직의 외형과 실체가 전혀 다른 매우 비정상적인 체제로 법률 사무를 행하고 있다는 것", 그래서 "근본적으로 변호사법에 위반되는 행위"를 한다는 것이다.

좀 더 자세히 살펴보면 이렇다. 임 변호사에 따르면 김앤장이 대표변호사를 두고 단체를 만들어 조직적으로 대외 활동을 하고 있는데, "합동법률사무소는 변호사법 부칙 제6조에 그 법적 근거가 있지만, 어디까지나 개인법률사무소의 집합체일 뿐, 그 집단의 이름을 내세워 조직적·전문적으로 사건을 유치하고 처리하는 등의 변호사 관련 업무를 할 수 있는 법률적 근거는 어디에도 없다"는 것이다. 나아가 변호사법에서 "개인법률사무소, 법무법인, 법무법인(유한), 법무조합의 네 가지 형태를 규정하고, 특히 변호사법 제40조 내지 제58조31항에서 조직적·전문적으로 집단적인 변호사업을 할 수 있는 법적 형태를 법무법인, 법무법인(유한), 법무조합의 세 가지 형태로 제한적으로 열거하면서 각종 제한과 통제 장치를 두고 있는 것은, 고도의 윤리성과 책임 문제를 내포하고 있는 변호사 업무의 공익적 성격과 변호사 직무의 중요성을 고려하여, 변호사가 집단을 조직하여 그 집단의 이름으로 사건의 유치·처리 등 변호사업을 영위하는 형태를 제한하고, 이들에 대하여 상당한 수준의 관리·감독을 하기 위한 것이다"라고 설명하고 있다.

법률가들의 말과 글은 늘 이렇게 난해하고 복잡해서 문제지만, 어쨌든 핵심은 이렇다. 즉, "다수의 변호사들이 변호사법의 아무런 제약을 받지 않으면서 임의로 주식회사 혹은 단순 조합 등 변호사법이 정하지 않은 단체를 구성하여 변호사 업무를 수행하는 것은 변호사법의 취지에는 물론 위 제반 규정의 내용에 정면으로 위배"된다는 것이다.

법무법인, 유한법무법인, 법무조합이 어떻게 다른지는 이 장의 끝에 있는 [표 1]에서 정리해 놓았다. 각각의 조직 형태가 어떻게 다른지 하는 문제는 지금 당장 중요치 않으니 논의를 그대로 이어가 보자.

임 변호사에 따르면 김앤장이 바로, 문제가 되는 대표적인 사례다. 즉 "스스로를 조합이라고 표방하면서, 실제로는 대표변호사가 있는 단체를 구성하고 집단적으로 사건을 유치하고 처리하는 등의 법률 행위를 하고 있음에도 정작 변호사법이 정한 어떠한 조직에도 속하지 않는 특수한 형태의 조직이어서, 결국 변호사법이 정한 합당한 통제에서 벗어나 있다"는 것이다. 나아가 변호사법에 근거가 없는 매우 특이한 형태의 조직을 만들어, "변호사법 혹은 세법상의 각종 불리한 점을 회피하면서 실질적으로는 김·장 법률사무소라는 단체의 이름으로 조직적으로 활동하는 것은 변호사의 품위 문제 이전에 그 자체로 변호사법의 제 규정을 무력화시키는" 위법 행위라고 보았다.

이 진정 사태에서 누가 이겼을까? 김앤장이 변호사법의 근간에 도전하는 조직 형태를 갖고 있다는 임 변호사의 주장과, 이것이 명예 훼손 내지 영업 방해에 해당한다는 김앤장 측의 주장 사이에서 대한변협은 어떤 결론을 내렸을까? 결과는 '불문종결'不問終結, 한마디로 따져 보지 않겠다는 것이다. 변호사법에 위배된다는 주장에 대해 가타부타 결론 없이 불문에 부치겠다는 2007년 2월의 결정은 결국 김앤장의 손을 들어 준 것이나 다름없고, 그 조직 형태가 안고 있는 문제에 면죄부를 준 결정이라 아니할 수 없다. 김앤장과 광장 모두 대한변협의 결정에 승복해서 더 이상 공방을 벌이지 않았다. 왜 그랬을까. 공방을 하면 할수록 자신들의 치부만 드러날 뿐이고, 대한변협이 어느 한 쪽의 손을 들어주기가 곤란하다는 현실을 수용한 것이다. 그리하여 그 중대한 사안을 둘러싼 다툼은 더 지속되지 못하고 어느 날 갑자기 실종되어 버렸다.

대한변협은 삼성의 불법 행위에 대한 김용철 변호사의 내부 고발을 뒷받침하기는커녕 의뢰인의 보호 의무를 어겼다며 김 변호사를 징계하려 했던 기관이었다. 이들에게서 제대로 된 심리를 기대하는 것 자체가 어려운 일이다. 따라서 대한변협에 의존하지 않고 우리 스스로 김앤장의 조직 형태에 대한 비밀을 풀어 볼 수밖에 없다. 그러려면 임 변호사의 주장에 덧붙여 세금 문제와 쌍방대리 등 더 많은 쟁점을 살펴보아야 할 것이다.

기형적 조직 형태를 유지하는 이유

김앤장 법률사무소는 명칭에서 드러나듯이 형식적으로는 합동법률사무소, 즉 개인사무소의 집합체(조합) 형태를 띠고 있다. 그래서 사무실 내부에 있는 간판에는 합동법률사무소라고 표기하지는 않았지만 그와 비슷한 '金·張 法律事務所'로 표기되어 있다. 그런데 국세청에는 '공동사업자'로 신고되어 있다. 즉, 변호사법에 의하면 법률사무소의 형태고, 세법에 의하면 단일사업장에서 여러 명이 일하는 '공동사업자' 형태다. 공동사업자는 한 개의 사업자등록증 아래 여러 명이 각자 지분을 갖고 공동으로 사업을 하는 것이다. 이에 따라 조직 형태가 기형적이다. 우선, 엄청난 대표자들이 존재한다. 2002년에 80명, 2003년에는 대표자가 86명이다. 그리고 2004년에 98명이었고, 2005년 112명이다. 이들은 '공동사업자'라는 형태로 국세청에 하나의 단일한 사업자로 등록되어 있다. 그들 스스로는 법률상 어떤 책임도 없는 종합 법률사무소라고 말하고 있다.

변호사법 제44조[명칭]에서는 "법인이 아닌 자는 법무법인 또는 이와는 유사한 명칭을 사용하지 못한다"고 제한하고 있다. 일반인들은 김앤장 법률사무소가 법무법인(로펌)인 줄로 알고 있다. 일반적인 법률사무소라면 변호사와 사무장, 그리고 여직원으로 구성된 작은 사무실 형태를 상상한다. 반면 법무법인은 조직적이고 전문적이며 수많은 사람들이 회사 형태로 일한다고 생각한다. 그러나 김앤장은 법무법인이 아니다. 형식적으로는 개인사무소의 집합체에 지나지 않는다. 그런데 실제적으로는 단일한 조직체처럼 체계적으로 운영되고, 김앤장 스스로도 그렇게 이야기하고 있다.

한마디로 정리하면 법률적으로는 조합도 법인도 아닌 개인사무소의 집합일 뿐인데, 대외적으로는 법무법인처럼 행세한다는 것이다. 물론 실질은 김영무 변호사 개인회사와 마찬가지다. 왜 이렇게 기형적으로까지 보일 수 있는 조직 형태를 취하는 것일까?

김앤장은 기존의 우리나라 법무법인 제도가 합명회사 형태만을 인정하고 있는데, "합명회사 형태의 로펌은 의사 결정 시 전원 찬성이 요구되어 효율성이 떨어지며, 업무에 관여하지도 않은 구성원이 모든 수임 사건에 대해 무한연대책임을 부담하도록 하여 대형화할수록 잠재적 책임 부담 위험이 증가되는 구조"이기 때문이라고 말한다. 김앤장의 주장대로라면 우리나라에 로펌들은 존재하지 않아야 할 것이다. 아니면 기존 로펌들도 김앤장처럼 이상한 조직 형태를 가져야 할 것이다. 하지만 김앤장을 제외하고 그런 일은 없다. 더 흥미로운 것은 그다음이다.

2005년 1월 27일 변호사법이 개정되었고, 7월 27일 시행에 들어갔다. 이 개정법에 의하면 앞으로 2년 이내 법무부 장관의 인가에 따라 기존의 무한책임 형태의 법무법인은 유한회사 형태의 법무법인(유한법무법인)과 조합 형태의 법무조합으로 전환할 수 있게 되었다. 합명회사 형태의 법무법인이 갖는 문제가 개선된 것이다. 정관 변경과 지분 양도 결정에서 전원 찬성이 필요하고 모든 수임 사건에 대해 무한연대책임을 부담해야 했던 것에서 의결 조건을 완화하고 책임의 한도를 제한하는 것으로 바뀌었다. 그런데 기존의 법무법인이나 법률사무소에서 유한회사 형태의 법무법인과 조합 형태의 법무조합으로 전환할 수 있는 길이 열리고 이를 장려하고 있음에도, 대부분의 로펌들이 아직 전환 신청을 하지 않고 있다. 그나마 태평양이 2007년 7월 27일 법무법인(유한)으로 전환을 신청했을 뿐이다. 왜 다른 법무법인들은 전환 신청을 하지 않을까?

그 이유는 기존 조직을 청산하고 새로운 조직을 만들 때 납부하는 청산소득세 때문이다. 유한법무법인으로 변경하게 되면 주식회사의 외부 감사에 관한 법률에 의거 회계 처리를 해야 하고, 대차대조표를 법무부 장관에게 제출해야 한다. 또한 법무조합의 경우 출자 금액의 총액과 각 구성원의 출자 금액, 손익 분배에 관한 사항을 일반인들이 알 수 있도록 비치해야 한다. 따라서 조직을 변경할 경우 투명하지 못했던 운영 실태가 드러나거나, 구성원 상호 간의 자산 문제와 개인별 배당 문제가 드러나 조직 자체가 와해될 수 있다는 것이다. 다시 말하면 지금까지 분식회계를 해 왔는데, 이것이 드러날까 두려운 것이다. 이에 따라 각 로펌은 청산 이익에 대해 조세 특례를 인정해 세금을 면제해 줄 것을 법무부에 요구했다. 국내 로펌의 투명성 문제가 어느 정도인지를 보여 주는 사례가 아닐 수 없다.

김앤장의 경우에도 '7인 운영위원회'가 중요한 사항을 결정한다고는 하지만, 실제로 김영무 변호사 1인이 변호사 사무실의 운영과 수입 배분을 결정했기 때문에 구성원들은 구체적인 수입의 내역이나 분배 구조를 알지 못한다. 심지어 2007년 1월 KBS 탐사보도팀에서 '급여명세서'를 제시하자, 자신들이 실제 받는 급여와 큰 차이가 난다고 말하는 변호사도 있었다. 법적 근거도 없는 조직 형태를 꿋꿋하게 유지하면서 법률을 무력화하고, 한편으로는 자신의 치부가 드러날까 노심초사하는 일등 로펌 김앤장의 모습에서, 우리는 대한민국 법조계의 현주소를 본다.

세금 문제와 쌍방대리

김앤장의 주장에도 불구하고, 대부분의 사람들은 김앤장이 지금과 같은 조직 형태를 유지하는 이유가 세금 문제 해결과 쌍방대리를 하는 데 매우 용이하기 때문이라고 생각한다. 일반적인 로펌이라면 100명이 넘는 대표자를 두지 않으며, 하나의 사건에서 원고와 피고를 동시에 대리한다든지, 매수인과 매도인을 동시에 대리하는 이른바 쌍방대리가 불가능하기 때문이다. 당사자의 동의를 받으면 쌍방대리가 가능한 부분이 있지만, 일반적인 로펌에서는 '직업윤리'에 비추어 그런 일을 잘 하지 않는다.

　물론 김앤장은 이런 주장을 인정하지 않는다. 김앤장은 "이러한 조합의 형태를 유지하는 것이 쌍방대리를 가능하게 하기 위한 목적이라고 하거나 세금을 회피하기 위한 것이라고 말하는데, 이는 모두 사실과 다르다"고 말한다. 즉, "김앤장은 조합 형태의 로펌이지만 하나의 사업자로 등록되어 있는 단일사업장이고, 사건을 수임하고 처리함에 있어서도 하나의 단체로서 로펌 명의로 사건을 수임하고 담당 변호사에게 업무를 분배하여 처리하고 있으므로, 법무법인 형태의 로펌에 적용되는 것과 동일한 법 규정과 변호사 윤리장전이 그대로 적용된다"고 밝히고 있다.

그러나 이 말을 다 믿으면 안 된다. 그때그때 대응 논리가 다르기 때문이다. 예컨대 쌍방대리 문제가 불거질 경우 김앤장은 "양쪽의 동의를 받아 문제가 없다"고 하거나, 때로는 "법률적인 검토만 하는 것은 쌍방대리가 아니다"라고 하거나, 또는 "최근 기업과 로펌의 대형화·글로벌화에 따라 선진국에서도 그 기준을 완화하고 있는 추세"라고 말하거나, "변호사 사무실 내에 변호사끼리 소통을 막는 정보차단벽을 치면" 상관없다고 하기도 한다. 이처럼 김앤장의 해명은 자신이 유리한 대로 바뀌고 또 바뀐다.

김앤장은 고객(의뢰인)이 변호사를 선임한 경우, 법원에 제출하는 대리인 란에 법률회사 명칭이 아니라 개인으로 표기를 한다. 그러면서 자신들이 일을 맡을 때 고객에게는 "인수·합병, 금융, 증권, 세무, 노무, 지적재산권팀 등 수십 명이 한 개 팀으로 투입되어 성공리에 프로젝트를 마치는 것이 장점"이라고 자랑한다. 그런데도 누가 문제를 삼으면 내부에서 정보차단벽이 작동하고 있다고 말한다. 서로 모순되는 주장을 버젓이 하고 있는 것이다. 사업장 문제도 마찬가지다. 어떤 경우에는 개인사무소의 연합체로 주장하다가 또 어떤 경우에는 하나의 사업자로 등록이 된 공동사업자라고 주장한다. 납세자의 날에 '성실납세자' 표창을 받을 때는 김앤장 법률사무소 이름으로 '단체 표창'을 받는 것이 대표적인 사례다.

1999년 1월부터 김앤장의 조직 형태는 기존의 개인사업자의 연합체에서 하나의 사업장을 가진 '공동사업자'로 바뀌었다. 이것은 쌍방대리와 이해 상충에서 법무법인과 동일한 기준이 적용된다는 이야기다. 그렇다면 내부 적으로 정보차단벽이 있거나 개인사업자라서 이해상충이 발생하지 않는다 는 김앤장의 해명은 거짓이다. 또한 법적 검토만 하는 것은 쌍방대리와 무 관하다는 주장도 틀린 것이다. 2006년 12월 28일 대한변협 법제위원회는 쌍방대리가 금지되는 사건의 개념을 "법률자문 등을 포함하는 포괄적인 것" 이라고 정의했다.

　김앤장의 주장대로 자신들의 이상한 조직 형태가 세금 회피나 쌍방대리 를 위한 것이 아니라면, 조직 형태가 바뀐 1999년 1월 이후 김앤장은 쌍방 대리를 하지 않았을까?

양다리 걸치기인가, 불법인가

〈변호사법〉 제31조[수임제한]은 "변호사는 당사자 일방으로부터 상의를 받 아 그 수임을 승낙한 사건의 상대방이 위임하는 사건에 관하여는 그 직무를 행할 수 없다"고 규정하고 있다. 이른바 '쌍방대리 금지의 원칙'이다. 이 경 우 상대방의 동의를 받아도 같은 사건의 당사자를 동시에 대리하는 것을 금 지하고 있다. 대법원은 그 이유로 "변호사가 그와 같은 사건에 관하여 직무 를 행하는 것은, 먼저 그 변호사를 신뢰하여 상의를 하고 사건을 위임한 당 사자 일방의 신뢰를 배반하게 되고, 변호사의 품위를 실추시키게 되는 것 이므로 그와 같은 사건에 있어서는 변호사가 직무를 집행할 수 없도록 금지

02 | 실체는 있으나 법적으로는 존재하지 않는 조직

한 것"이라고 판시(대법원 2003.11.28. 선고 2003다41791 판결)하면서, "여기서 사건이 동일한지의 여부는 그 기초가 된 분쟁의 실체가 동일한지의 여부에 의하여 결정되어야 하는 것"이라고 밝히고 있다. 즉, 분쟁의 실체가 동일하면 쌍방대리 금지의 원칙에 따라 사건을 맡을 수 없으며, 이를 어기면 불법이 된다.

외환카드는 '보험 대리점업'을 하고 있었는데, 2004년 2월 외환은행과 합병하면서 업무가 방카슈랑스 범위 내로 축소되었고 기존에 수행하던 보험 상품 판매 행위를 더는 할 수 없게 됐다. 이에 따라 라이나생명 등 보험사들로부터 받던 수수료를 더 이상 받지 못하게 되었다. 금액이 100억 원에 달했고, 외환은행도 이 사실을 잘 알고 있었다. 그러나 김앤장으로부터 법률자문서를 받고서는 생각이 달라졌다. 자문 내용은 "외환은행이 보험 수수료를 받는 것은 가능하며, 보험업법상으로도 수수료 수취를 금지하는 근거는 없다"는 것이었다. 그런데 김앤장은 보험수수료 지급 여부에 관한 문제에 대해서, 외환은행에 자문을 해 주기 3개월 전 라이나생명에도 법률자문서를 보냈다. 게다가 라이나생명과 5년간 거래를 해 오던 상황이었다. 동일한 사안으로 두 분쟁 당사자 모두에게 법률자문을 한 것이다. 이 내용은 KBS 〈시사기획 쌈〉을 통해 알려지게 되었다.

이것은 변호사법으로 금지된 쌍방대리이다. 당시 김앤장 법률사무소는 "소송사건이 아닌 법률자문의 경우에는 당사자들의 동의가 있으면 양측을 모두 대리하는 것이 가능하다"고 주장했다. 그러나 대한변호사협회에 따르면 "같은 사건에 대해 어느 한 쪽과 상담을 하고 다시 상대방과 상담을 한 후 수임료를 받는 것은 변호사법에서 허용되지 않는다. 법률자문의 경우도 마찬가지다"라고 한다. 김앤장은 명백히 쌍방대리를 한 것이다.

김앤장의 불법 행위는 처벌되었을까? 문제는 확실하게 제기되었지만 누구도 감히 처벌해야 한다고 주장하지도 않았고 징계권을 가지고 있는 대한변협 역시 아무런 말이 없다.

논란이 확산되자 법무부는 2007년 10월 5일 변호사법 개정안을 입법예고했다. 여러 가지가 있지만, 그중 하나가 쌍방대리 금지 적용을 확대하는 것이다. 변호사 2인 이상이 공동으로 설비를 이용하면서 사건을 조직적으로 처리하는 공동법률사무소에 대해서도 쌍방대리를 금지하는 명문 규정을 변호사법에 두어 의뢰인을 보호하겠다는 것이다. 즉, 법무법인·유한법무법인·법무조합은 아니지만 그 실질에 있어서는 이들과 다를 바 없는 대형 로펌에 대해 종전에는 대한변협의 '변호사윤리장전'에 의해 쌍방대리가 금지되었으나, 이를 법 규정으로 명문화해서 강화하겠다는 것이다. 김앤장을 염두에 두고 마련한 개정안이지만, 윤리 규정을 무시하는 김앤장이 변호사법이라고 지킬까? 징계권을 가지고도 아무런 조치를 취하지 않던 대한변협이, 변호사법에서 쌍방대리 금지를 강화한다고 해서 태도를 바꿀까? 그간의 현실을 보면 회의적이지 않을 수 없다.

김앤장을 둘러싸고 있는 사람들

김앤장이 국내 최대, 최고의 로펌으로 성장한 배경에는 인재에 대한 투자가 큰 몫을 했다고 평가받고 있다. 김앤장은 해외 연수 등 파격적인 조건을 제시하고 연수원을 갓 졸업한 성적 우수자를 뽑는다.

소속 변호사의 자기 계발을 위해 해외 유학이나 연수 제도를 도입해 운영한 것은 국내에서 김앤장이 최초다. 이들은 연수나 유학이 학위 취득이나 미국 변호사 자격 취득을 위한 좋은 기회였을 뿐 아니라, 외국 법조인과 인맥을 형성하는 좋은 계기가 되었다고 말한다. 연수나 유학은 주로 미국으로 간다.

인맥의 형성은 외국에서만 이루어지는 것이 아니다. 국내에서, 그것도 아주 광범위하게 이루어진다. 앞에서 우리는 김앤장이 정부의 고위관료를 영입해서 고문이라는 직책을 주고 있다고 이야기했었다. 대형 로펌들의 고문제도는 '신(新)전관예우'라고 불릴 정도로 많은 논란을 유발하고 있다. 고문이라는 제도를 통해 현직 공무원들과 관계를 유지 발전시키는 것이다.

관료뿐만 아니라 전직 판사와 검사 출신도 주요 영입 대상이다. 여기서도 '전관예우' 문제가 제기된다. 로펌의 근무자가 다시 공직에 취업하고, 퇴직 후 다시 로펌에 복귀하는 '회전문 인사'도 인맥을 구축하고 사적 이익을 관철시키는 핵심 고리 중 하나다. 이렇게 다양한 방법과 여러 경로로 수많은 사람들이 김앤장과 직·간접적으로 연결되어 있다.

인적 네트워크를 중시하는 사람들이 강조하는 인맥 형성의 방법 중 하나가 경조사 참석이다. 결혼식은 부모의 사회적 능력을 보여 주고, 장례식은 자식의 능력을 보여 준다는 게 우리 사회의 일반 상식이기도 하다. 혼인을 통한 인맥 만들기와 그 부모의 위상을 잘 보여 주는 일이 얼마 전에 있었다. 2006년 10월, 언론은 일제히 김영무 변호사와 GS그룹 허창수 회장이 사돈을 맺게 되었다고 보도했다. 재벌그룹 총수와 국내 최대 로펌 집안의 연결이라는 점에서 주목을 받았다. 김영무 변호사는 이미 현대그룹과 사돈을 맺은 바 있다. 2003년 현대그룹 정주영 회장의 4남이었던 정몽우 전 현대알루미늄 회장의 둘째 아들과 김 변호사의 딸이 결혼을 했다. 두 자녀를 모두 국내 굴지의 재벌과 결혼시킴으로써 재계와 두터운 혼맥을 맺게 된 것이다.

GS그룹은 어떤 그룹인가? GS그룹은 2004년 7월 LG그룹에서 분리되었으며 상장회사 5개, 비상장회사 45개를 거느린 대규모 기업 집단이다. 허창수 회장은 GS그룹 회장을 맡으면서 지주회사인 GS홀딩스와 GS건설을 소유하고 있다. 2004년 발표된 국내 100대 부호 명단에는 6명의 허 씨 일가가 포함됐다. 이런 허 회장의 장녀와 김 변호사의 장남이 결혼을 한 것이다.

10월 23일 월요일 오후, 평일 오후임에도 서울 삼성동 그랜드인터컨티넨탈 호텔에서 열린 결혼식에는 수많은 하객으로 북적거렸고, 보도진은 식장 입구까지만 출입이 허용됐다. 재벌가인 신부 측 하객보다 김영무 변호사 측의 하객이 더 많았다. 눈길을 끄는 것은 이날 결혼식에 참여한 하객들의 면모다.

법조계에서는 윤영철 전 헌법재판소 소장과 주선회 헌법재판소장 직무대행이 왔다. 검찰은 역대 검찰총장이 모두 하객으로 참석했다. 김종빈·송광수·김각영·이명재·신승남·박순용 전 검찰총장 등이 축하하러 왔다. 안강민 전 대검중수부장, 이종왕 전 대검 수사기획관 등 검찰의 전직 고위 핵심 인물들도 망라되어 있었다. 정치권에서는 천정배 전 법무부 장관, 강봉균 열린우리당 정책위의장, 이강래 의원, 정덕구 의원이 참석했다. 전·현직 공무원으로는 전윤철 감사원장, 전홍렬 금감원 부원장, 이석채 전 정통부

장관, 김광림 전 재경부 차관, 양천식 전 금감위 부위원장(현재 수출입은행장)이 참석했다. 언론계에서는 『조선일보』의 방상훈 사장과 『중앙일보』 홍석현 사장이 모습을 드러냈다. 시민단체에서는 아름다운 재단의 박원순 변호사가 참석했다. 이들을 포함해 한국 사회에서 내로라하는 인물들이 하객으로 참석한 것이다.

외국 자본과의 특별한 관계

인적 네트워크는 김앤장에게는 자산이 된다. 여기에 덧붙여 외국인 투자자에 대한 환상도 김앤장 파워를 증폭시키는 요인이다. 외국 자본을 우리나라 경제의 구세주나 천사로 여기는 분위기에서 이들의 투자를 대리하고 담당하는 김앤장은 그 자체로 굉장한 자산을 갖는 것이나 다름없다. 김앤장은 우리나라에 있는 주요 외국 기업의 모임에 대부분 참석한다.

김앤장은 1980년대 중반 외국 은행들을 고객으로 확보하면서 성장하기 시작했고, 지금도 국내에 진출한 외국 기업과 외국 금융기관의 법률자문과 소송사건 거의 대부분을 맡고 있다는 것은 앞에서 이야기했다. 예를 들면 외국계 은행인 SC제일은행의 경우 87%, 외환은행 78%, 한국씨티은행 74%의 법률자문을 맡는 식이다.

한편 외국 기업의 경우 국내에서 다양한 단체를 만들어 자신들의 이익을 옹호하고 있다. '암참'AMCHAM이 대표적이다. 암참은 주한미국상공회의소의 약자로 1953년에 창립된 사단법인이다. 이들의 목적은 "한국 내에서 회원들의 이익을 보호하고 한국 및 미국 정부에 대하여 회원들을 대표하여 의견을 전하고 반영하도록 하는 것"이다. 미국 기업과 한국 기업을 포함해서 1,000여 개 기업이 회원으로 가입해 있고, 회원 수는 2,000명에 달한다. 버시바우 주한미대사가 명예회장으로 있고, 현재는 윌리엄 오벌린이 회장을 맡고 있다. 물론 김앤장은 암참 회원이다. 김앤장의 공인회계사는 암참의 조세위원회 위원장을 맡고 있다. 암참 전 회장인 제프리 존스는 김앤장의 고문으로 일하고 있다.

주한유럽연합상공회의소EUCCK는 1986년 2월 설립된 단체로, 한국에 있는 25개국 유럽연합 대사관과 800여 개 유럽연합 및 한국 기업체 회원들로 구성된 조직이다. 서울에 본사가 있고 부산에 지사를 두고 있다. 이 조직의 활동 목적은 "한국에서 유럽연합 기업체의 발전을 저해하는 문제점들을 밝혀내고, 이러한 문제들에 대한 정책 방침서(통상 무역 보고서)를 작성한다. 이러한 보고서는 한국 정부, 브뤼셀 유럽연합 본부와 서울의 유럽연합 관리들, 그리고 유럽연합 회원국의 대사관에 전달된다. 이러한 문서는 유럽연합과 한국 간의 통상 협상의 기초가 되며, 개별 유럽 국가들이 한국과 쌍무적인 협상을 진행할 때 이용될 수 있다"라고 밝히고 있듯이 가입한 기업의 사적 이익을 도모하는 데 있다. 김앤장은 'KIM & CHANG'이라는 이름으로 정식 회원 등록이 되어 있다.

한불상공회의소FKCCI는 1986년 설립된 단체로 현재 회원은 160개 업체다. 김앤장 법률사무소의 필립 리(이준)가 회장을 맡고 있다. 이곳에서도 김앤장은 회원 명부에 등록되어 있으며, 마찬가지로 한독상공회의소KGCCI에도 회원으로 가입되어 있다. 김앤장 법률사무소는 외국 변호사를 채용할 때 이들 단체의 회원으로 있는 사람을 채용하거나 또는 나중에 회원으로 등록시키기도 한다. 물론 법률사무소 이름으로 회원으로 가입하기도 한다. 이렇게 해서 인맥의 구조는 더욱 겹겹이 축적되는 것이다. 이들 외국 기업, 외국인과의 관계는 한국에서는 또 다른 권력 자산이다.

미국의 로펌 스카덴과 한국의 김앤장

링컨 카플란이 쓴 책, 『스카덴: 권력과 돈 그리고 법률 제국의 등장』*Skadden : Power, Money, and the Rise of a Legal Empire*(1994)을 보면 미국의 초대형 법률회사 스카덴Skadden Arps에 대한 이야기가 나온다. 이 책에서 저자는 1980년대 들어서 "비즈니스에 관한 법률이 이제 법률 비즈니스가 되었다"라고 기술하고 있다. 법률 자체가 막대한 수임료를 받는 하나의 거대 사업으로 부상했고, 그 결과 법률을 상품으로 하는 대기업이 만들어지고 있다는 것이다.

김앤장의 사례는 한국에서도 이와 같은 현상이 벌어지고 있음을 보여준다. 1997년 외환위기 직후부터 부실기업 정리, 외자유치, 해외매각 등 구조조정 과정을 거치면서 수많은 기업에 대한 매각과 인수·합병이 일어났다. 그리고 그 과정에서 '수완을 발휘한' 법률가 집단은 권력과 돈이 집중된 하나의 기업이 되었다. 이제 이들 조직의 대표는 최고경영자로 불린다. 기본적으로 변호사가 아니라 경영인이라는 뜻이다.

카플란이 제국에 비유한 스카덴은 1994년 당시 변호사를 1,000명이나 거느리고 있었다. 조직 형태도 일반 회사를 본떠서 재편했고, 이를 통해 사업을 대대적으로 확장해 나갔다. 미국 변호사협회는 스카덴을 가리키면서, 그들은 더 이상 공공의 이익을 추구하는 것이 아니라 "고객의 이익을 위해 봉사한다"고 비판했다.

김앤장 역시 자신들의 최대 목표를 '고객의 이익'이라고 분명히 밝히고 있다. "언제나 변하지 않는 한 가지 소중한 철학"이 있는데 "그것은 고객들이 법률가의 도움을 필요로 할 때 가장 정확하고 만족스러운 도움을 주기 위해 최선의 해결책을 찾는다"는 것이다.

같은 철학을 갖는 스카덴과 김앤장이 한국에서 만났다. 대표적인 투기 자본 론스타펀드가 2003년 외환은행을 인수하고자 할 때 선임한 대리인이 미국에서는 스카덴이었다. 한국에서는 김앤장 법률사무소가 맡았다. 공공의 이익보다 '고객'의 이익을 위해 봉사하는 스카덴과, '고객'에게 가장 만족스러운 도움을 주기 위해 최선의 해결책을 찾는다는 김앤장의 결합은 필연적이라고 하지 않을 수 없다. 확실히 김앤장은 '한국의 스카덴'을 지향하면서 한국 법조계의 새로운 발전 모델을 만들어 가고 있다.

김앤장이 추구하는 '고객의 이익'은 과연 누구의 이익을 말하는 것일까? 능력과 수단을 겸비한 법률 기업이 강자의 이익을 위해 봉사한다면 공동체의 질서는 대체 어떻게 될까? 과연 법률은 무엇이고, 변호사와 법률사무소는 어떤 역할을 수행해야 하는가? 공동체 내에서 용인될 수 있는 로펌의 한계는 어디까지인가?

이제 우리는 법적 정의는 어떻게 실현될 수 있는지, 법조 권력은 어떻게 통제되어야 하는지를 논의해야 하고, 법률과 인간적인 삶의 관계를 고민해야 할 것이다.

[표 1] 법무법인·유한법무법인 및 법무조합은 어떻게 다른가 (2006년 10월 기준)

	법무법인	유한법무법인	법무조합
변호사	- 구성원 5인 이상 - 10년 경력 1인 포함	- 구성원 10인 포함 20인 이상 - 10년 경력 3인 포함	- 구성원 10인 이상 - 10년 경력 3인 포함
목적	직무의 조직적·전문적 수행	직무의 조직적·전문적 수행	직무의 조직적·전문적 수행
출자	제한 없음	- 자본금 10억 이상 - 1인당 3,000만 원 이상	제한 없음
정관 변경	전원 동의	- 구성원 과반수 동의 - 의결권의 3/4 동의	- 구성원 과반수 동의 - 의결권의 3/4 동의
지분 양도	전원 동의	정관 변경과 동일	정관 변경과 동일
일반 채무	무한연대책임	출자금 한도 유한책임	손해분담비율에 따라 책임

수임 사건 책임	무한연대책임	- 책임 있는 담당 변호사와
		  법무법인의 연대책임
		- 담당 변호사를 직접지휘·감독한
		  구성원변호사
			- 책임 있는 담당 변호사
			- 담당 변호사를 직접지휘·감독한
			  구성원변호사

과세	법인 자체	법인 자체	구성원 별
책임 담보	-	보험, 공제 가입 강제	보험, 공제 가입 강제

정관 및 등기 사항 규약	① 목적, 명칭, 주사무소 소재지
	② 구성원 성명, 주민번호, 주소
	③ 출자의 종류,
	  가액 및 이행 부분
	④ 법무법인의 대표
	⑤ 공동대표
	⑥ 존립 및 해산 시기
	⑦ 설립 인가 연월일
		① 목적, 명칭, 주사무소 소재지
		② 출좌 1좌의 금액,
		  자본 총액 및 이행 부분
		③ 이사의 성명, 주민번호
		④ 대표이사의 성명, 주소
		⑤ 공동대표
		⑥ 존립 및 해산 시기
		⑦ 감사 성명, 주민번호
		⑧ 설립 인가 연월일
			① 목적, 명칭, 주사무소 소재지
			② 구성원 성명, 주민번호,
			  대표자 주소
			③ 출자 금액의 총액과
			  각 구성원의 출자 금액
			④ 법무조합의 대표
			⑤ 존립 및 해산 시기
			⑥ 손익 분배에 관한 사항

수임 장부	3년, 상대방 성명과 내용	3년, 상대방 성명과 내용	3년, 상대방 성명과 내용

공개 여부	미공개	미공개	- 규약에 기재된 사항과 보험,
			  공제기금 증명서
			- 법무조합 사무소가 소속된
			  지방변호사협회에 비치하여
			  일반인 열람

회계 처리	-	- 주식회사의 외부 감사에 관한 법률 제13조에 의한 회계 처리 - 대차대조표 작성 - 법무부 장관에게 제출 - 법무부 장관의 회계 검사권	유한법무법인과 동일
준용 규정	상법상 합명회사 규정	상법상 유한회사 규정	민법상 조합 규정

자료: 김동철 의원실 자료(2006.10.30) 수정 보완.
주: 법무부가 2007년 10월 5일 공고한 변호사법 개정안.
　① 설립 요건 완화: 법무법인(유한), 법무조합의 경우 구성원 7명으로 완화. 10년 경력 3명에서 2명으로 완화.
　② 출자 자본금 완화: 법무법인(유한)의 경우 10억에서 5억으로 조정.

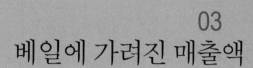

03
베일에 가려진 매출액

얼마를 버는지 아무도 모른다

얼마나 버는지 아는 것은 중요하다. 매출액을 알아야 그다음에 어떻게 버는지 분석해 볼 수 있고 그 방법이 정당한지를 따져 볼 수 있다. 김앤장은 도대체 얼마나 벌기에, 정치권력뿐만 아니라 경제 권력과 언론 등 문화 권력까지 동원할 수 있는 실력을 가진 대한민국 최대의 법률회사가 될 수 있었을까? 결론적으로 이야기해서, 아무도 모른다. 그게 솔직한 대답이다.

앞에서 우리는 법률이 이제 하나의 사업이 되었고 거대 기업이 되었다고 했다. 기업이라면 마땅히 기본 사항인 매출액과 소득을 집계하고 공표해야 한다. 김앤장은 그러한 기본 자료를 공표하지 않는다. 우리나라 변호사법은 수임 사건의 상대방에 대한 이름이나 사건 내용을 변호사협회에 신고하도록 되어 있지만, 수임료에 대한 신고는 제외되어 있다.

미국의 로펌들은 총 매출은 물론 파트너변호사 1인당 수익, 어소시엣변호사 1인당 수익 등 로펌의 수익성과 관련한 여러 지표들을 공개하고 있다. 과다한 수임료에 대한 규제도 있다. 미국의 경우는 주州별 또는 사건별로 변호사 보수의 상한을 규제하고 있으며, 독일은 법정주의를 채택해서 〈독일 연방변호사보수법〉BRAGO 에서 구체적인 보수 기준을 정하고 있다.

우리나라는 〈변호사법〉 제28조에서 "변호사는 수임에 관한 장부를 작성하고 이를 보관하여야 한다"고 규정하고 있다. 그 구체적인 방법은 시행령에서 정하도록 되어 있다. 그런데 시행령에도 수임료 장부를 작성하도록 하는 규정은 없다. 변호사법이 개정되기 이전에는 변호사법 제19조에서 "변호사의 보수 기준은 대한변호사협회가 결정한다"라고 보수 기준을 명시하고, 대한변호사협회 회칙에 변호사의 보수 기준에 관한 사항을 기재하도록 했다. 그러나 1999년에 법률이 개정되면서 이 조항이 삭제되었고, 수임료 장부 작성은 사라졌다.

기업이 된 법률회사들이 수임료 장부를 작성하지 않고 재무 구조나 영업 상황을 공표하지 않으니 그들의 소득을 알 수가 없다. 각종 추측이 난무하고 한쪽에서는 끊임없이 탈세 의혹이 제기된다. 불투명성이 가져오는 문제는 세무에 국한되지 않는다. 예기치 않은 제도상의 맹점도 많고, 이를 나쁜 쪽으로 악용하는 경우도 있다. 대표적인 예가 〈공직자윤리법〉이다. 이 법은 정부의 주요 공직자가 퇴직한 후 일정 기간 영리사기업체에 취업하는 것을 제한하는 것으로, 공직자들이 직무를 공정하게 수행하고, 공익과 사익 간의 이해상충을 방지하며 부정하게 재산을 증식하는 것을 막기 위해 마련된 제도다. 이 법의 시행령에서는 공무원들이 '자본금 50억 이상, 외형 거래액 연간 150억 이상인 기업체'에는 퇴직 후 2년 동안 취업을 못하도록 제한하고 있다.

공직자윤리법의 적용 기준은 매출액과 자본금이다. 그런데 법률회사의 경우 매출액은 고사하고 재무 상황에 대한 기본 정보도 공개하지 않아, 원초적으로 자본금이 존재하지 않는 것으로 되어 있다. 따라서 아무런 제한 없이 수많은 공직자가 퇴직 후 곧바로 로펌으로 줄줄이 직행한다. 법률회사의 자본금이나 거래액이 얼마나 되겠냐고 대수롭지 않게 생각한다면 잘못이다. 앞서 지적했듯이 김앤장의 실질적 대표인 김영무 변호사 개인 소득만 연간 600억이 되고 김영무 개인 이름으로 소유하고 있는 사무소 건물만 해도 자본금 제한 규정에 해당하는 50억의 수십 배에 이르기 때문이다.

이상에서 살펴보았듯이 법률과 제도의 시행, 규제의 기본이 되는 김앤장의 매출액에 관한 자료는 어느 곳에서도 찾을 수 없다. 재경부나 금감원, 국세청, 대한변협 등 관련 기관에서도 찾을 수 없다. 아마도 그들 기관조차 그런 자료를 만들려 하지 않았다는 것이 진실에 가까울 것이다. 흥미롭게도 김앤장의 매출액을 추정해 보고자 시도한 곳은 다른 데 있었다.

김앤장의 매출액을 추정한다면

김앤장 스스로 자료를 공개하지 않고 있다 하더라도, 최소한 영업 상황이나 소득에 관한 추정 자료도 없을까?

우선, 김앤장 변호사들의 1인당 소득을 파악하고 공개한 것은 국회였다. 강기정 의원(당시 열린우리당 소속)이 건강보험공단 자료를 토대로 분석해 김앤장 변호사들의 개인 소득을 공개했다. 2005년 9월 발표한 자료에 따르면, 연간 소득 6억 960만 원(월 소득 5,080만 원) 이상인 150명의 변호사 가운데

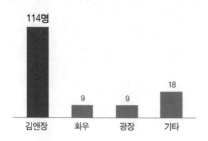

[그림 2] 최상위 소득 변호사의 소속별 구성

114명(76%)이 김앤장 소속인 것으로 드러났다. 이는 2위 그룹인 화우나 광장(각각 9명)에 비해 무려 12배 이상 많은 수치다. 당시 강 의원은 건강보험료 납부의 문제점을 지적하기 위해 이 자료를 공개했다. 월 47억 5,000만 원의 수입을 올리는 김영무 변호사가 건강보험료는 월 200만 원밖에 내지 않는다고 비판하면서, 건강보험료 상한제를 폐지하고 소득의 일정 비율(4.31%)을 보험료로 납부하도록 제도를 개선해야 한다고 주장했다.

언론도 감시와 견제를 하기 시작했다. KBS 〈시사기획 쌈〉은 김앤장 특집을 보도했다. 김앤장 법률사무소에는 2005년도 기준으로 112명의 대표자가 등록되어 있는데 이 방송에서는 이들의 국세청 신고소득을 기준으로 매출액을 추정했다. 김영무 대표는 공동사업자로 등록된 112명을 몇 개의 그룹으로 나누어 급여를 지급하고 있었다. 지분이 같은 사람들을 같은 그룹으로 묶어 10원 단위도 똑같이 급여를 지급한다. 이렇게 지급된 급여가 모두 2,035억이었다. 여기에 국세청이 2002년도 고지한 변호사 업종 표준 소

[그림 3] 로펌별 매출액 (2006년)

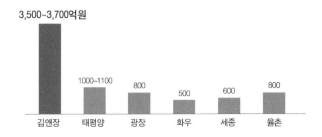

득률 55%를 활용해서 매출액을 계산하면 3,700억 원이 나온다. 3,700억 원 소득에서 필요 경비는 45%인 1,665억 원으로 계산되었다.

　방송에 이어 신문도 김앤장의 매출액을 추정했다. 우리나라 법률 시장 은 2005년도에 약 1조 4,000억 원이며, 2006년에는 1조 5,000억 원 규모로 성장했다. 이 법률 시장에서 9,200여 명의 변호사가 활동하고 있다. 산술적 으로 변호사 1인당 1억 6,000만 원 정도를 벌 수 있는 시장이다. 『조선일보』 에 따르면 이 중에서 김앤장은 3,500~3,700억 원, 태평양이 1,000~1,100억 원, 광장이 800억, 화우는 500억, 세종은 600억, 율촌이 600억 원 정도를 차 지하고 있다. 김앤장과 6대 로펌이 전체 법률 시장의 절반을 차지하고 있는 것이다. 이를 각 로펌별 국내·외 변호사 1인당 매출액으로 환산해 보면 김 앤장은 약 11억 원, 태평양은 약 6억 5,000만 원, 율촌은 6억 1,000만 원, 광 장은 4억 9,000만 원, 세종이 4억 1,000만 원, 화우는 3억 6,000만 원 정도 다. 1인당 매출액도 김앤장이 제일 많고, 개인 급여도 김앤장이 최고로 높다. 이제 그 이유를 알아보자.

김앤장이 사는 법

앞에서 이야기했듯이 김앤장은 1997년부터 기업들의 '화의사건'을 맡으면서 급성장했다. 1962년 〈화의법〉이 제정된 이후 법원에 신청된 사건은 1996년까지는 20여 건에 불과했다. 그러나 1997년 대기업의 연쇄 부도와 IMF 외환위기 와중에 화의는 부실기업주들에게 큰 인기를 끌면서 폭발적으로 증가했다. 인기를 끈 가장 결정적인 요인은 '경영권이 유지된다'는 데 있었다. 왜냐하면 회사가 부실화되면 부도가 나고 파산하거나 대주주가 교체되는데, 화의 제도는 경영권을 계속 유지하면서 부실을 은폐할 수 있는 제도로 활용할 수 있기 때문이다.

김앤장은 1997년 9월 '진로'에 대해 화의 신청을 했다. 진로는 우리나라에서 독보적인 소주 업체였다. 그러나 1988년 장진호 회장이 취임한 이후 문어발식 경영과 사업 확장, 계열사 간 지급보증으로 경영이 악화되어 1997년 무너지고 말았다. 진로건설 인수가 결정타였다. 그리고 1997년 9월 7일 법원에 화의를 신청했는데, 대기업에 대한 첫 화의 신청으로 경제계의 관심이 쏠린 이 재판에서 김앤장은 1998년 3월 서울지방법원으로부터 성공적으로 화의인가를 받았다. 그 이전까지 거의 2년에 한 건 정도밖에는 적용된 적이 없어 사실상 사문화되었던 법조문이 되살아났고, 김앤장은 이 하나의 사건에 대해서 선금으로 20억 원을 받았다.

『한겨레』에 따르면 김앤장은 1997년 7월 기아그룹의 의뢰를 받아 모두 16건의 화의 및 회사 정리 신청을 내면서 33억 원(나중에 28억 원으로 재조정)을 받은 것으로 알려져 대한변협 윤리위원회의 징계 심의를 받은 적도 있다. 물론 김앤장은 "당시 28개 계열사를 들여다보느라 수십 명의 변호사들이 많은 시간을 투여한 만큼 과다 수임료가 아니다"라고 말했다. 김앤장의 한 변호사는 "너무 앞만 보고 달려와서 주변이나 소외된 곳을 보지 못한 것은 사실"이라며 "그러나 우리 사회에 로펌 문화를 뿌리내리는 데 주도적인 구실을 한 것에 대해서는 인정받을 수 있지 않겠느냐"고 말했다. 엉뚱한 동문서답으로 과다 수임료 문제를 비켜 갔다.

로펌의 주된 수입 원천 가운데 하나는 법원에 제기된 소송사건의 수임료다. 소송사건에는 민사사건과 형사사건, 행정사건, 가사 사건 등 다양한 형태의 소송이 있다. 이 중에서 재벌 회장에 대한 인신 구속과 업무상 배임죄 등 대기업 총수들이 관련된 형사소송에서는 일반인의 상상을 초월하는 수임료가 붙는다.

최근에는 공정거래위원회와 관련하여 각종 과징금에 대한 불복 소송의 규모가 커지고 있다. 2006년 1월 23일자『한국경제신문』은 "공정위가 뜨면 로펌이 웃는다"라고 표현하면서 공정거래 전문 변호사와 공정위 출신 고위 관료들이 뜨고 있다고 보도하고 있다. 현재 약 500억 원 규모의 공정거래 분야의 법률 시장 규모가 매년 10% 이상 성장할 것으로 예측한다. 이에 따라 김앤장 법률사무소도 최근 2~3년 사이에 전문팀 규모를 세 배로 늘렸다. 국세청의 세금 부과에 대한 이의 신청과 불복 소송도 빼놓을 수 없는 주요 수임 사건 목록이다.

인수·합병과 국내외 투자 유치, 유가증권의 발행 등 기업 활동에 대한 자문과 수임은 개별 소송사건의 수임료와는 비교할 수 없을 만큼 고액이다. 김동철 의원(당시 열린우리당)에 따르면, 각종 인수·합병과 관련한 건당 수임료가 이미 100억대를 넘었다고 한다. 기업이나 금융기관의 인수·합병에서 주요 역할을 하는 곳은 증권회사나 투자은행 등 매각 주간사와 로펌이다. 매각 주간사는 보통 총 거래 금액의 1~1.5%의 수수료를 받는다. 로펌은 시간당 보수를 받는다. 자문이나 상담, 기타 의견서 작성 시 청구하는 김앤장의 시간당 보수는 40만 원에서 50만 원 정도다. 대규모 인수·합병 사건에 보통 20~30명의 변호사와 회계사, 변리사, 고위관료 출신의 고문들이 결합한다. 2~3개월 동안 진행되는 대규모 인수·합병 건에서 김앤장의 수임료가 100억이 된다는 것은 이런 계산에서다.

최근에는 지적재산권 관련한 소송 규모도 커지고 있다. 앞서 이야기한 대로 김앤장은 흥국생명빌딩에 별도의 사무실을 두고 33명의 소송 전문 변호사, 100여 명의 변리사, 그리고 200여 명의 실무진을 구성하고 있다. 이 팀의 팀장은 김앤장의 주축 중 핵심 인물인 장수길 대표변호사와 이재후 대표변호사가 맡고 있으니, 그 중요성과 사건 규모를 짐작할 수 있다.

이와는 비교가 되지 않지만, 기업체나 정부기관에 자문을 해 주고 받는 자문료가 있다. 이 자문료는 금액은 적지만 자문이 소송사건 수임으로 이어질 확률이 크기 때문에 금액보다는 자문 자체에 더 큰 의미가 있다. 특히, 정부에 대한 자문은 인·허가 권한을 가지고 있는 공적 기관을 상대로 사건 해결의 방향을 제시하는 만큼 금액으로 환산할 수 없는 가치가 있다. 이에 따라 심지어는 자문료 없이도 자문해 주는 경우가 있으며, 나아가 비공식적으로 자문을 해 주기도 한다. 여기에 고문이라는 이름의 고위관료 출신들이 활동할 수 있는 공간이 열린다.

법조계 안팎에서는 김앤장이 소액의 민사나 형사사건까지 독식하면서 법률 시장의 질서를 흔들고 있다고 비판한다. "대형 마트가 재래시장이나 동네 슈퍼마켓의 손님까지 빼앗아 가는 셈"이라고 비판한다. 그러나 김앤장은 "우리처럼 기업 사건을 주로 담당하는 로펌과 개업 변호사의 역할은 다르다"며 "우리가 개인 간 민사소송이나 형사사건까지 수임한다는 것은 낭설"이라고 주장한다. 개인 간 민·형사사건을 잘 맡지 않는다는 것은 어느 정도 사실이다. 그런데 여기에는 다른 이유가 있다.

우선, 개인 간 민사소송이나 고소·고발 사건은 수임료가 얼마 되지 않는다. 그 반면에 기업 상호 간의 소송이나 기업과 개인 간의 소송은 수임료가 엄청나다. 어쩌다 소액의 민사사건이 들어오면 귀찮지만 거절하지는 않는다. 정중히 김앤장에 있다가 독립한 변호사에게 소개해 준다. 형사사건도 마찬가지다. 사건 의뢰인에게 거절하지 않아서 좋고, 전직 김앤장 변호사에게는 사건을 주면서 관리할 수 있어서 좋다. 삼성그룹이 퇴직 임직원을 관리하는 방식과 유사하다.

개인 간의 소송에는 상대방이 존재한다. 그래서 전관예우를 활용하거나 재판부에 영향력을 행사하기가 조심스럽다. 상대방이 물고 늘어지면 골치가 아프다. 그런데 같은 상대방이 있는 소송이라 하더라도 기업 간의 다툼은 다르다. 서로 변호사를 선임하니 아는 사람끼리가 되고, 이들 간에는 말이 통하고 타협이 가능하다. 개인과 기업 간의 소송은 어떤가? 거의 전부 기업을 대리한다. 기업을 상대로 한 소송과 고발은 대부분 노동자가 하거나 노동조합, 또는 소비자들이 한다. 이들 약자 집단에 대해서는 회사와 힘을 합쳐 누르기만 하면 된다. 언론이나 정부도 회사편이다. 일하기도 쉽고 상대하기도 쉽다. 그래서 기업 측 변호를 맡는다.

개인 사건은 잘 맡지 않으면서 재벌 총수 사건은 왜 맡는가? 우선, 돈이 된다. 수임료가 엄청나다. 그리고 국가가 소송의 주체가 되는 형사사건에는 손해를 보는 자가 없다. 재벌 총수에게 무죄를 선고하거나 솜방망이 처벌을 내리더라도 직접적으로 손해를 보는 당사자는 없다. 다만 법적 정의가 사라지고, 사회 질서와 도덕이 무너질 뿐이다. 사회 전체로는 엄청난 손실과 비용이 따르는 행위지만 당장 손해를 입는 사람은 없다. 여론의 비난은 잠시 참으면 되고 시간이 지나가면 해결된다.

살아 있는 재벌만 맡는다

2005년 8월 8일 두산그룹이 형제간의 경영권 다툼과 비자금 조성 의혹에 휩싸인 가운데, 계열사인 두산산업개발이 2,797억 원의 분식회계를 했다고 자진 공시했다. 당시 박용성 두산그룹 회장과 박용오 전 회장 간 경영권 다툼에서 불거진 이른바 '형제의 난'이라고 불리는 사건이다. 당연히 재벌 총수들은 구속되었고, 2,800억 원의 분식회계와 285억 원의 회사 돈 횡령혐의로 재판을 받았다. 변호인으로 전 대법관과 김앤장 소속 변호사 12명이 나섰다. 이들은 2명의 전직 검사장, 4명의 전직 부장판사와 부장검사, 그리고 6명의 전 판·검사 등이다. 이 중 2명은 재판장의 고등학교 선배였다. 두산그룹은 이 사건의 변호인들에게 100억대의 돈을 주었다.

또 하나의 대표적인 경우가 2006년의 정몽구 현대그룹 회장 사건이다. 2002년부터 2006년까지 1,000억 원의 비자금을 조성하고 회사 돈 797억 원을 횡령한 혐의로 정몽구 회장이 구속되고 아들은 불구속되었다. 이 사건의 경우도 김앤장이 맡았는데, 최경원 전 법무부 장관, 김회선 전 법무부 기획관리실장, 이병석 전 대검 중수부 검사 등 10여 명의 변호인단을 꾸렸다. 이후 김앤장에 있는 대법관 출신의 이임수 변호사도 합류하여 호화 변호인단으로 불렸다. 아들과 아버지가 함께 구속되는 것은 너무 비정하다는 동정론까지 만들어진 이 사건의 수사와 재판 과정에서 변호인단에게 제공된 돈은 300억 원대였다고 김동철 의원은 주장한 바 있다.

재벌 총수들이 가장 무서워하는 것은 인신 구속이다. 딱딱한 마룻바닥과 맛없는 음식, 열악한 세면 시설은 일반인도 그렇지만 이들에게는 감내하기 힘든 조건이다. 교도소에 가면 수많은 사람을 부리던 지위에서 교도관에 의해 통제되는 신세로 전락한다. 그야말로 최악이다. 따라서 이들은 우선 죄를 부인하고, 탄로가 나면 구속을 피하기 위해 필사적으로 노력한다. 그 다음에는 보석을 신청하고 실형을 면하기 위해 모든 수단을 동원한다. 여기까지는 일반인과 같다. 그러나 재벌 총수는 막대한 돈을 쓸 수 있다. 여기서부터는 일반인과 다르다. 거액을 주고 전관 변호사를 선임한다. 대형 로펌에는 고위 법관이나 검찰 간부 출신들이 많다. 이것도 부족하면 방금 퇴임한 고위 법관과 공동으로 사건을 수행한다. 이것이 이른바 전관예우다. 전관 변호사를 선임하는 관행과 풍토가 계속되는 이유는 당연히 효과가 있다고 느끼기 때문이다. 정말 효과가 있을까?

참여연대 사법감시센터는 2006년 7월에 2000년 이후 배임·횡령 기업인 범죄에 대한 판결 사례를 조사해서 발표했다. 이 조사는 2000년 이후 사회적으로 많은 관심과 이슈를 불러왔던 〈특정경제범죄가중처벌등에관한법률〉(특경가법)상 배임·횡령 혐의로 기소된 기업인 69명에 대한 판결사례를 조사하여 분석한 것이다. 분석·조사 결과 1심에서 집행유예형이 선고되거나 2심(항소심) 이후 집행유예가 선고된 경우는 전체 69명 중 55명인 79.7%로 나타났다. 1심에서 집행유예를 선고받은 경우는 37명(53.6%)이고, 1심에서는 실형을 선고받았으나 항소심에서 집행유예가 선고된 것이 18명(26.1%)이었다.

특경가법상의 배임 또는 횡령은 법정형이 징역 3년 이상(이득액이 5억 원 이상 50억 원 미만의 경우)이거나, 징역 5년 이상 또는 무기징역(이득액이 50억 원 이상인 경우)으로 정해질 만큼 중대 범죄이자 대표적인 '화이트칼라 범죄'다. 이 같은 범죄는 해당 기업의 주주와 채권자, 노동자, 관련 기업 등 이해관계자 모두에게 엄청난 손해를 끼쳐 건전한 사회 발전과 공정한 시장경제의 발전을 가로막는 반사회적 범죄다. 액수로는 얼마 되지 않는 강·절도 등 일반 형사범은 실형을 선고받는 반면에, 이같이 중대한 범죄를 저지른 이들의 80%가 집행유예 등의 가벼운 처벌을 받는 데 그친다면, 이것은 기업 범죄를 가중처벌하는 특경가법의 취지를 무색하게 만드는 판결이다.

미국에서는 엔론이라는 에너지 기업이 2001년 회계부정으로 파산해, 직원들은 하루아침에 직장을 잃고, 투자자는 500억 달러 이상의 손실을 본 사건이 터졌다. 이 회사의 최고경영자였던 제프리 스킬링은 사기와 공모 등으로 24년 4개월 형을 선고받았다. 부회장 벡스터는 사건이 불거지자 자살했다. 회계부정에 관여한 회계법인 아더 앤더슨은 파산했다. 통신회사 월드콤의 최고경영자였던 버나드 에버스는 110억 달러의 회계사기 사건에 개입한 죄로 모든 재산을 몰수당하고 징역 25년형을 선고받고 복역 중이다. 미국의 '화이트칼라' 범죄에 대한 대표적인 판결이다. 한국 현실과는 크게 비교된다.

위에서 우리는 두 명의 재벌 총수 사건에 대법관 출신이 변호인으로 나섰다는 사실을 이야기했다. 이와 같이 재벌 총수 등 기업인의 형사재판에 지방법원 부장판사급의 중견 법관이나 고등법원 부장판사급 이상의 고위 법관 또는 검찰의 검사장 등이 퇴직 후 1~2개월도 채 지나지 않아 변호인을 맡는 경우가 절대다수였다. 이것이 전관예우의 현실이다.

재미있는 현상은 '살아있는 재벌'이 아닌 '죽은 재벌'은 실형을 선고받았다는 사실이다. '살아있는 재벌'이라고 할 수 있는 동부그룹·삼성에버랜드·두산그룹·SK그룹·동국제강그룹 등의 주요 임원이나 지배주주 등은 1심에서부터 집행유예를 선고받거나 항소심에서 집행유예로 풀려났다. 반면, 죽은 재벌이라고 볼 수 있는 갑을그룹·거평그룹·동아그룹 등은 실형을 선고받았다.

2004년부터는 그나마 실형을 선고받은 재벌 총수도 없다. 이 시기에 재벌 총수와 관련된 범죄 사건 중 집행유예나 벌금형이 선고된 사건은 총 16건인데, 이 중에서 1심에서 실형을 선고한 사건은 11건, 집행유예를 선고한 사건은 5건이었다. 그러나 항소심에서 실형이 유지된 경우는 한 건도 없다. 또한 제1심에서 실형이 선고되었다가 제2심에서 집행유예를 선고받은 피고인에 대한 선고 형량은 진로 장진호 회장 1인을 제외하고 하나같이 징역 3년에 집행유예 5년이었다. 진로의 장진호 회장이 예외였던 이유는 그 자체로 또 흥미로운 사례인데, 이에 대해서는 6장 "진로와 골드만삭스" 편에서 살펴보게 될 것이다.

참여연대가 분석한 기업인 69명의 사건 가운데 김앤장은 몇 건을 맡았을까? 총 69명 중 김앤장 수임 사건은 19건으로 27.5%를 차지하고 있다. 그런데 한 가지 재미있는 사실이 있다. 참여연대가 '살아 있는 재벌'이라고 부른 동부그룹·삼성에버랜드·두산그룹·SK그룹·동국제강그룹 등의 경우 김앤장에서 사건을 도맡았다는 사실이다. 김앤장은 재벌 총수 그것도 지불 능력이 큰 재벌 총수의 사건을 맡아서 고액의 수임료를 받는다. 이 과정에서 단독으로 사건을 맡는 경우도 있지만 퇴임한 지 얼마 되지 않는 고위 법관과 공동으로 변호인단을 구성한다. 김앤장은 소송의 승률을 높이고 퇴직 법관은 고액의 수임료를 분배받는 거래가 아닐 수 없다.

결국, 법원에서 화이트칼라 범죄에 대해 엄격한 형을 선고하고, 검찰이나 법원 고위직 출신의 전관 변호사를 선임해도 다른 변호사들과 다를 바 없다는 것이 사실로 확립되지 않는다면, 수백억 원을 주고 전관 변호사를 선임하는 사례는 사라지지 않을 것이다. 그리고 로펌들이 고위직 출신 전관 변호사를 고액 연봉을 주고 영입하는 관행도 계속될 것이다.

세무와 실제의 괴리

지금까지 우리는 김앤장이 얼마를, 어떻게 버는지를 살펴보았다. 이 대목에서 독자들은 한 가지 의문이 들 것이다. 세금은 제대로 내나? 급여 생활자들의 월급 통장은 '유리 지갑'이고, 자영업자의 세금 탈루에 대해서는 엄정히 조사하고 처벌한다는 정부의 방침을 해마다 들을 수 있다. 하지만 한편에서는 변호사나 의사 등 고소득 자영업자의 탈세 사실이 끊이지 않는다. 김앤장 스스로는 '세금 문제만큼은 투명하고, 자신 있다'고 큰소리치지만, "세무와 실제에 괴리가 있다"는 말이 들려온다. 이것이 무슨 소리인가?

김앤장이 탈세를 했다는 뜻은 아니다. 정확히 말하면 소속 변호사들이 실제 소득보다 더 많이 받는 것처럼 국세청에 신고했다는 것이다. 소득을 많이 신고하면 세금을 더 납부해야 하지 않나? 그렇다. 김앤장은 세금을 더 내고 있는 것이다. 김앤장 변호사들은 세금 신고소득과 실제 소득이 다른 데 대해 항의하지 않는 이유로 "자기가 받는 보수가 다른 법률회사보다 많으니까, 그냥 넘어간다"고 설명하고 있다. 많이 받으니 이것저것 따지지 않는다는 이야기다. 김앤장 법률사무소도 이에 대해, 비용으로 인정되지 않는 지출을 파트너변호사들의 소득으로 신고했기 때문에 실제 가져가는 소득보다 신고한 사업 소득이 더 많은 것은 사실이라고 KBS 탐사보도 〈시사기획 쌈〉에서 인정했다. 그렇다면 신고소득과 실제 소득 사이의 차액은 어디로 갔는가?

김앤장의 설명은 이렇다. "리모델링이나 전산장비 구입 등을 위해 지출된 돈이 당해 연도에는 비용으로 인정되지 않아, 모든 파트너들의 개별 소득으로 신고할 수밖에 없다. 또 이런 회계 처리 과정을 모든 파트너들이 잘 알고 있다"는 것이다. 제조업 회사도 아닌 사무실에서, 한 해 1,665억 원이나 되는 필요 경비로도 리모델링과 전산 장비 구입이 모자라 신고 소득을 부풀려야 했다는 주장은 이해하기 어렵다. 김앤장은 "요즘 변호사 사무실이 장치 산업화하고 있기 때문에 리모델링과 전산 작업 등에 드는 지출이 늘고 있지만, 구체적인 지출 규모는 영업 방침상 공개할 수 없다"고 말한다. 리모델링과 전산 장비 구입에 따른 비용 지출을 매년 대규모로 해야 하기 때문에 소득 신고를 높여서 할 수밖에 없었다? 이런 설명을 신뢰할 사람이 얼마나 될까? 아무리 생각해도 상식적인 이해 범위를 넘어서는 설명이 아닐 수 없다.

아마 기업의 재무 상황에 조금이라도 식견이 있는 독자라면, 사태 파악이 금방 되었을 것이다. 실제 개인에게 지급한 소득보다 높게 소득을 신고하는 것은 기업이 비자금을 조성하는 대표적인 방법이다. 즉, 소득을 적게 신고해서 탈세를 하는 것이 아니라 우선 소득을 많이 신고한다. 그러면 세무 관련해서 위험 부담은 없어진다. 그런 다음 당사자에게 세무 신고 금액보다 대폭 낮춘 급여를 지급하면, 세금을 완납한 안전한 비자금이 조성되는 것이다.

물론 늘 세금을 더 많이 내는 것은 아니다. 탈세에 대한 의혹도 있다. 대표적으로 재벌 총수를 변호하면서 약정된 수임료 이외에 별도의 성공보수를 받는 경우다. 성공보수는 드러나지 않는다. 삼성그룹의 사례에서 보듯이 재벌의 비자금에서 받기도 한다. 이 경우에 소득 신고가 필요 없다. 아니, 소득 신고가 불가능하다. 이에 따라 김앤장에 대규모 비자금 조성 의혹과 탈세 의혹이 제기되는 것은 당연한 일이다.

이런 의혹이 사실이냐 아니냐를 밝히는 것은 김앤장으로서는 매우 쉬운 일이다. 스스로 기초적인 회계 정보를 공개하기만 하면 되기 때문이다. 이런 쉬운 방법을 회피하면서, 다른 사람들의 의혹 제기를 영업 방해 및 개인

프라이버시 침해로 소송하겠다고 나서는 것은 떳떳하지 못한 일이다. 일반 기업도 아니고 법률을 업으로 하고 있기에 더욱 그렇다.

길을 잃은 수재들

그간 김앤장은 사실 공개를 통한 진실 규명의 방법을 선택하지 않았다. 이들은 자신들의 수입이 공개되는 것을 꺼려 "개인 소득을 공개하지 말라"고 소송까지 제기했다. 김앤장 소속 변호사 두 명이 서울서부지방법원에 국민건강보험공단을 상대로 공단 측이 보관하고 있는 자신들의 소득 금액에 대한 정보를 성명·주민등록번호·주소·사업장명이 표시된 형태로 제공하지 말 것을 요구하는 '개인 정보 제공 금지 청구 소송'을 제기한 것이다. 소송에서 이들은 "공단에 종사하고 있는 자는 그 업무상 알게 된 비밀을 누설해서는 안 된다"는 〈국민건강보험법〉 제86조에도 불구하고 공단이 자신들의 개인 정보를 타인이 알아볼 수 있도록 기재해 다른 기관(국회)에 정보를 제공했고, 이로 인해 개인의 프라이버시가 침해받았다고 주장했다.

　김앤장은 이 소송에서 일부 승소했다. 재판부는 "변호사 업무가 공공성을 가지기는 하나 이들은 기본적으로 자유직업인이므로 월 소득 금액 등의 자료는 최대한 보호받아야 할 개인 정보에 해당한다"고 판결했다. 업무는 공적이고 직업은 자유인이라는 판결인 셈이다. 이것은 그들이 공적인 업무를 통해 어떻게 돈을 벌든 상관하지 말라는 것이다. 국민의 대표인 국회의 감시마저 못하게 하는 것이다.

소송은 김앤장의 전공 분야다. 우리나라 최고의 대학을 졸업하고 수석 합격과 수석 졸업의 경력이 있는 변호사들이 즐비하며, 이들은 우리나라의 대표적인 인재요 수재들이라 할 수 있다. 이들이 자신의 기득권을 지키기 위해 소송을 제기하고 있다. 과도한 수임료에 대한 사회적 비판과 국회의 감시를 회피하기 위해 정보 공개를 차단하려 하고 있다. 소송으로 먹고사는 전문가 집단이 자신들이 독점하고 있는 수단을 활용해 재무 상황 및 소득 상황과 관련된 정보 파악 노력을 억압하려는 것은 공공성을 지닌 법률 전문 직이 취할 태도는 아닐 것이다. 대한민국 최고를 자처하는 수재들이 자신들 의 재능을 이렇게 사용하는 모습을 '길을 잃은 수재들'이라 표현할 수 있지 않을까.

김앤장의 월 소득 감추기는 자신들의 활동이 떳떳하지 못하다는 것을 스스로도 자각하고 있다는 반증이다. 김앤장 법률사무소는 사회적으로 지 탄을 받거나 국가경제적으로 엄청난 악영향을 미친 대형 경제사범이나 기 업 인수·합병, 해외매각 사건, 구조조정 사건 처리를 도맡아 하고 있다. 국 내 최고의 법률 서비스를 제공하고 국제적 경쟁력이 있다는 이유로 고액의 수임료를 받는 사건만을 주로 처리한다. 이 때문에 변호사 업계의 양극화가 심화되고 무전유죄, 유전무죄라는 말이 늘 따라다닌다. 전관예우는 이 현상 을 더욱 부채질한다.

대법관 등 고위직 출신들이 퇴임 후 파렴치한 사건을 맡는 것은, 명예를 돈과 바꾸는 것이다. 이런 현실에서는 후배 법관들 또한 자신들의 미래를 점치면서 '돈의 유혹'에 흔들리게 되고, 공정하고 양심적인 재판은 기대하기 어려워진다. 김앤장과 같은 대형 로펌이 나서는 소송에서 법관 역시 '법과 양심'에 따라 재판을 할 것인가, 아니면 자신의 '미래와 사심'을 선택할지 고뇌에 빠지게 된다. 이 고뇌의 순간부터 법적 정의는 무너지기 시작한다.

백억대의 소송비용과 사외이사로 포진한 사람들

일반 변호사들과 다른 김앤장 소속 변호사들의 특별 활동 범위에는 사외이사 제도가 있다. 김앤장의 변호사나 고문들은 재벌 그룹이나 금융기관의 사외이사로 포진해 있으면서 '방패막이' 또는 '병풍' 역할을 하고 있다. 재벌 총수가 형사사건으로 기소되었을 때 사외이사 신분으로 직접 변호인단에 참여하기도 한다. 현대차그룹의 정몽구 회장 소송사건 변호인단에는 당시 현대제철의 사외이사였던 최경원 전 법무부 장관이 포함되었다.

두산그룹 박용성 회장 재판을 변호했던 윤동민 변호사도 두산의 사외이사였다. 이후 두산그룹의 박용성 회장이 경영에 복귀하면서 그는 제프리 존스 고문과 함께 두산의 사외이사를 다시 맡고 있다. 또한 변론을 맡았던 김회선 변호사는 두산건설의 사외이사가 되었다. 그뿐만 아니라 두산중공업에는 박정규 변호사가 새로 사외이사로 선임됐다.

[표 2]를 보면 김앤장이 재벌 기업의 사외이사에 어떻게 포진해서 이들의 '방패'가 되어 주는지 한눈에 볼 수 있다. 대충 훑어만 봐도 재벌 기업과 김앤장의 관계는 그야말로 일상적이고 구조적이다.

사외이사 제도는 외환위기 직후 대주주의 경영 독단을 견제하고, 기업 투명성을 높이고, 소액주주의 이익을 보호한다는 취지에서 도입됐다. 경영

[표 2] 김앤장 소속 인사들의 기업 사외이사 (2007년 9월 기준)

그룹명	회사명	사외이사	김앤장 직책
삼성	삼성엔지니어링	김철민	세무고문 (전 남대문세무서장)
	삼성증권	이주석	고문 (전 서울지방국세청장)
	삼성전자	황재성	고문 (전 서울지방국세청장)
		윤동민	변호사 (전 법무부 기획실장)
두산	두산인프라코어	신희택	변호사 (전 대한변협 섭외이사)
	두산중공업	박정규	변호사 (전 청와대 민정수석)
	두산	윤동민	변호사 (전 법무부 기획실장)
		제프리 존스	고문 (미국 변호사, 전 주한미국상공회의소 회장)
	두산건설	김회선	변호사 (전 법무부 기획관리실장)
현대차	현대오토넷	한상호	변호사 (전 서울지법 부장판사)
	현대모비스	최병철	고문 (전 국세청 법인납세국장)
	현대제철	최경원	고문 (변호사, 전 법무부 장관)
		전형수	고문 (전 서울지방국세청장)
	글로비스	이정수	변호사 (전 대검찰청 차장검사)
현대산업개발	현대산업개발	신재현	미국 변호사 (현 보건복지부 식품위생심의위원)
LIG그룹	LIG손해보험	최병철	고문 (전 국세청 법인납세국장)
포스코	포스코	제프리 존스	고문 (미국 변호사, 전 주한미국상공회의소 회장)
신세계	신세계	이주석	고문 (전 서울지방국세청장)
금호	금호타이어	박정규	변호사 (전 청와대 민정수석)
KT	KT	윤종규	고문 (전 국민은행 부행장)
대아	경남기업	전형수	고문 (전 서울지방국세청장)
KTB 네트워크	KTB 네트워크	김용호	변호사
한진	대한항공	이임수	변호사 (전 대법관)
S&T	S&T 모터스	한승수	고문 (전 평창동계올림픽 유치위원장)
-	S-oil	한상호	변호사 (전 의정부지원장)
-	신영증권	원봉희	고문 겸 미국 변호사 (전 재경부 국장)
-	금호종금	최동식	변호사 (전 정보통신부 고문변호사)
-	현대상사	오세헌	변호사 (전 중앙지검 공안1부장)
합계	25개 회사	27명	

진과 이사회에 대한 견제와 감시를 위해 미국식 제도를 도입하게 된 것이다.
그러나 사외이사 제도는 이제 기업의 '방패막이'로 변질되고 있다. 지연·학

연·혈연 등 친분 관계뿐만 아니라 고위관료나 감독기관 출신, 법조계의 고위인사들이 사외이사로 선임되어 로비의 창구로 활용된다는 비난에 직면하고 있다. 특히, 기업의 소송을 맡았던 법무법인 소속 변호사나 고문의 사외이사 선임은 방패막이를 넘어 '보은'의 성격이 있고, 로펌과 재벌의 끈끈한 커넥션을 만들어 가고 있다.

사외이사뿐일까? 불행히도 그렇지 않다. 이제 우리는 공적 역할을 맡은 국가의 고위 공무원과 법조 엘리트들이 어떻게 김앤장과 연결되게 되었는지를 살펴볼 것이다. 이를 통해 법률 서비스라는 사업 아이템이 사적 영역보다 공적 영역에서 어떻게 큰 성공을 거둘 수 있게 되었는지를 살펴보게 될 것이다.

04
공적 영역도 사업의 대상이다

신흥 귀족의 출현

돈벌이의 시작은 일할 사람, 기술자를 확보하는 것이다. 먼저 대법관 문제를 말하지 않을 수 없다. 사회적으로 존경의 대상이 되어야 할 대법관들이 퇴임 후 줄줄이 로펌으로 가거나 개업을 한다. 지난 2003년부터 2006년 7월까지 대법관으로 재직하다가 퇴임한 14명 가운데 11명이 단독 개업(2명)하거나, 대형 로펌(9명)에 진출했다.

로펌에 진출한 대법관들의 보수는 얼마나 될까? 이들의 보수는 월 2억에서 1,500만 원까지 다양하다. [표 3]은 로펌에 진출한 대법관의 월 보수액 중 드러난 일부다. 이 자료에 비추어 살펴보면 대법관의 경우에도 보수는 천차만별이라는 것을 알 수 있지만, 그중에서도 김앤장의 보수가 가장 높다는 것을 알 수 있다. 월 2억 원, 그러니까 연간으로 환산하면 24억 원이 넘는 경우도 있다. 당연히 김앤장에 가고 싶어 할 만도 하다.

이들은 무슨 일을 하는가? 어떤 일을 하기에 이렇게 엄청난 급여를 받는가. 우선, 이들이 맡은 것은 경제 관련 사건이 압도적이다. 말이 좋아 경제

[표 3] 주요 로펌 진출 대법관의 월 보수액 현황

소속 로펌	이름	보수 월	보수 월액 (단위: 원)
바른	최종영	2006. 8	15,600,000
김앤장	이임수	2000.12	56,831,725
		2001.12	165,144,185
		2002. 7	226,528,977
		2006. 2	108,679,710
태평양	송진훈	2003. 4	29,350,000
		2004. 7	61,959,300
		2006. 8	28,810,000
세종	서 성	2003.10	40,000,000
화우	변재승	2005. 7	75,729,790
		2006. 2	75,729,790
		2006. 7	80,047,330
KCL	유지담	2006. 1	46,000,000
로고스	이용우	2006. 1	30,000,000

자료: 김동철 의원실(2006.11.1).

관련 사건이지 재벌 총수들의 배임·횡령 사건이다. 2003년 이후 퇴임 대법관의 배임·횡령 기업인 사건 수임 사례를 보면, 신성택·김형선·박준서·이용우·정귀호 전 대법관은 각각 1건, 이임수·서성 전 대법관은 각 4건, 윤재식 전 대법관은 6건을 각각 수임했다. 박용성 두산그룹 회장, 정몽구 현대차그룹 회장, 유상부 포스코 회장, 김의철 뉴코아 대표이사, 나승렬 거평그룹 회장, 김준기 동부그룹 회장, 최태원 SK그룹㈜ 대표이사, 최원석 동아그룹 회장 등이 이들이 맡은 사건 목록이다.

그리고 대법원 관련 사건을 맡는다. 물론 중요 사건은 1심부터 맡기도 한다. 왜 이들이 대법원 사건을 주로 맡는가? 그것은 바로 대법원의 '심리 불속행' 제도 때문이다. 이 제도는 형사사건을 제외한 상고 사건 가운데 상고

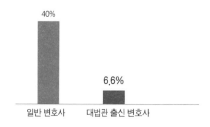

[그림 4] 대법원 사건 심리 불속행 기각률

40%

6.6%

일반 변호사 　대법관 출신 변호사

이유가 법이 규정한 특정한 사유를 포함하지 않는다고 보이는 사건의 경우, 심리를 아예 하지 않고 기각하는 것을 말한다. 기존의 상고 허가 제도가 1990년 폐지되고 1994년 도입된 제도다.

　대법원의 상고 사건이 매년 수백 건씩 늘어나고, 법원의 사건이 계속 증가하고 있지만 급증하는 사건 수에 비해 대법관 수는 턱없이 부족해 일일이 기록을 검토하기 힘든 상황이다. 그런데 대법관 출신 변호사들이 변호인 명단에 들어 있으면 대법원에서는 사건을 유심히 볼 수밖에 없다.

　실제로 대법관 출신이 사건을 맡을 경우에 이런 '심리 불속행'으로 상고가 기각되는 일이 더 적게 나타날까? 대법원에 올라온 사건 중에서 40% 정도가 심리 불속행 기각으로 걸러지고 있는 데 반해, 대법관 출신 변호사의 심리 불속행 기각률은 평균 6.6%에 불과하다. 대법관 출신 변호사 가운데 13명이 수임한 사건을 분석해 본 결과 4,608건 중 63.2%에 해당하는 2,911건이 대법원 사건인 것으로 조사되었다. 변호사별 전체 수임 사건 대비 대법원 사건 수임률은 이돈희(94.3%), 송진훈(92.7%), 정귀호(82.2%) 순이었으

[표 4] 대법관 출신 변호사 사건 수임 현황

퇴임 대법관 (현 근무처)	총 수임 사건 수 (개)	대법원 수임 사건 수 (개)	대법원 수임 사건 비율 (%)	심리 불속행 기각률 (%)
박준서 (법무법인 광장)	486	274	56.4	9.1
배만운 (개인변호사)	738	413	56.0	6.9
서성 (법무법인 세종)	189	77	40.7	5.5
송진훈 (법무법인 태평양)	151	140	92.7	5.7
신성택 (법무법인 율촌)	541	307	56.7	6.3
안용득 (리 인터내셔널)	687	412	60.0	4.6
윤영철 (개인변호사)	229	140	61.1	5.7
이돈희 (개인변호사)	105	99	94.3	7.1
이용훈 (대법원장)	449	335	74.6	3.0
이임수 (김앤장)	372	260	69.9	12.5
정귀호 (개인변호사)	191	157	82.2	7.3
천경송 (법무법인 바른)	401	248	61.8	5.3
최종영 (법무법인 바른)	69	49	71.0	6.7
계	4,608	2,911	63.2	6.6

자료: 임종인 의원실.

며, 이용훈 대법원장의 경우 변호사 시절에 대법원 사건 수임률은 74.6%로 전체 4위를 차지했다. 또한 이용훈 현 대법원장의 심리 불속행 기각률이 3.0%로 가장 낮으며, 안용득(4.6%), 천경송(5.3%) 등 대부분이 한 자릿수로 밝혀졌다.

일견 복잡해 보이지만, 위 통계의 의미는 간단하다. 한마디로 말해, 이들 대법관 출신들이 소송을 맡으면 대법원에서 재판이 열린다는 뜻이다. 말 한 번 제대로 못 해 보고 소송이 끝나는 심리 불속행과는 비교가 되지 않는다. 이것이 '전관예우의 몸통은 대법관 출신 변호사'라고 하는 이유다.

퇴임 대법관들에 대한 사건 수임이나 심리 불속행 기각에서 전관예우

[표 5] 김앤장 주요 고문들의 보수액 현황

이름	주요 경력	연도	고문료
이헌재	부총리	2003	연 4억 2,000만 원
황재성	서울지방국세청장	2005	연 6억 9,000만 원
이주석	서울지방국세청장	2005	연 4억 1,000만 원
전홍렬	재경부 근무	2001	연 3억 4,000만 원
		2002	연 4억 6,000만 원
		2003	연 4억 6,000만 원
한덕수	국무조정실장	2004	월 1,700만 원
최병철	국제조세관리관	2005	월 3,200만 원
전형수	서울지방국세청장	2005	월 3,400만 원
최명해	재경부 국세심판원장	2006	월 3,500만 원
김순배	금감원 신용감독국장	2006	월 2,300만 원

자료: KBS 〈시사기획 쌈〉.

현상이 문제가 되는 이유는, '대법관 출신도 전관예우에 기대어 대법원 사
건을 맡는데 우리도 못 할 게 뭐냐'는 식으로 전관예우의 확대를 부추길 수
있고, 한정된 인원의 대법관들이 전관 대법관들의 사건 심리를 우선시함으
로써 중요한 일반 사건의 심리를 가로막을 수 있기 때문이다.

대법원 말고도 또 하나의 최고 사법기관이 있다. 헌법 관련 재판을 담당
하는 헌법재판소다. 여기에는 9명의 재판관이 있다. 헌재 재판관도 대법관
과 똑같이 장관급이고, 임기도 6년으로 같다. 재미있는 것은 대법관 출신은
로펌에서 고액 연봉을 제시하고 서로 영입하려고 하지만, 헌재 출신은 대게
찬밥 신세라는 사실이다.

헌법재판소 재판관 출신들의 개업 현황을 살펴보면 이들은 대부분 개인
변호사 사무실을 냈거나 중·소규모 로펌에 근무한다. 헌재 재판관은 정치

적인 사건을 많이 처리하기 때문에 로펌에서 특별히 그들의 경험이나 영향력을 필요로 하지 않는다. 또한 헌법소원이나 헌재 관련 사건을 제기하는 사람들이 대형 로펌을 찾는 것도 아니다. 사정이 이러니 한마디로 수익에 도움이 되지 않는다는 이야기다. 이에 따라 고위 법관들은 헌법재판소 재판관을 기피하고 있으며, 대법관이 되기를 선호한다. 퇴임 후 진로를 미리 계산하는 것이다. 고위 법관들이 퇴임 후 대형 로펌 행을 꿈꾸고 고액 수임료를 염두에 둔다면 이것은 불행이다.

물론 대법관들이 모두 다 로펌으로 몰려가는 것은 아니다. 변호사 개업을 하지 않은 대법관도 있다. 퇴임 후 각각 모교인 동아대와 영남대에서 석좌교수를 맡아 후학을 양성하고 있는 조무제·배기원 전 대법관은 이와 같은 처신으로 후배들에게 귀감이 되고 있다.

대법관과 같은 대우를 받는 경력도 있다. 김앤장에 근무하는 최경원 전 법무부 장관의 경우 2006년 7월 한 달 급여만 무려 1억 9,990만 원(연간으로 환산하면 약 24억 원)에 달한다.

고문들에 대한 급여는 공개적으로 알려져 있지 않다. 김앤장의 대표적인 고문으로 알려진 이헌재 전 부총리의 경우 2003년 4억 2,000만 원, 황재성 전 서울지방국세청장의 경우 2005년 6억 9,000만 원, 이주석 전 서울지방국세청장은 4억 1,000만 원을 받았다.

고문들의 급여는 논란이 되고 있다. 왜냐하면 이들 중 상당수는 변호사가 아니기 때문이다. 변호사가 아닌 이들이 특정 사건 수임이나 해결과 관련해 돈을 받게 되면 변호사법 위반이다. 물론 김앤장은 "고문 등에게 기본급 외에 성과급 등을 지급한 적은 없다"고 주장한다. 그러나 아무 대가없이 막대한 연봉을 주겠는가. 고문 중에서 연봉이 4~6억이나 되는 경우는 변호사 업무나 일반적인 자문 업무 이외에 사건 수임이나 해결, 로비 등 다른 대가로 의심할 만하다. 〈표 5〉에서 볼 수 있듯이 김앤장이 고문들에게 주는 급여는 동일하지 않다. 사건 해결에 개입하지 않고 단순 자문만 했다면 이런 차이가 있을 수 없을 것이다.

대법관과 고문들이 이 정도라고 한다면, 판·검사들은 어떨까? 참여연대는 2006년 11월에 『사법감시』 제28호에서 「퇴직 판·검사 영입으로 몸집 불린 로펌들」이라는 자료를 발표하고, 퇴직 판·검사들의 보수 실태를 일부 공개했다. 이 자료는 국민건강보험공단에 신고된 월 소득액(2006년도)이 5,000만 원을 넘는 사례 중 로펌 근무 기간이 6년 이하인 29명의 사례를 조사한 수치다. 김앤장을 제외하고 로펌에 들어간 지 1년 이내의 고법 부장판사급은 월 7,000~9,000만 원, 지법 부장판사는 월 5,000~6,000만 원 정도의 보수를 받고 있다. 그리고 검사장급에 대해서도 월 8,000만 원 정도의 보수를 지급하는 것으로 드러났다. 구성원변호사의 경우 로펌마다 다르지만, 일류 로펌에 입사한 신참 변호사는 월 초임이 세전 1,000만 원에 육박한다. 고등법원 부장판사와 검찰의 검사장은 차관급이다. 이들의 급여도 대법관과 장관 출신 고문들보다는 조금 낮았지만 역시 연간 10억 원에 달하는 급여를 받고 있다는 사실을 알 수 있다.

김동철 의원은 2006년 10월 법무부에 대한 정기국회 감사에서 검사장급은 대략 월 2,000만~1억 원 수준(연간 2억 4,000~12억 원), 부장검사급은 월 6,000~8,000만 원(연간 약 7~10억 원) 수준이라고 밝혔다. 급여는 퇴직 전 직급 수준과 영입된 로펌별, 그리고 해당 로펌 근무 기간별 또는 성과별로 차

04 | 공적 영역도 사업의 대상이다

이가 있다. 이들 판·검사들은 보통 퇴직 후 곧바로 로펌으로 직행한다. 퇴직한 후 3개월 이내인 경우가 절대다수이며, 법원이나 검찰에서 퇴직한 후 곧바로 가는 현상은 점점 심해지고 있다.

높은 급여를 찾아 대형 로펌으로 가면서 이들은 법률 사업을 위해 자신의 지식을 제공하고 그들의 동반자가 되었다. 이 가운데서도 김앤장의 보수가 가장 높다. 김앤장의 경우 지법 부장급은 월 9,000만~1억 9,000만 원이고, 판사급도 월 5,000~8,000만 원이다. 연봉으로 환산하면 10억이나 된다. 검사장급은 월 1억 원 수준이다. 김앤장의 급여 수준은 타 로펌과 비교해서 한 등급 더 높은 편이다. 높은 소득과 함께 김앤장의 명성을 공유하고 있는 이들이야말로 신자유주의 시대의 가장 안정적인 신흥 귀족이 아닐 수 없다. 불법 로비와 법률 위반, 탈법의 논란 속에서 얻은 고액의 수임료는 고액의 급여로 이어지고 있다. 대법관과 고위관료들과 판·검사들은 21세기 신흥 귀족이 되었지만, 사회적 비난과 지탄의 대상이 되기도 한다. 법률 기술자로 전락했다는 비난은 지나친 것일까.

공정위가 뜨면 로펌이 웃는다

공정거래위원회, 개인에게는 낯설지 모르지만 기업에는 경제 검찰로 불릴 정도로 막강한 존재다. 줄여서 공정위라 부른다. 공정위는 "사업자의 시장 지배적 지위의 남용과 과도한 경제력의 집중을 방지하고, 부당한 공동 행위 및 불공정거래 행위를 규제하여 공정하고 자유로운 경쟁을 촉진함으로써 창의적인 기업 활동을 조장하고, 소비자를 보호함과 아울러 국민 경제의 균형 있는 발전을 도모함을 목적"으로 설립된 기관이다. 국무총리 소속의 장관급 중앙행정기관이지만 독립된 기관이고, 공정위원 9인이 합의하는 방식의 준사법기관이다. 경쟁 촉진, 소비자 주권 확립, 중소기업의 경쟁 기반 확보 및 경제력 집중 억제 등 크게 네 가지의 업무를 수행하고 있으며, 이를 위해 〈독점규제및공정거래에관한법률〉 등 9개 법률을 운용하고 있다.

공정위의 권한은 막강하다. 법률 위반 사건에 대해 조사할 수 있고, 과징금을 부과하거나 위반 행위 중지 명령 등 시정 조치를 취하고, 경우에 따라서는 검찰에 고발하기도 한다. 공정위의 '전속 고발권'은 공정거래법 위반 행위에 대해 공정위가 검찰에 고발해야만 제재할 수 있도록 한 제도로, 공정위 권한의 핵심이다. '경제 검찰'이라는 별칭이 보여 주듯이 기업에는 두려운 존재다. 최근 공정위는 기업의 불공정 행위와 카르텔(담합)을 집중적으로 감시해 왔다. 기업의 담합은 그대로 소비자에게 피해를 준다. 당연히 감시가 필요하다.

최근 기업에 부과되는 과징금 규모가 폭발적으로 증가하고 있다. 공정위의 과징금 부과 현황을 살펴보면, 2003년 37건이고 2004년에는 91건이었다가 2005년에는 274건으로 폭발적으로 증가했다. 그리고 2006년 157건, 2007년 8월 현재 264건에 달하고 있다. 과징금 부과 금액도 2004년 358억에서 2005년 2,590억 원으로 일곱 배 이상 증가했다. 2006년에도 1,752억 원, 2007년 8월 현재에는 2,195억에 이르고 있다. 독점과 담합이 만연한 우리나라 경제 현실 때문이다.

이런 공정위의 업무와 로펌이 무슨 관계가 있을까 의아해 할 수도 있겠지만, 확실한 관계가 있다. 공정위의 활동으로 로펌의 공정거래 관련 법률 자문과 소송 건수가 크게 증가하고 있기 때문이다. 공정위 관련 사건은 매년 10% 이상의 성장세가 예상되고 있다. 당연 로펌으로서는 놓칠 수 없는 기회다. 대형 로펌들은 기업 법무팀에 속해 있던 공정거래팀을 떼어 내 별도 부서를 만들면서까지 사업 확장에 나서고 있다. 발 빠른 움직임이 아닐 수 없다. 그런데 사업을 하기 위해서는 역시 사람이 필요하다. 이를 위해 로펌은 너도나도 공정위 출신 고위관료들의 영입 경쟁에 나서고 있다.

2003년부터 2007년까지 최근 5년간 공정거래위원회의 4급 이상 간부 퇴직자 35명 중 31명(94%)이 그만둔 지 2년 안에 재취업했다. 퇴직 후 1개월 이내에 60.6%(20명), 3개월 이내에 75.8%(25명)가 재취업했다. 심지어 퇴직일에 재취업한 경우도 9.1%(3명)에 달했고, 퇴직일 이전에 재취업한 사례도 1명이 있었다. 현행 〈공직자윤리법〉 제17조는 "퇴직일로부터 2년간 재직 중 업무와 관련이 있는 영리사기업체에 취업하지 못한다"고 규정하고 있다. 그러나 상관하지 않는다. 이유도 다양하다. 로펌은 영리사기업체가 아니란다. 자본금 제한 규정에 해당되지 않는다고도 한다. 또는 재직 중 부처 업무와 밀접한 관련이 없었단다. 우리는 이미 앞에서 공직자윤리법에 구멍이 숭숭 뚫려 있다는 것을 이야기했다. 이렇게 해서 퇴직 고위 간부 35명 중 75%(25명)가 법무법인(로펌)이나 대기업에 재취업했다.

2005년부터는 거물급이 움직였다. 2007년까지 공정위를 퇴직하고 민간에 취업한 4급 이상 22명 중 11명(50%)이 로펌으로 이동했는데, 차관급인 부위원장(2명), 1급인 상임위원(3명)·사무처장(1명), 4급 과장(5명) 등 간부들이다. 이들은 공정위에서 기업들의 공정거래법 위반 여부를 판정하고 과징금을 부과하는 업무나 공정위·기업 간 소송을 처리하는 업무를 맡고 있던 최고위직들이다. 이들이 퇴직 후 몇 개월 안에 곧장 로펌에 들어간 것이다. 로펌은 이들을 영입하기 위해 수억 원의 돈을 쏟아 붓는다. 공정위 간부들은 비싼 몸값을 주고 데려오더라도 그만한 효용 가치가 있기 때문이다. 그 효용가치란 공정위와 소송 중인 대기업을 위해 과징금을 낮추도록 법률자문을 하고, 과징금 부과에 불복해 소송을 수행하고 심지어 로비까지 하는 일이다. 정말 효과가 있었을까?

2005년부터 공정위 고위공직자가 옮겨 간 곳은 몇 개 로펌에 집중되어 있다. 안희원 상임위원과 박정원 심결지원팀장이 세종의 고문과 변호사로, 오성환 상임위원과 이석준 독점감시팀장은 율촌의 고문과 변호사로, 장재군 종합상담실장은 태평양의 전문위원으로 갔다. 허선 사무처장은 화우의 수석 컨설턴트로, 조학국 부위원장은 광장의 고문으로 둥지를 틀었다. 김앤장이 빠질 수 없다. 서동원 상임위원이 고문으로, 김재우 서울사무소 총괄과장이 수석 전문위원으로 갔다. 공정위 출신들을 채용한 김앤장·세종·바른·율촌·태평양·화우·광장 등이 공정위를 상대로 한 소송의 수임 건수와 승소 건수에서 최상위권에 속했다. 결코 우연이 아님을 알 수 있다.

공정위는 기업의 불공정 행위를 규제하는 제도를 만들고 불법·부당 행위를 조사해 제재하는 경제 검찰의 역할을 수행하고 있기 때문에 더 엄격한 도덕성이 요구된다. 그런데 이들의 행태는 검사가 어느 날 갑자기 옷을 벗고 로펌에 들어가 자신이 기소한 사건의 변호를 맡는 꼴이다. 이와 같은 행위는 도덕성만 문제되는 것이 아니라 공정위 조직은 물론 정부의 공적 업무에 대한 신뢰를 떨어뜨린다. 당연히 공익과 사익 사이에 심각한 충돌이 발생한다.

한 가지 사례를 들어 보자. 2006년 초 공정위와 『중앙일보』가 마이크로소프트MS 사건을 둘러싸고 공방을 벌였다. 이 사건은 마이크로소프트사가 시장 지배력을 이용해 자사의 컴퓨터 프로그램을 끼워 팔기 한 행위로 공정위로부터 시정 명령과 함께 과징금을 부과받은 것을 둘러싼 다툼을 말한다. 2006년 2월 3일자 『중앙일보』는 "공정위 재벌 규제는 한국 기업의 역차별"이라는 제목의 기사에서 "최근 MS 사건과 관련, 공정위가 정보기술 산업의 경쟁 문제를 제대로 식별·검토할 전문성과 분석 역량이 미흡하다"라고 보도했다. 이에 대해 공정위는 "중앙일보가 MS 회사를 대리하는 김앤장 법률사무소에 소속된 전문가의 주장을 여과 없이 보도한 것"이라고 공박하면서 객관적이지 못한 보도라고 반박했다.

그런데 이 논란의 중심에 있던 공정거래위원회 서동원 상임위원(1급 상당)은 2006년 5월 31일 퇴직 후 2006년 9월 25일자로 김앤장 법률사무소의 상임고문으로 취업했다. 서 위원은 공정위 재임 중 마이크로소프트 사건의 주심을 맡아 2006년 2월 24일에 324억 9,000만 원의 과징금을 부과한 장본인이다. 마이크로소프트에 과징금을 부과한 의결일이 2006년 2월 24일이고, 퇴직한 날이 같은 해 5월 31일, 김앤장에 취업한 날이 9월 25일인 것이다. 김앤장? 마이크로소프트사의 대리인 아닌가? 맞다. 이때는 공정위의 결정에 마이크로소프트사가 불복하여 소송을 제기한 시점이었고, 김앤장은 마이크로소프트사의 대리인이었던 것이다. 공정위 상임위원으로서 주심을 맡아 과징금을 부과하고는, 곧바로 퇴직해서 과징금 부과 불복 소송을 진행하던 김앤장에 들어간 것이다. 김앤장에 들어가서 소송과 무관하게 일을 했을까? 변호사 자격이 없어도 공정위를 상대로 한 소송에 관여하게 된다고 볼 수밖에 없다.

이런 문제점들이 지적되어 공정거래위원회·국세청·금융감독위원회 등 조사·감사권이 있는 기관에서 퇴직한 공직자들은 취업 기관의 규모에 관계없이 취업을 제한하는 내용의 〈공직자윤리법〉 개정안이 2007년 3월 국회에서 발의되었다. 하지만 1년이 다 지나고 있는데도 아직 처리되지 않고 있다.

민간근무휴직 제도는 어떻게 악용되는가

특정 로펌이 공정위 관련 사건을 싹쓸이한 또 다른 배경이 있다. 고위공직자들이 퇴직 후 로펌으로 몰리고 있는 문제와 더불어 현직에 있는 공무원들이 휴직 상태에서 로펌에서 일하는 '민간근무휴직 제도'가 그것이다. '민간근무휴직 제도'는 공무원이 민간 부문의 업무 수행 방법과 경영 기법 등을 습득해 공직에 도입하고, 민간 부문은 공무원의 전문 지식과 경험을 활용함으로써 민·관의 이해 증진 및 상호 발전을 도모하기 위해 2003년부터 시행된 제도다. 제도 시행 이후 공정위에서 민간으로 파견한 15명 가운데 10명이 5대 로펌(김앤장·세종·율촌·태평양·바른)에서 근무했다. 이들 로펌이 누구인가? 바로 공정위로부터 공정거래법으로 제재를 받은 업체들이 소송을 위해 법정 대리인으로 선임한 곳이다. 한마디로 공정위 관련 소송을 싹쓸이한 로펌들이다.

민간에 파견되어 근무하는 공정위 직원들이 주로 담당하고 있는 업무는 무엇이었을까? 당연히 공정위 관련 법률자문과 상담이다. 공정위 직원들이 가서 공정위를 상대로 한 소송에 자문을 하는 것이다. 이에 대해 "공정위가 자신이 부과한 과징금에 불복하여 소송을 하고 있는 5대 로펌에 지속적으로 민간근무를 파견하는 것은 고양이에게 생선을 내주는 꼴"이라는 국회의 지적이 잇따랐다. '민간근무휴직 제도'가 공정위와 로펌의 부적절한 공생 관계의 통로가 되고 있다는 질타를 받고 있는 것은 이 때문이다.

김앤장 법률사무소의 주된 영역은 국제 통상 업무, 기업 인수·합병, 금융과 증권 관련 업무, 지적재산권, 과세 관련 소송, 그리고 공정거래위원회 관련 업무다. 김앤장은 2002년부터 2007년 6월까지 공정위를 상대로 과징금 부과 행정소송을 대리한 로펌 중에서 건수로 1위를 차지했다. 10대 로펌이 제기한 총 161건의 소송 가운데 48건을 맡아 29.8%를 차지하고 있다. 과징금 환급을 기준으로 하더라도 가장 많다.

공정위 관련 사건에서 김앤장이 차지하는 높은 시장점유율은 민간근무휴직 제도나 고위관료의 퇴직 후 로펌행과 직접적인 관련이 있다. 앞에서 살펴본 바와 같이 2005년부터 2007년까지 공정위를 퇴직하고 로펌에 취업한 4급 이상 11명 중에서 2명이 김앤장에 둥지를 틀었다. 이들은 고문과 수석 전문위원으로 각각 활동하고 있다. 또한 민간근무휴직자 중 로펌에 근무한 10명 가운데 절반에 해당하는 5명이 김앤장에 근무했다. 이석준 독점감시팀장, 한철수 카르텔조사단장, 송상민 서비스카르텔팀장, 신호현 OECD 아시아지역경쟁센터 소장, 김성하 소비자정책기획팀장 등이 변호사와 수석 전문위원 등의 직함을 갖고 법률상담과 자문 역할을 맡았다.

김앤장은 이들에게 어떤 대우를 해 주었을까? 우선, 금전적인 보상이다.

민간 업체에 파견된 공무원들은 정해진 보수를 받아야 한다. 공무원이기 때문이다. 이것을 약정보수라고 부른다. 그런데 2003년부터 2006년 2월까지 김앤장에 파견된 이들 다섯 명은 약정된 보수보다 매월 450만 원에서 700만 원까지 더 받았다. 공정위원장이 승인한 약정보수 이외의 금전 수령은 금지되어 있다. 김앤장은 이것을 경영성과급(성과상여금)이라고 주장한다. 그러나 실적 평가에 따라 지급된 것이 아니라 연간 총액을 사전에 확정하고 매월 균등하게 지급되었다. 성과급이 아니라 기본급이었다는 것을 알 수 있다. 급여명세서나 국세청 소득 신고서나 건강보험공단 표준보수 월액 신고서에도 기본급으로 표시되어 있다.

공무원들은 평가에 민감하다. 승진이 달려 있기 때문이다. 공정위는 이들 민간근무휴직 공무원에 대한 근무 실태 평가를 매년 1회 실시한다. 그런데 실태 조사 보고서는 민간근무지에서의 평가가 그대로 인용된다. 즉, 김앤장의 평가를 그대로 인용하기 때문에 김앤장의 평가가 곧 공정위의 평가가 된다. 이들은 업무 추진 실적, 업무 수행 능력, 복무규율, 법령상 복무규정 등 4개 항목 모두 최고 등급인 '탁월'을 받았다. 공정위는 이들의 급여명세서를 받기 때문에 이들이 부당한 금전을 수령했다는 사실을 알 수 있었다. 부당한 사실이 있으면 복무규율이나 법령상 복무규정에 따라 제재하거나 징계해야 정상이다. 그러나 지적하지도 않고 징계하지도 않는다. 알면서도 방치하고 눈감아 버린다.

김앤장이 대가 없이 이들에게 높은 평점의 근무 평가와 함께 성과급이든 기본급이든 고액의 급여를 주었을 것이라고 생각한다면 오산이다. 민간근무휴직자들은 이곳에서 법률상담을 하거나 전문위원으로서 자문도 하고 변호사로 일하기도 했다. 공정거래법 위반으로 조사를 받는 피조사자 신분의 기업인과 과징금을 부과 받은 기업을 대리하여 소송을 하는 곳이 김앤장이다. 이 기간에 김앤장은 공정위와 소송대리 32건, 심결대리 61건으로 맞섰다. 이 과정에서 공정위 출신의 도움은 컸다. 민간 파견된 송상민 변호사의 경우 김앤장에서 공정거래법 관련 검토 자문을 했고, 특히 미국법 사례와 국제적 사건에 대해 자문한 것으로 되어 있다. 그런데 송 변호사에 대한 평가는 김앤장의 정경택 변호사가 했고, 그는 인수·합병 업무를 담당하는 대표적 변호사다. 다시 말해 송 변호사는 단순한 공정거래 자문을 하는 것이 아니라 로펌의 가장 큰 수익원인 인수·합병 관련 공정위 승인 업무를 했다는 뜻이다.

2003년 김앤장에서 1년간 근무하다가 복귀한 이석준 전 공정위 독점감시팀장의 경우는 SK가스㈜의 가격 남용 행위를 조사하면서, SK가스㈜ 측의 대리인이자 자신의 민간근무지였던 김앤장에 자문을 구했다. 그러면서 사건 자료를 유출했다. 검사가 피의자에게 수사 자료를 건네준 것이나 다름없는 일이다. 이 사건으로 그는 감사담당관실의 조사를 받았고 이에 반발해 사표를 제출했다. 퇴직 후 그는 법무법인 율촌으로 옮겼다. 상식적인 독자라면 너무 황당해 무슨 내용인지 이해가 잘 안 갈 수도 있다. 공무원이 김앤장에 가서는 공정위를 상대로 싸우는 것을 도와주고, 다시 공정위로 돌아가서는 김앤장을 상대하는 업무를 하고, 심지어 업무를 위해 김앤장에 자문을 구한다. 그리고 문제가 되면 다른 로펌으로 간다. 이 상황을, 어떻게 이해할수 있겠는가. 오죽했으면 당시 언론에서 '기업의 품에 안겨 버린 공정위'라고 했을까.

공정위처럼 기업을 감독하고 제재를 가하는 부처는 민간근무휴직 제도를 재검토해야 한다. 더구나 기업을 대리해 공정위에 소송하는 변호사 사무실은 공정위의 휴직 대상에서 제외되어야 한다. 이들이 현직으로 돌아갈 경우 공정위에 대한 로펌의 로비 창구로 이용될 수 있기 때문이다. '로펌의 품에 안겨 버린 공정위'로 내버려 둘 수는 없지 않은가.

이제는 국세청에 맞설 수 있다

국세청은 일반인에게는 무서운 곳이다. 그러나 김앤장에게는 이것도 사업의 영역이다. 우리가 내는 세금을 한번 살펴보자. 세금은 크게 국세와 지방세로 구분한다. 국세는 중앙정부가 국방, 사회기반시설 건설 등에 필요한 재원 조달을 위해 징수하는 세금이고, 지방세는 시·군·구 등 지방자치단체가 해당 지역의 교통, 복지 후생 등에 필요한 재원 조달을 목적으로 징수하는 세금이다. 또한 국세는 외국으로부터 물품을 수입할 때 부과되는 관세와, 내국인의 소득이나 내국 거래에 부과되는 내국세로 구분되며, 내국세에는 소득세·법인세·부가가치세·상속세 등이 있다. 〈정부조직법〉 제27조5항에서는 내국세의 부과·감면 및 징수에 관한 사무를 관장하기 위해 국세청을 둔다고 규정하고 있어 국세청은 내국세의 징수와 관련된 일을 맡고 있다. 관세는 관세청에서, 지방세는 지방자치단체에서 징수와 관련된 업무를 집행한다.

세금이 얼마나 될까. 2006년 세입예산 기준으로 국세청이 징수한 세금은 127조 9,234억 원으로 전체 국세 세입의 94.5%를 차지하고 있다. 이와 같이 국가 재원의 조달이라는 역할을 수행하는 국세청은 세법이 정하는 바에 따라 세금을 부과·징수하게 된다. 따라서 국세청은 세금 납부에 대한 안내와 납세의무를 강제하는 두 가지 기능을 수행한다. 세금에 불만이 있으면 어떻게 해야 하나. 세금 부과는 강제성을 띠고 있으므로 법률에 의해 정하며, 이와 함께 과세에 대한 불복 절차도 명시하고 있다. 세금 부과에 대한 권리구제는 사전 권리구제와 사후 권리구제가 있다. 사전 권리구제 제도로는 '과세전적부심사 청구' 제도●가 있고, 사후 권리구제로는 국세기본법에 의한 이의 신청, 심사 청구 또는 심판 청구가 있다.

이의 신청●은 세금 부과에 대해 이의가 있는 경우 납세자의 선택에 따라 거칠 수도 있고 거치지 않을 수도 있는 임의적 절차이다. 반면에 심사 청구●는 세금 부과에 이의가 있는 납세자가 국세청장을 상대로 제기하는 불복 절차로서 행정소송을 제기하기 전에 심사 청구와 심판 청구 중 선택해 반드시 거쳐야 한다. 심판 청구는 좀 더 공정성과 신중성을 기하기 위해 처분청인 국세청장과 분리·독립된 제3기관인 국세심판원이 담당한다. 국세심판원은 재경부 산하 기관으로 공무원인 상임 국세심판관 5명과 민간 전문가인 비상임 국세심판관 12명으로 구성되어 있다. 심사 청구 또는 심판 청구 결과에 승복하지 않으면 행정소송을 제기한다.

세금제도에 관한 설명은 이 정도로 하고, 세무 관련 김앤장의 자랑을 들

● **과세전적부심사 청구** 세무조사결과통지(또는 과세 예고통지)에 대해 납세자가 30일 이내에 이의를 제기하는 것으로서, 과세관청이 청구서를 접수한 날로부터 30일 내에 과세 예고한 통지 내용에 대한 적법성 여부를 판단함으로써 불복 청구 대상을 축소하고 납세자의 시간적 경제적 부담을 줄여 주는 제도를 말한다.
● **이의신청** 세무서장 또는 지방국세청장에게 세금 과세 처분을 받은 날로부터 90일 이내에 청구할 수 있고 재결정(세무서장 또는 지방청장)은 이의 신청서를 접수한 날로부터 30일 이내에 결정해야 하는 불복 절차를 말한다.
● **심사청구** 세금 부과를 받은 날로부터 90일 내에 할 수 있고, 국세청장은 심사청구서를 접수한 날로부터 90일 내에 결정해야 하는 불복 절차를 말한다.

어 보자. 김앤장은 자신들이 조세 부분에서 보유하고 있는 가장 귀중한 자산 가운데 하나가 "국세청장을 비롯하여 일선 실무자급에 이르기까지 다수의 전직 국세청 공무원들이 포진함으로써 조세당국과 원만한 관계 속에서 업무를 수행할 수 있다는 것"이라고 홍보한다. 그리고 "고객과 조세당국 간의 불필요한 분쟁을 방지하고, 양자 간의 원만한 의사소통을 가능하게 함으로써 고객에게 도움"을 주고 있으며, "그들은 현직에서의 풍부한 경험을 살려 기업이 세무조사 시 효과적으로 대응할 수 있는 방안을 제시해 준다"라고 자랑하고 있다.

실제로 그렇다. 이런 자랑에 걸맞게 김앤장에는 국세청과 국세심판원을 거친 베테랑 세무공무원들이 고문이라는 이름으로 줄줄이 포진해 있다. 국세심판소장·국세청장과 건설교통부 장관을 지낸 서영택이 있으며, 서울지방 국세청장을 지낸 전형수·최명해 고문은 국세심판원장 출신이다. 국세심판원은 세금 관련 이의 신청 시 심판 청구를 심리하는 곳이다. 국세청 출신은 아니지만 재경부 세제실 선두 주자로 2004년 종합부동산세 도입을 총괄 지휘했던 김기태 재경부 국장도 있다. 김 국장은 이종규 세제실장이 직접 나서서 만류하는 것도 뿌리치고 사표를 제출했고 김앤장으로 갔다. 이들을 포함해 2001년 이후 재경부 내 국세심판원 등 세제 업무 관련 출신 중 김앤장에 근무하는 주요 인사는 아래와 같다. 퇴직 후 거의 곧바로 김앤장으로 옮겨 갔음을 볼 수 있다.

2006년 3월 론스타는 국세청이 서울 역삼동 스타타워빌딩 매각 차익에 대해 1,400억 원을 과세한 것에 불복해서 국세심판원에 심판을 청구했다. 국세심판원은 론스타가 신청한 지 8개월 만인 2006년 11월에 본격적으로

[표 6] 국세심판원 등 세제 관련 출신 중 김앤장 근무 경험자 명단 (2001년부터 2006년 9월까지)

성명	퇴직일	경력 또는 최종 직책	담당 업무	재취업일
전형수	2005.3.25	국세심판원장 (제16대) 2003년 4월~2004년 7월까지 재직	국세심판 청구에 대한 심사와 결정 지휘·감독	2005.7.1
최명해	2005.5.31	국세심판원장 (제17대) 2004년 7월~2005년 5월까지 재직	국세심판 청구에 대한 심사와 결정 지휘·감독	2006.2.1
성수용	2005.3.14	조세지출예산과장	〈조세특례제한법〉에 관한 제도의 기획·입안 등 총괄	2005.3.17
김기태	2005.5.6	부동산실무기획단	부동산 정책 총괄	2005.5.16
진재창	2006.7.31	국세심판원 조사관	심판 청구에 대한 조사 및 관계 자료 수집 등	2006.8.1
양동철	2006.6.30	국세심판원 행정실 사무관	국세심판 청구 행정	2006.7.1

자료: 재정경제부.
주: 명단에 빠져 있는 서영택 고문은 1982년 2월부터 1983년 9월까지 제2대 국세심판소장으로 근무함.

심리에 착수했다. 이렇게 긴 시간이 걸린 이유는 론스타와 그 대리인 김앤 장에서 서류와 항변서 및 답변서를 받는 데만 8개월이 걸렸기 때문이다. 그 만큼 사안이 복잡하다는 이야기다. 2006년 11월 기준으로 론스타가 제기한 과세불복 신청 건은 총 25건에 달했다.

그런데 2006년 3월 론스타의 과세불복 심판 청구가 있은 직후 김앤장은 재경부 국세심판원 공직자 두 명을 영입했다. 국세심판원 조사관(과장급) 출 신의 진재창 서기관을 2006년 8월에, 심판원 행정실에 근무했던 양동철 사 무관을 7월에 영입했다. 그러나 재경부는 퇴직 절차를 진행하는 동안 이들 에 대한 인사 내용을 공표하지 않았다. 투명하지 못한 행정은 김앤장 취업 내용에 대한 의혹을 불러일으켰다.

김앤장에서 이들을 데려간 이유는 무엇일까? 이들은 심판 청구에 대한 조사 및 관계 자료 수집과 청구 행정에 대한 업무를 맡고 있었다. 당시 국세심판원에 계류 중인 론스타의 스타타워 과세불복 청구 사건과 관련해 전문가를 영입한 것이라는 의혹에 대해 재경부 관계자는 "김앤장에 재취업한 이들은 론스타 심판 청구 담당 심판부 소속도 아니었기 때문에 전혀 상관이 없다"고 강조했다. 국가 공무원으로 재직하면서 세무 전문가가 된 이들이 이제 국세청의 세금 부과에 맞서 불복 신청한 고객의 이익을 방어하기 위해 자신들의 능력을 발휘하고 있는데도, 의혹이 제기되면 김앤장이 아니라 재경부가 먼저 해명해 주고 있는 것이다.

김앤장이 이렇게 국세청에 당당하게 맞서 소송을 한 역사는 그리 길지 않다. KBS 〈시사기획 쌈〉에서 방영한 내용을 보자. 1991년 11월 국세청은 당시 현대그룹 정주영 회장이 2세들에게 주식을 위장 증여했다고 약 1,000억 원의 세금을 추징했다. 김앤장은 현대그룹의 대리인으로 법률 의견서를 제출하고 국세청에는 이의 신청을, 국세심판소(현재 국세심판원)에는 과세불복 심판을 청구했다. 그런데 행정소송을 제기하다가 소장을 접수한 지 며칠 만에 변호사가 사임했다. 김앤장은 현대와 정부가 싸우는 데 끼어들었다가 자기들도 세무조사를 당할까 두려워 사임했다고 한다. 그 후 현대는 4~5년 동안 김앤장에 사건을 맡기지 않았다.

이렇게 정부의 눈치를 보던 김앤장이 이제 당당하게 정부와 맞서고 있다. 더 나아가 '납세자의 날'에 성실납세자로 표창까지 받고 있다. 김앤장은 세무 문제에 있어서 투명하기 때문에 표창도 받고 정부의 눈치를 보지 않는다고 이야기한다. 그렇지만 세무 문제의 불투명성은 이미 설명했고 독자 여러분도 기억하고 있을 것이다. 차라리 김앤장의 자신감은 국세청과 국세심판원을 옮겨놓은 듯한 전직 관료의 영입과, 이런 과정을 통해 얻게 된 비법률적 영향력에서 나온다고 보는 것이 자연스럽다.

김앤장이 '납세자의 날' 표창을 네 번 받은 사연

국세청은 해마다 개청일인 3월 3일을 '납세자의 날'로 지정해서 표창을 수여하고 있다. 1967년부터 시작된 이 행사는 최초에는 '세금의 날'로 지정되었다가, 2000년부터 명칭을 '납세자의 날'로 변경해서 재경부 주관하에 행사를 하고 있다. 김앤장 법률사무소는 성실납세자로 선정이 되어 지금까지 네 차례 표창을 받았다.

표창을 받는 것이 뭐 중요한 일인가 하는 독자들도 있겠지만, 그게 그렇지 않다. 김앤장이 대한변협에 등록된 형태는 개인이고, 국세청에는 하나의 사업자등록증을 가진 '공동사업자'로 신고되어 있다. 법률상 로펌이 아니므로 복잡한 세금 문제가 발생할 소지가 있고, 국세청이 해마다 자영업자 세금 납부 문제를 엄격히 조사하고 있으니 한 번이라도 세무조사를 받았어야 정상이다. 그러나 공동사업자로 등록한 이후 지금까지 한 번도 세무조사를 받은 적이 없다. 그 이유가 바로 납세자의 날에 받은 표창 때문이다. 국세청장의 "성실납세자 우대 관리 규정"에 의거해, '납세자의 날'에 표창을 받은 법인 혹은 개인들에게는 수상일로부터 2년간 세무조사를 유예해 준다. 김앤장은 제도가 시행된 지난 8년간, 네 번의 성실납세자 표창을 받았다. 2년마다 세무조사가 유예되고 있으니 사실상 조사 면제라고 할 수 있다.

[표 7] 김앤장의 '납세자의 날' 표창 수상 내역

수상자	소속	표창 종류	표창일
김영무	김앤장 법률사무소	대통령 표창	2000년 3월 3일
이재후	김앤장 법률사무소	국무총리 표창	2003년 3월 3일
김앤장 법률사무소	-	대통령 표창 (단체 표창)	2004년 3월 3일
김영무	김앤장 법률사무소	대통령 표창	2007년 3월 3일

자료 : 최경환 의원실(2007. 10. 22).

　　한편, 국세기본법 제81조6항[세무조사 대상자 선정]에는 "세무공무원은 최근 4과세 기간(또는 4사업 연도) 이상 동일 세목의 세무조사를 받지 아니한 납세자에 대하여 업종, 규모 등을 감안하여 대통령령이 정하는 바에 따라 신고의 적정성을 검증하기 위하여 대상을 선정하여 세무조사를 실시할 수 있다"라고 규정하고 있다. 그러나 김앤장은 언제나 '열외'였다.

　　김앤장에는 특히 국세청 출신들이 많다. 전직 국세청장과 서울지방국세 청장의 집합소라 할 수 있을 정도로 면면이 화려하다는 것은 앞에서 보았다. 이들 중 서영택은 국세동우회 회장을 지냈고, 황재성은 현재도 서울국세동 우회 회장이다. 이들은 고문으로 재직하면서 4~6억 원의 엄청난 보수를 받 고 있으며, 실무진들도 고액의 연봉을 받고 있다. 국회 재경위의 최경환 의 원(한나라당)은 심지어 "국세청에서 김앤장 법률사무소로 이직 시 연봉에 계 약금까지 받는다는 의혹이 있다"라고 말했다. 국세청장의 권한 남용으로도 볼 수 있는 세무조사 면제는 이래서 아무런 문제가 되지 않는다. 이들이 있 는 한 국세청 스스로 김앤장을 세무조사하는 일은 기대하기 어려울 것이다. KBS 탐사보도팀이 "세무와 실제에 괴리가 있다"고 보도하고, 법조계 내부에서도 비자금 조성과 탈세 의혹이 제기되고, 최경환 의원이 세무조사 면제의 부당성을 지적했지만 아직까지 아무런 조치가 없다.

기업 인수·합병은 큰돈이 되는 사업

김앤장 법률사무소의 업무 영역 중에서 가장 규모가 큰 분야가 바로 기업의 인수·합병 분야다. 김앤장은 2002년 당시 한국 최대의 인수·합병 거래로 불렸던 제네럴모터스의 대우자동차 인수를 성공시켜 『인터내셔널 파이낸셜 로 리뷰』에서 주관하는 2002년 '아태지역 최우수 로펌' 및 '2002년 한국 최우수 로펌'으로 선정됐다. 그리고 2003년에는 뉴브릿지캐피탈과 AIG컨소시엄의 하나로통신 인수 건이 위 잡지에 의해 '올해의 인수·합병 거래'로 선정되기도 했다.

김앤장이 2004년 칼라일그룹과 투자컨소시엄에 속한 다른 회사를 대리해 한미은행 지분 36.6%를 씨티그룹에 매각한 것도 역시 '올해의 인수·합병 거래'로 선정됐다. 이 거래는 매각 대금이 1조 1,500억 원에 이르렀으며, 주식 공개 매수를 통해 97.5%의 지분을 취득한 씨티그룹은 한미은행 상장을 폐지했다. 그리고 씨티은행 서울지점의 국내 영업을 한미은행에 양도함으로써 국내 영업을 통합하고 상호는 한국씨티은행으로 변경했다. 김앤장은 이 거래에 대해 "씨티그룹과 한미은행 간 영업양수도● 거래는 국내 최대 규모의 외국인 투자 거래일 뿐 아니라 외국 은행이 국내 은행을 인수한 첫 번째 사례"라고 선전하고 있다.

앞에서 살펴본 대로 인수·합병 거래에서 김앤장의 수임료는 보통 100억 원대다. 아무리 작은 사건이라도 보통 회의가 열리면 김앤장의 경우 7~10명은 기본적으로 참석한다. 그래서 1시간 정도 회의가 끝나고 이들이 청구하는 자문료는 500만 원이다. 문서 작성이 추가되면 보수는 기하급수적으로 늘어난다. 김앤장과 일한 적이 있는 은행 직원은 "김앤장이 이전에 다른 기업에 자문했던 내용에서 수치와 회사 이름만 바꾸어 의견을 보내기도 한다. 때로는 엉터리 대답도 많다"고 말한다.

인수·합병 거래 성사 시 별도의 성공보수는 없는 경우가 대부분이다. 그러나 김앤장은 받는다. 보통 5%에서 많게는 30%까지도 책정한다. 국내 금융기관 인수·합병 거래의 경우에는 금융감독원의 감시와 견제 때문에 많이 받지 못한다. 그러나 외국 기업 특히, 펀드의 경우 아무런 제한이 없기 때문에 성공보수가 천정부지로 올라간다. 인수·합병 시장에서는 골드만삭스가 진로소주를 인수하고 재매각했을 때 6,000억 원 정도의 이익을 남겼고, 김앤장은 5% 수준인 300억 원을 성공보수로 챙긴 것으로 알려져 있다.

외국 기업과의 인수·합병 거래 자문에서 김앤장의 정확한 수임료가 공개된 적은 없다. 다만 2003년 외환은행 불법 매각에 대한 검찰의 중간 수사 발표를 살펴보면, 김앤장은 론스타에 대한 자문의 대가로 200만 달러(약 20억 원)를 미화로 받았다. 그리고 인수 자격 문제를 해결하기 위해서 용역 대금으로 350만 달러(약 35억 원)를 추가로 제시했으나, 가격 문제 때문에 결렬되었다고 검찰은 발표했다. 이 사안은 후술하는 고문의 역할 편에서 자세히 다루겠다.

여기서 주목해야 하는 것은 외국 펀드와의 거래에서는 원화가 아닌 달러

● **영업양수도** 어떤 기업의 영업 주요 사업부를 다른 법인에 매각하거나 매수하는 것. 고용 승계 의무가 있다.

로 대금을 주고받는다는 사실이다. 국내가 아니라 해외에서 미화로 대가를 받는 경우에 얼마를 받는지 알 수가 없다. 로비의 대가로 받는지 아니면 정상적인 업무로 인해 받는지 구분되지도 않고 구분할 수도 없다. 외국 사모펀드의 경우 인수·합병이라는 자신들의 목적만 달성하면 되고, 로펌은 누구도 감시하지 않기에 돈을 챙기면 그만이다. 돈을 주고받은 사실이 드러나는 것이 오히려 이상한 것이다. 소득을 신고하지 않으니 탈세는 기본이다.

대체 김앤장은 인수·합병 사업으로 얼마를 벌까? 김앤장 관련 언론보도에는 '싹쓸이'라는 수식어가 붙어다닌다. 2006년도 국내 인수·합병 시장에서도 마찬가지다. 김앤장은 2006년 국내에서 발표된 782건의 인수·합병 거래 가운데 42건을 맡아서 거래 건수 기준으로 1위를 차지했다. 비율로 따지면 5.4%에 불과하지만, 그러나 거래 내역과 금액으로 따지면 이야기가 달라진다. 10대 대형 인수·합병 거래 중 7건을 독차지했고, 금액 기준으로는 인수·합병 총 규모 431억 달러(약 43조 원) 중에서 46.8%인 202억 달러(약 20조 원)를 차지했다.

LG카드 우선 인수 대상자로 선정되어 2006년 12월 12일 산업은행과 협상을 완료한 신한금융지주의 경우 LG카드 매입 가격이 5조 1,827억 원이었다. 2006년 4월 이랜드가 한국까르푸를 인수한 가격은 1조 4,800억 원이고, 방송법 위반 논란이 벌어지고 있는 롯데쇼핑의 우리홈쇼핑 인수건의 대리인도 김앤장이었으며, 인수 금액은 4,667억 원이었다. 이 밖에도 대우건설, 월마트코리아, 대우일렉 등을 맡았다.

그런데 김앤장이 가는 길에는 수임료뿐만 아니라 각종 논란거리가 생긴다. 외환은행 재매각과 관련해서는 2003년 외환은행을 인수한 론스타(매도

[표 8] 2006년 10대 대형 인수·합병 거래

인수 대상 기업	매수자	매수자 측 자문사	매도자	매도자 측 자문사
LG카드	신한금융지주	태평양, 김앤장	산업은행	서정
대우건설	금호산업	김앤장	캠코 등 채권자	대륙
외환은행	국민은행	클리어리 괴트리브, 김앤장	론스타	링클레이터스, 김앤장
한국까르푸	이랜드	김앤장, 화우	까르푸	
신한금융지주회사	BNP파리바은행		예금보험공사	태평양
월마트 코리아	신세계	김앤장, 율촌	월마트	폴 헤이스팅스
대우전자	비디오콘-RHJ인터내셔널 컨소시엄	김앤장	채권단	율촌
외환은행	국민은행		수출입은행	태평양
신대구부산 고속도로	신대구부산 투자운영		현대산업 등	김앤장
삼성물산 유통 부분	ARD홀딩스(애경그룹)	율촌	삼성물산	

자료 : 블룸버그, 삼성증권.

인)는 물론이고 인수 희망자(매수인)였던 국민은행을 모두 대리해 인수·합병
거래를 진행시켰다. 10대 인수·합병 거래 가운데 법률회사가 매수자와 매
도자 양측을 모두 자문해 준 경우는 김앤장뿐이다.

　김앤장이 맡은 인수·합병 거래와 관련된 논란을 좀 더 살펴보자.

논란을 불러오는 김앤장의 인수·합병

인수·합병에 대한 김앤장의 법률자문은 많은 논란과 불법성 시비, 심지어
로비 의혹을 제공하고 있다. 은행 매각 3대 사건인 제일은행과 한미은행, 외
환은행의 매각에 있어서는 사모펀드가 은행을 인수했다. 뉴브릿지캐피탈

이 제일은행을 인수한 건은 풋백옵션●이라는 조항 때문에 약 5조 원이 들어갔고, 총 16조 원의 공적자금이 투입되었다. 이것을 성공시킨 김앤장의 박병무 변호사는 이후 뉴브릿지캐피탈코리아의 대표가 되었다. 그리고 또다시 하나로텔레콤을 인수했다.

칼라일그룹이 한미은행을 씨티은행으로 매각한 건은 어떤가. 은행을 외국에 팔았다는 것을 자랑하는 것은 별도로 하더라도, 2000년에 있었던 칼라일그룹의 한미은행 인수는 그 자체가 불가능한 것이었다. 금융기관에만 인수 자격이 주어지는데 칼라일은 금융기관이 아니었기 때문이다. 불가능을 가능하게 만든 방법은 금융기관인 제이피모건과 칼라일이 50 대 50의 회사를 만들어 투자하는 것처럼 위장하는 것이었다. 제이피모건이 50% 투자를 하지도 않았고, 이렇게 만들어진 회사는 실제로는 금융기관이 아니라 서류상의 회사, 즉 페이퍼 컴퍼니였다. 이 과정에서 김앤장은 정부에 비공식적인 법률자문을 해 주었는데 바로 그 비공식적인 자문이 그 후 정부 정책 결정의 근거 자료가 되었다.

론스타의 외환은행 불법 인수와 함께 유상감자 논란을 빚은 극동건설 인수도 김앤장 작품이다. 골드만삭스의 진로 법정관리 신청, 소버린의 SK ㈜ 지분 매집과 적대적 인수·합병 시도, 타이거펀드의 SKT 그린메일링● 시도 등에도 김앤장이 관계되어 있다. 골드만삭스와 진로의 분쟁, 소버린-SK 경영권 분쟁에서는 내부 정보를 이용했다는 논란에 휩싸였다. 진로소주와 SK에 자문해 주고, 나중에 소송과 자문의 상대방이 되어 내부 정보를 활용

● **풋백옵션(put-back option)** 일정한 실물 또는 금융자산을 약정된 기일이나 가격에 팔 수 있는 권리를 말한다. 주식 용어인 풋 옵션을 기업 인수합병에 적용한 것으로 본래 매각자에게 되판다는 뜻을 강조하기 위해 풋 백 옵션이라 부른다. 인수 시점에서 자산의 가치를 정확하게 산출하기 어렵거나, 추후 자산 가치 하락이 예상될 경우 주로 사용된다.

했다는 것이다. 쌍용자동차의 중국 상하이차그룹으로의 매각, 브릿지증권을 인수한 BIH펀드도 대리했다. 중국 상하이차는 쌍용차를 인수한 후 중국으로 기술을 유출했고, 쌍용차는 생존의 기로에 서 있다. BIH펀드는 최초로 유상감자 논란을 일으킨 장본인이고 회사 청산을 시도했던 펀드다.

민영화 작업은 또 어떤가. 김앤장의 홈페이지에는 "김앤장 법률사무소는 국내에서 추진된 각종 공기업 민영화 프로젝트에 관여해 왔으며, 향후에도 정부의 공기업 민영화 정책의 지속적인 추진에 따라 이에 참여하는 고객들을 위한 최상의 지원을 해 갈 것"이라고 밝히고 있다. 한국전력, 담배인삼공사, 한국통신의 민영화에 대한 참여가 대표적인 사례이다. 김앤장은 공기업 민영화 과정에 참가하면서 얻은 정보로 기업체나 투자자에게 서비스를 하겠다고 다짐하고 있는 것이다.

민영화의 취지는 공기업의 독점을 방지하고 민간에 맡겨서 경쟁을 촉진하자는 것이다. 하지만 공기업 민영화는 독점 문제가 해결되지 않으면 결국 민간 독점으로 귀결된다. 공기업이 민간 자본의 이익을 위한 먹잇감이 되는 것이다. 김앤장이 정부의 민영화 프로젝트에 관여할 때 누구의 이익을 위해 논리를 만들겠는가. 당연히 재벌과 국제 투기자본이다. 이들의 이익을 위해 김앤장은 정부에 법률자문을 하고, 그 과정에서 얻은 정보를 토대로 돈을 버는 것이다.

김앤장을 둘러싼 논란은 여기서 멈추지 않는다. 김앤장은 일명 '장하성 펀드'의 법률 대리인을 맡았다가, 펀드 투자자와 기존 고객과의 이해상충 문제가 제기되자 펀드에서 손을 떼기도 했다. 김앤장은 '장하성펀드'의 운용

● 그린메일링(green mailing) 경영권이 취약한 회사를 표적으로 지분을 매입했다가 보유 주식을 매입 단가보다 높은 가격에 되사도록 회사에 요구하는 행위를 말한다. 경영권 인수보다 수익을 주목적으로 한다는 점에서 적대적 인수·합병과 구별된다.

04 | 공적 영역도 사업의 대상이다

회사인 라자드에셋매니지먼트사의 법률 대리인을 맡았다. 이 펀드가 태광 그룹의 계열사인 대한화섬 주식 5%를 취득하고 주주명부 열람을 신청하자, 기존 고객인 태광산업과의 이해상충을 피하기 위해 라자드와 결별했다. 그리고 장하성펀드와 대한화섬과의 소송에서는 대한화섬 편에 섰다. 이로 인해 "이전까지 라자드를 대행해서 공시까지 했던 김앤장이 이제는 대한화섬을 대리하면서 라자드의 펀드매니저를 공격하는 것은 앞뒤가 맞지 않는 일"이라는 논란이 일기도 했다.

매각 참여와 법률자문 싹쓸이

국내 시중 은행의 법률자문에서도 김앤장의 독점 현상이 나타나고 있다. 한나라당 김양수 의원의 분석에 따르면, 2004년부터 2006년 6월까지 최근 3년간 국내 은행들은 총 3,602건에 275억 원의 법률자문을 의뢰했고, 그중에서 66%에 달하는 182억 원을 김앤장이 맡았다. 특히, 지방 은행과 특수 은행을 제외한 8개 시중 은행(조흥·신한·우리·제일·하나·외환·한국씨티·국민)의 법률자문 독점은 심각했다. 최근 3년간 김앤장은 이들 시중은행 법률자문액 249억 원 중에서 약 73%인 182억 원을 차지했다. 이는 2위 그룹인 법무법인 태평양의 최근 3년간 자문료 15억 원에 비해 10배 이상의 규모다.

김앤장은 SC제일은행의 법률자문을 87% 맡은 것을 비롯해서, 외환은행 78%, 한국씨티은행 74% 등 외국계 은행의 법률자문을 독식하여 편중 현상이 심했다. 어떻게 이런 독점이 가능할까? 이들 은행은 뉴브릿지캐피탈,

론스타펀드, 칼라일펀드 등 외국 투기자본에 매각된 은행이다. 모두 김앤장에서 매각 과정을 대리했다. 매각 과정 참여가 법률자문 독점으로 이어진 것이다.

김앤장 법률사무소의 건당 평균 자문료는 1,700만 원 정도로, 일반 로펌의 건당 평균 자문료인 700만 원의 두 배 이상 높다. 이렇게 건당 자문료가 높음에도 김앤장을 선호하는 이유는 무엇일까? 그것은 법률적 자문뿐만 아니라, 전직 고위공직자들을 고문으로 대거 영입해서 정부에 영향력을 행사하고 있기 때문이다. 이것은 금감위나 재경부가 업무를 처리할 때 김앤장의 의견을 인용하여 정부 정책을 처리한다는 것을 의미하며, 그 대표적 사례가 2000년 칼라일펀드로의 한미은행 매각과 2003년 론스타펀드로의 외환은행 매각이다.

이런 현상에 대해 김양수 의원은 2006년 9월 11일 국회에서 "법률자문 시장의 독점 현상이 심화되면서 김앤장 법률사무소는 더 많은 고위공직자들을 고문으로 영입하고, 이에 따라 은행들은 중요한 법률자문을 고가에 김앤장 법률사무소에 의뢰할 수밖에 없는 독점 시장 구조가 나타나고 있다"며 "보다 공정한 금융 법률 시장을 구축하기 위해 법률회사의 금융 당국 로비를 철저히 차단하고, 특정 법률회사의 독점적 횡포를 막기 위한 제도적 장치 마련이 시급하다"고 주장했다. 고가의 수임료에도 불구하고 법률자문을 맡길 수밖에 없는 구조는 독점의 폐해다.

은행권에 대한 독점의 문제는 증권·보험 등 제2금융권에 대한 법률자문과 비교해 볼 때 분명하게 드러난다. 은행 이외의 제2금융권의 실상은 어떠한가? 생명보험, 손해보험 그리고 증권 업종에 대해 조사한 결과 제2금융권은 업종별로 특정 로펌에 대한 쏠림 현상은 적었고, 기업별로 선호하는 로펌이 있었다. 생명보험 업종의 자산 규모 상위 5개사를 대상으로 조사한 결과 알리안츠생명은 김앤장, 교보생명은 김앤장과 광장에 법률자문을 주로 의뢰했다. 대한생명은 광장과 태평양에 주로 법률자문을 맡겼고, 삼성생명은 김앤장을 비롯해서 10대 로펌에 골고루 맡기는 것으로 드러났다. 삼성생명의 경우 폴 헤이스팅스 등 미국 로펌에 문의한 경우도 많았다.

손해보험사의 경우 삼성화재는 김앤장에, 메리츠화재는 광장과 세종에, LIG화재의 경우 세종과 김앤장에 주로 법률자문을 의뢰했으며, 동부화재는 김앤장과 율촌에 법률자문을 맡겼고 보상 관련 소액 문의는 소명이라는 로펌에 맡겼다. 현대해상은 율촌에 주로 자문을 맡겼고 두우에도 자문을 의뢰했다. 다만 2006년에는 김앤장에만 법률자문을 맡기고 있다.

증권업종의 경우 삼성증권은 김앤장과 세종, 광장 및 지평 등에 골고루 자문을 의뢰하고 있다. 우리투자증권은 김앤장과 광장에, 대우증권은 율촌에 주로 법률자문을 의뢰하고 있다. 한국투자증권은 세종과 태평양, 김앤장에 맡겼다. 2004년, 2005년 한국투자증권 매각과 관련된 법률자문은 태평양에 맡았는데, 이 당시 자문료가 13억 원 정도였다. 굿모닝신한증권은 김앤장과 광장 그리고 율촌에 주로 맡기고 있으며, 현대증권은 율촌과 지평을 이용하고 있다.

이렇게 김앤장에 대한 은행과 여타 업종의 태도가 차이가 나는 것은 이유가 있다. 우선, 구조조정 방식의 차이다. 증권회사나 보험사의 경우 퇴출과 자산 부채 인수 방식의 구조조정이었던 데 반해 은행은 합병과 해외매각의 방식이었다. 해외매각의 경우 김앤장이 도맡았던 것은 익히 아는 사실이다. 영업 규모 면에서도 제2금융권은 은행에 비해 작다. 사업의 규모가 작다 보니 정부도 정책 결정 과정에서 이들을 크게 고려하지 않는다. 이에 따라 금융 당국의 유권 해석이나 허가가 필요한 주요 업무가 많지 않다. 고액의 급여를 받는 고문이나 변호사가 맡기에는 산출이 적다는 결론이 나온다.

제2금융권의 금융기관들이 여러 로펌에 다양하게 법률자문을 의뢰하고 있지만, 삼성생명·삼성화재·삼성증권 등 삼성그룹의 금융기관은 공통적으로 김앤장에 많은 부분을 의뢰하고 있다.

정부에 법률자문하는 것도 사업이다

정부에 대한 자문은 자문료 측면에서는 보잘 것 없다. 보통 1건당 10만 원에서 30만 원이다. 시간당 50만 원을 받고 다섯 페이지에 2,000만 원을 받는 김앤장의 가격에 비하면 초라하기까지 하다. 그러나 최근에는 로펌마다 경쟁적으로 무료 자문에 나서고 있다. 이유는 "자문을 한다는 것은 정부 정책에 대한 영향력을 의미하며, 이는 정부 관련 문제의 해결 능력으로 이어지는 경우가 많기 때문"이다.

김앤장에 법률자문을 의뢰한 정부의 주요 부처는 노동부와 정보통신부, 환경부 그리고 정부 부처는 아니지만 금융감독원이 있다. 노동부는 특별하다. 2004년부터 2006년 6월까지 외부에 의뢰한 법률자문 건수가 75건이었는데, 모두 김앤장(현천욱 변호사)에게 맡겼다. 100%다. 정보통신부의 경우 같은 기간에 162건의 외부 자문을 맡겼는데 김앤장(최동식 변호사)이 62건을 차지해서 38.2%를 점유했다. 환경부의 경우 127건 중 43건을 맡겨서 33.8%였다.

노동부의 법률자문에는 또 다른 특징이 있다. 김앤장에 맡기는 것과 동시에 법무법인 지성의 주완 변호사에게도 똑같이 공동으로 맡긴다는 점이다. 법무법인 지성의 대표변호사인 강성 변호사는 김앤장 법률사무소 출신이다. 지성의 주완 변호사는 중앙노동위원회 공익위원으로도 있었다. 공익위원은 노사 간 어느 쪽에도 치우치지 않고 공익을 고려해 공정하게 판정을 해야 하는 심판관이다. 하지만 그는 자신이 심판을 맡은 사건에 대해 나중에 소송을 맡기도 했다. 즉, 공익위원으로 있으면서 심판관으로 일하다가, 그 후 소송에서는 동일한 사건의 한쪽 당사자를 변론한 것이다. 누구를 변호했을까? 당연히 사용자 측을 변호했다. 이는 〈변호사법〉 제31조에서 금지하고 있는 행위다. 노동계에서 문제를 제기하자 결국 공익위원을 사퇴했다.

김앤장이 노동부의 법률자문을 법무법인 지성과 함께 그것도 100%를 같이 맡는다는 것은 어떤 의미인가? 익명을 요구한 법조계의 변호사는 "김앤장에서 맡기 꺼려럽거나 지저분한 사건을 대신 맡기는 것"이라고 이야기하고 있다. 이렇게 의심받는 배경에는 이유가 있는 법이다. 적어도 노동부 관련해서는 김앤장과 지성은 한 몸이다.

통계에서 재경부는 왜 빠져 있는가? 김앤장은 재경부에도 자문을 해 준다. 그러나 재경부는 흔적을 남기지 않기로 유명하다. 웬만한 일은 전화로 처리하거나 비공식적으로 처리하고 기록을 남기지 않는다. 법률자문 내역도 기록에 잘 남기지 않는다. 그나마 국회에서 자료를 요구하면 전체를 모아서 주는 것이 아니라 각 국실별로 별도로 제출한다. 재경부로부터 자료를 받는 것이 쉽지 않다는 것이다. 아무튼, 재경부에서 제출받은 자료에 따르면 김앤장의 자문 내역은 세제실(2006년, 부동산 시장 안정을 위한 조세제도 개편에 대한 법리적 검토를 담당) 정도가 유일하다. 그러나 주요 은행(한미은행·외환은행)의 매각 시 김앤장의 자문을 받아 일을 처리하고도 비공식 자문으로 치부해 온 행태를 보면 재경부의 기록에 신뢰성을 부여하기는 어렵다.

금융감독원은 금융기관에 대한 검사·감독 업무 등의 수행을 위해 1999년 1월 2일 〈금융감독기구설치등에관한법률〉(1997.12.31 제정)에 따라 설립된 무자본 특수법인이다. 금융기관에 대한 감독과 검사권, 각종 인·허가권을 가지고 있는 '금융 검찰'이다. 금융감독원이 지난 1999년 설립 이후 2006년 9월까지 외부 법무법인에 자문을 구한 건수는 총 489건이며, 김앤장에 의뢰한 건수는 113건으로 23.1%였다. 한편, 지난 5년간 공사, 정부투자기관, 재투자기관의 로펌별 법률자문 현황에서는 태평양이 총 296건 중에서 104건으로 1위였고, 김앤장이 75건으로 2위를 차지했다. 그 뒤로 세종 62건, 율촌 15건, 기타로 나타났다.

금융감독원에 대한 자문료는 1999~2003년까지 건당 20만 원이었다. 2004년부터 30만 원으로 상향됐다. 역시 보잘것없다. 그러나 금융 당국에 대한 법률자문은 단순한 자문을 넘어, 각종 정보의 취득, 의사 결정에 대한 간접 참여 등의 성격으로 금액 이상의 효과를 발휘한다. 이에 따라 자문료 없이도 자문해 주는 경우가 있으며, 심지어 비공식적으로 자문해 주기도 한다. '비공식 자문'을 할 수 있는 힘, 그것은 바로 전직 고위관료 출신인 고문들로부터 나온다.

이에 대해 김앤장은 "법률자문은 매우 가치중립적으로 몇 가지 안에 따른 해석을 제시할 따름이며, 전체 자문 건수는 오히려 김앤장이 타 로펌에 비해 많지 않은 편"이라고 말한다. 그러나 정부에 대한 법률자문은 김앤장의 취급 업무와 직접 연관성이 있다. 예를 들어, 2003년 11월에 자문한 '국내 은행의 해외 현지법인 인수 관련 질의' 건은 외환은행을 인수한 론스타가 미국의 은행지주회사법 적용을 회피하기 위해 외환은행 미국 지점 폐쇄 및 매각과 관련된 일이었다. 2003년 11월에 진행된 '금융기관의 고객 주민등록번호 제공에 대한 금융실명법과 신용정보업법 관련 법률 검토' 역시 김앤장의 업무와 관련이 있는 자문이다. 이것은 론스타가 신한은행과 공동으로 채권추심회사인 신한신용정보를 설립해 불법적인 채권추심과 주민등록번호를 제공했다고 금감원이 검찰에 고발한 사건이다. 사정이 이런데, 자문이 가치중립적이었다고 말하는 것은 설득력이 없다.

금융 감독기관에 대한 자문은 때로는 그대로 정부의 견해로 채택된다. 가장 대표적인 경우가 2003년 외환은행 매각 시 김앤장이 정부 당국(재경부와 금감위)에 '대주주 자격'에 관해 자문해 준 경우다. 당시 론스타는 은행법상 금융기관이 아니어서 외환은행 인수가 불가능했다. 7월 8일 김앤장은 재경부에 비공식적으로 「Lone Star의 외환은행 인수자격에 관하여」라는 문건을 전달했고, 대주주 자격 문제를 해결하기 위한 두 가지 방안을 제시했다.

재경부는 "론스타를 금융업자로 인정하는 방안과 외환은행을 부실금융기관으로 인정하는 두 가지 방안 모두 불가능하다. 이제 와서 이런 방안을 제시하면 어떻게 하느냐"고 하면서 "정부를 무시하는 태도다"라고까지 질책했다. 그러자 김앤장은 "금감위에 결정 권한이 있는 만큼, 관련 규정을 개정해서 론스타펀드가 인정받을 수 있는 방안을 만들어 오겠다"라고 말했다.

그런데 그 후 실제로 규정이 개정되었고, 외환은행은 김앤장이 자문해 준 방법으로 불법 매각되었다.

당시 자격 문제를 걱정하는 외환은행 임원에게 론스타코리아의 대표(유회원)는 "그것은 당신이 상관할 바가 아니다"It's none of your business라고까지 했다. 론스타의 오만함이 느껴지는 말이다. 이런 자신감과 막무가내식 일처리는 기존 법과 제도로 안 되면 이를 변경할 수 있도록 규정을 개정하거나 불법을 해서라도 매각을 성사시키도록 할 수 있다는 자신감에서 나온다. 그리고 그것은 김앤장에 의해 뒷받침된다. 대주주 자격 인정이라는 핵심적인 정부 정책에 대해 비공식 자문을 해 줄 수 있는 힘과 능력이 있기에 가능하다. 좀 더 자세히 살펴보자.

2003년 외환은행 매각 관련 법률자문의 사례

[표 9]에는 론스타가 외환은행을 인수한 사건이 일지로 정리되어 있다. 이를 살펴보면서 이야기를 시작해 보자.

필자(임종인)는 2006년 10월 25일 기자회견을 열어, 2003년 외환은행 매각 당시 론스타의 대주주 자격 문제와 관련해 재경부와 금감위, 그리고 론스타가 사전에 공모한 사실을 밝혀내고, 김앤장 법률사무소가 건네준 「Lone Star의 외환은행 인수 자격에 관하여」라는 법률 검토 문건을 증거로 공개하면서, 외환은행 매각은 불법적 사전 공모에 의해 무효라고 주장했다.

이 문건은 론스타의 대리인인 김앤장 법률사무소에서 작성한 법률 검토

[표 9] 론스타의 외환은행 인수 일지

일 자	내 용
2002. 10. 25	론스타, 외환은행에 경영권 인수(신주인수 및 정부지분 매입)를 전제로 한 투자의향서 접수.
2003. 7. 15	재경부, 조선호텔에서 이른바 '10인 대책회의'라고 불리는 관계기관 회의 개최
2003. 9. 26	금감위, 론스타의 주식보유한도(10%) 초과 취득 승인
2003. 10. 31	론스타, 외환은행 지분 51%(1조3,833억 원) 획득
2004. 2. 28	외환카드, 외환은행에 흡수 합병
2004. 10. 14	투기자본감시센터, 론스타 주식취득 승인무효 소송
2005. 9. 14	투기자본감시센터, 매각 관여 경제관료 등 20명 검찰 고발
2006. 2. 6	국회 재경위, 외환은행 매각의혹 검찰 수사 의뢰
2006. 3. 2	국회 정무위, 외환은행 '헐값 매각' 감사청구안 의결, 감사원 감사 착수
2006. 3. 7	국회 재경위, 외환은행 '헐값매각' 의혹 검찰 고발
2006. 3. 17	대검중수부, 국세청·금감원·국회 재경위 고발사건 통합 수사
2006. 6. 19	감사원, 감사 종료 및 '부적절한 매각' 결과 발표. 감사 자료 검찰 전달
2006. 10. 31	검찰, 쇼트 론스타 부회장 등 외환카드 주가조작 혐의로 영장 청구
2006. 12. 7	검찰, '론스타의 외환은행 헐값매입 의혹 사건 중간 수사 결과' 발표

의견으로, 2003년 7월 8일 당시 재경부에서 외환은행 매각을 담당했던 금융정책국 변양호 국장의 직계 라인에 있던 신진창 사무관에게 보내진 문건이다. 당시 김앤장은 신 사무관에게 전달하면서 대외비로 해 줄 것을 요청했고, 다음날인 9일 대외비로 분류되어 이메일을 통해 금감위의 외환은행 매각 담당 부서 송현도 사무관에게 전달됐다.

　문건 내용에 의하면 김앤장은 대주주 자격 문제 해결을 위해 "론스타를 금융업자로 인정하는 방안(제1안)"과 은행법 시행령 제8조2항의 "부실금융기관 정리 등 특별한 사유가 있다고 인정하는 방안(제2안)"을 제시했다. 결국 김앤장이 제시한 제2안이 7월 15일 조선호텔에서 열린 '10인 비밀회의'에서 논의되었고, 7월 25일 금감위 구두 확약을 거쳐, 2003년 9월 26일 금감위 회의를 통해 자격 없는 론스타에 대한 최종 승인의 근거로 적용되었다.

나는 이 문건에 기초해 론스타와 재경부, 금감위가 사전 공모했다는 증거로 세 가지 사항을 지적했다.

첫째, 재경부와 금감위는 론스타의 대리인인 김앤장에게만 법률 검토를 받고, 다른 어떤 법률 검토도 하지 않았다. 론스타의 은행 인수 자격 검토는 금감위의 책무이다. 감사원 중간 감사에 의하면 금감위는 내부적인 법률 검토를 한 적도 없고, 외부 기관의 법률 검토 또한 받은 바 없었다. 금감위는 9월 26일 〈은행법〉 시행령 제8조2항의 '특별한 사유'를 적용해 외환은행의 매각을 승인했다. 감사원 감사에서 금감위는, 매각 승인은 재경부의 요청에 의한 것이었으며 그 요청이 유권 해석과 마찬가지였다고 진술했다. 문제는 재경부의 공문이 7월 8일 론스타의 대리인 김앤장으로부터 받은 법률 검토서에 따른 것이었고, 이것이 유일한 법률 검토였다는 점이다. 내부적으로나 외부적으로 그 어떤 곳으로부터도 법률 검토를 받은 적이 없는 재경부와 금감위가 유독 론스타의 대리인인 김앤장에게서만 법률 검토를 받은 것은 사전 공모의 명백한 증거다.

둘째, 재경부와 금감위는 김앤장의 법률 검토를 '대외비'로 분류했다. 이는 로비의 결과로밖에 볼 수 없다. 더 큰 문제는 '재경부와 금감위가 김앤장에서 법률 검토를 받을 때 비공식적으로 자문을 받았다는 사실'이다. 은행을 매각할 때 대주주 자격은 본질적인 사안이자 가장 중요한 문제다. 외환은행 매각의 경우에도 마지막까지 문제가 된 사안이었다. 그런데 이렇게 본질적인 사안에 대한 검토를 론스타의 대리인에게서, 그것도 비공식적으로 받았다는 것은 심각한 문제다. 재경부나 금감위는 당연히 공식적인 정책 결

04 | 공적 영역도 사업의 대상이다

정 과정을 거쳐 자문을 받고 그 근거를 명시해 두어야 한다. 그런데도 재경부는 비공식적으로 자문을 받고 대외비로 분류해 놓았다. 그리고 김앤장도 재경부에 대외비로 할 것을 요청했다. 김앤장의 비공식 자문이 가능한 이유는 김앤장의 고문으로 있던 이헌재 전 부총리 같은 사람들의 로비 결과이며, 대외비로 요구한 것은 불법적 로비를 숨기기 위한 것이다. 김앤장 고문들의 영향력이 없었다면, 재경부와 금감위가 론스타의 인수 불가 입장에서 예외 승인의 입장으로 갑자기 돌변한 이유는 설명이 되지 않는다.

셋째, 금감위가 승인한 법적 근거가 김앤장에게서 받은 법률 검토서와 내용이 일치한다. 김앤장에게 법적 검토를 받았다 하더라도 그 내용대로 처리가 안 될 수도 있다. 그러나 김앤장의 해법대로 최종 승인되었다. 감사원 중간 감사에서 밝혔듯이 은행법 시행령 제8조2항 '부실 금융기관의 정리 등 특별한 사유'로 론스타에게 대주주 자격을 제공한 것은 불법이다. 7월 8일 이후 금감위, 재경부의 회의 내용이나 자료가 김앤장의 법률 검토 내용과 구성이 똑같았으며, 이는 김앤장의 의견을 그대로 베낀 것이다. 금감위가 은행법 시행령 제8조2항의 '특별한 사유'를 적용한 것이 불법인 이상, 이런 불법적인 판단을 제공한 김앤장은 불법의 공모자이자 주도자다. 따라서 재경부·금감위·론스타·김앤장의 사전 공모에 의한 외환은행 매각은 원천 무효다.

이상이 당시 필자(임종인)가 밝힌 기자회견 내용이다. 김앤장이 재경부에만 법률자문을 했을까? 금감위도 별도의 경로로 김앤장으로부터 법률 검토를 받았다는 의혹이 있다. 그 근거는 다음과 같다. 감사원 중간발표에 따르면, 금감위 김석동 국장이 7월 7일 「외환은행 주식 매각 관련 자격 요건 검토」라는 것을 금감위원장에게 보고했는데, 여기에서는 은행법 시행령 제8조2항에 의한 예외 승인 가능성을 검토하면서 외환은행의 경영 악화 가능성을 언급하고 외국인의 자본 참여의 시급성을 강조하고 있다. 이 내용과 7월 8일 재경부에 보내진 김앤장의 「Lone Star의 외환은행 인수 자격에 관하여」라는 법률 검토 문건과 내용이 일치한다.

김앤장이 정책 결정권자인 정부기관(재경부·금감위)과 매수자 론스타에만 법률자문을 했을까? 그렇지 않다. 매각 주체인 외환은행의 문건에도 김앤장의 의견이 들어가 있다. 2003년 7월 8일 금감위 김석동 국장은 외환은행 이달용 부행장 일행과 면담하면서 보고 자료를 받았는데, 이 자료에는 김앤장의 의견이 '론스타 측에서 검토한 인수 자격 방안'으로 인용되어 있었다. 어떻게 해서 외환은행(매도인)이 정부에 제출한 보고 자료에, 그것도 가장 중요한 인수 자격 문제에 김앤장의 의견이 들어갈 수 있었을까? 2003년 7월 7일자 외환은행 경영전략부 비망록에 따르면 "론스타는 외환은행 경영진에게 대주주 자격 문제에 역할을 해 줄 것을 요청했다. 이강원 행장에게 은행장 유임을 유혹하면서 이 문제를 해결할 것을 요청했다"라고 되어 있다. 결국 자리 유임을 언질 받은 은행장의 노력과 김앤장의 합작으로 위와 같은 일이 벌어졌던 것이다.

론스타로의 외환은행 매각은 정부 정책을 바꿀 정도로 강력한 자문, 그것도 비공식 자문을 할 수 있었던 김앤장의 힘을 보여 준 사건이었다. 이 과정에서 또 다른 일도 벌어졌다. 김앤장의 장담대로 규정도 개정되었다. 2003년 7월 11일 금감위는 정례회의를 개최하고 '은행업 감독 규정 중 개정 규정안 및 은행업 감독 업무 시행세칙 중 개정세칙 승인안'을 처리했다. 이

회의 안건은 은행의 대출채권 종류별로 대손충당금 적립 기준을 변경하는 내용이다. 대손충당금 적립 기준은 은행의 국제결제은행BIS 자기자본비율 산정의 기초가 된다. 규정이 바뀌자 자기자본비율이 고무줄처럼 바뀌었다. 자기자본비율 조작과 규정 개정, 그리고 법령의 자의적 해석 등 불법과 합법을 가리지 않고 모든 방법이 총동원되어 은행이 펀드에 매각됐던 것이다. 정말 그럴까? 정말 그렇다. 의심이 가는 독자들은 감사원과 검찰의 감사 및 수사결과를 읽어 보기 바란다. 이야기가 나온 김에 외환은행 이야기를 좀 더 해 보자.

비공식 자문이 로비의 결과이지만 로비는 명백한 증거를 남기지 않는다. 그래서 당사자들은 늘 부인하고 또 부인할 수도 있다. 그런데 우연찮게 진실이 드러나기도 한다. 서로 책임을 떠넘겨야 하는 재판에서 이들의 행동이 일부 드러났다. 외환은행을 팔기 위해 선정된 매각 자문사는 모건스탠리로, 이곳에는 신재하 전무가 있다. 은행을 사고자 했던 론스타가 선정한 재정 자문사는 씨티그룹의 살로만스미스바니증권SSB인데 이 증권사의 대표는 김은상이다. 정부에는 재경부의 변양호 금융정책국장이 있다. 변양호는 김은상과 경기고등학교 친구다. 김앤장에서 론스타를 대리한 박준 변호사도 변양호와 친구다. 론스타를 대리한 하종선 변호사도 다 같이 친구다. 그래서 이들은 같이 머리를 맞대고 앉아 은행 매각 가격을 정한다. 어디서? 사무실이 아니라, 청담동의 음식점에서 PDA, 즉 개인용 정보단말기를 두드리면서. 언제? 정부의 매각 결정 회의가 열리기 4개월 전에. 이것이 외환은행 헐값 매각 재판에서 나온 증언이다.

이것만이 아니다. 같이 모여서 살기도 한다. 이헌재 고문이 살고 있는 한

남동의 리버웨이 빌라에는 김영무 변호사의 동생이 같이 산다. 그 아래층에는 모건스탠리의 신재하 전무가 살고 있다. 모건스탠리가 어디인가? 1997년 IMF 이후 제일은행·한미은행·외환은행 해외매각을 맡은 매각 자문사다. 이렇게 같이 지낸다. 게다가 변양호와 신재하는 이후 의기투합해서 '보고펀드'로 이름 붙여진 사모펀드를 만들었다. 본격적인 '플레이어', 즉 투자운용자가 되겠다는 의사다. 뭘 믿고? 보이지 않게 도와주고 연대하는 힘이 있기 때문이 아닐까.

대한민국에서 이런 일을 할 수 있는 조직이 또 있을까? 대통령? 아마 대통령이 나서서 그렇게 한다면 여론의 엄청난 질타를 받을 것이다. 국회도 그럴 것이고 경제 관료들도 스스로 책임을 져야 한다면 절대 그러지 못할 것이다. 경제 관료 내지 정치가들에게 정책 변경의 대가를 지불할 수 있는 능력을 가진 조직만이 그 일을 추진할 수 있을 것이다. 누가 있을까? 삼성은 이미 드러났고, 김앤장이 여기에 추가된다고 하면 그들을 너무 과대평가한 것일까?

우리는 지금까지 꼬불꼬불한 미로를 헤쳐 왔다. 김앤장이 얼마를 버는지 살펴보았고, 그 방법도 찾아보았다. 기업 사건이나 재벌 총수 사건 등 사적인 영역뿐만 아니라 김앤장에게는 공적인 영역도 사업의 대상이라는 것을 알았다. 공정위와 국세청과 은행의 해외매각, 공기업 민영화, 심지어 정부에 대한 법률자문도 사업의 대상이었다는 것도 살펴보았다. 그 과정에서 얻은 엄청난 수익으로 대법관과 고문들이 고액의 급여를 받는다는 것도 알았다. 그리고 민간근무휴직 제도나 국세청의 표창과 같은 작은 제도들이 악용될 수도 있다는 것을 보았다.

이제 장을 바꿔, 좀 더 입체적으로 김앤장을 둘러싼 보이지 않는 권력의 형체를 살펴볼 것이다. 이를 위해 김앤장에 근무하는 고위공직자를 기록해 둘 것이다. 판사와 검사 출신들도 마찬가지다. 그리고 김앤장을 중심으로 형성된 고위공직자와 법률 전문가들의 힘이 국가권력과 어떻게 서로 작용해서 누구의 이익을 위해 기능하는지 분석할 것이다.

　우리는 서문에서 현대 민주주의의 가장 큰 위협은 '보이지 않는 권력'이 커지는 문제라고 지적했다. 그리고 그 권력은 경제를 관리하는 영역에서 주로 확대된다고 지적했다. 김앤장의 사례에서도 이런 경향을 확인할 수 있는지 살펴보자. 길을 따라가기 전에 조금 힘이 들면 이쯤에서 커피나 차 한 잔 마시고 가는 것도 괜찮을 것이다.

05

권력을 가진 사람들은
보이지 않게 연대한다

파워 엘리트와 법률 기술자들

공적 영역마저 사업의 대상으로 삼을 수 있는 김앤장의 파워는 어디에서 나오는 것일까? 우리는 이 문제에 대한 실마리로 우선 관료 사회 이야기를 해볼까 한다. 권위주의 체제에서 국가 주도 경제 개발 계획을 추진하면서 성장한 경제 관료들은 민주화 시기에도 여전히 전문가라는 이름으로 권력을 유지하고 있다.

경제 관료를 포함해서 고위관료로 출세한 고위공직자들은 퇴직 후 김앤장에 포진해 있다. 이들은 관료 시절의 경력과 직위에 따라서 고문이라는 직책으로 때로는 전문위원이나 실장이라는 직함을 달고 김앤장의 고객을 위해 '고품질 서비스' 제공에 일조하고 있다. 관료 사회에 남아 있는 사람들은 이들을 보면서 자신의 미래를 떠올린다. 자신의 미래를 생각하면서 공직 사회에서 업무를 한다.

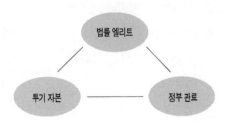

[그림 5] 한국 사회 철의 삼각동맹

법률 엘리트

투기 자본　　　정부 관료

　　이렇게 먼저 들어간 자와 남은 자가 국내·외 거대 자본의 이익을 위해 함께 움직이는 구조가 이른바 '철의 삼각동맹'이다. 투기자본-법률 엘리트-정부 관료의 삼각 동맹이다. 이는 1950년대 미국 사회의 제도적 영역에 걸쳐 있는 상층 집단[대기업(자본)-군부-정부]이 권력 수단과 장치를 독점하고 있다는 '파워 엘리트'론의 한국적 형태에 다름 아니다. C. W. 밀즈는 이들 파워 엘리트가 제도적으로 응집되는 양상을 분석하면서 그로 인해 미국 사회의 역동적 다원성이 사라지고 현대판 귀족사회가 나타나게 되었음을 보여주었다. 한국에서 로펌을 중심으로 투기자본과 정부 관료가 동맹 내지 유착 관계를 심화시키고 있는 것도 근본적으로 같은 문제를 낳는다.

　　이들의 행위에 절차적 정당성을 부여해 주고 있는 그룹은 판·검사와 대법관 출신의 법률 기술자들이다. 이들은 법률자문을 통해 불법을 합법으로 바꿔 내고, 사적 이익의 최대화를 실현한다. 내부 정보 이용이라는 불법 행위가 정보의 유능한 활용으로 둔갑한다. 전관예우에 의한 사법 정의의 파괴가 실력으로 미화된다. 경제 정의를 파괴하는 행위가 재벌 총수 등 고객을 위한 서비스인양 자랑이 된다. 로비는 전문 지식의 활용으로 이야기되고, 탈세를 위한 조언이나 세금 회피 방법을 알려주는 것은 세무조사에 대한 효과적 대응법으로 선전된다. 조세당국에 대한 로비는 양자 간의 원만한 의사소통으로 설명된다.

　1950년대 후반 아르헨티나의 사업 법률가들을 '기회주의적인 제도의 건설자, 매판 법률가'로 부르면서 그들의 역할을 묘사한 아래 글은 지금 우리 사회에도 시사하는 바가 크다.

> 정부와 몇 가지 문제가 일어날 때, 중앙은행이나 기타 공공 금융기관 혹은 정부 부처와 같은 국가기관과 함께 금융에 관련된 이익을 협상해야 할 때, 업무를 담당한 것은 바로 아르헨티나 변호사들이었다. 이들은 또한 지방정부와 조세문제를 협상했고, 혹은 커뮤니티 당국들과 지방세와 각종 세금에 관련된 모든 문제를 처리했다. 이 변호사들은 외국 기업의 이사회에 포진하고 있는 동시에 자신들의 고객을 위해 고등학교와 대학의 옛 동문들과의 관계를 정성껏 발전시켰다. 이들은 또한 장관들과 잘 알고 있는 사이이고, 필요한 경우 은행 사무장들과의 관계를 처리하거나 은행장들의 이익을 자극할 줄 안다. 간략하게 말해서, 이들은 자신들이 필수 불가결한 요소가 되는 방법을 알고 있다(브라이언트 가스·이브 드잘레이 지음,『궁정전투의 국제화』, 그린비, 2007, 359-360쪽).

　이 책은 제2차 세계대전 이후 라틴아메리카(멕시코·브라질·아르헨티나·칠레)의 국가권력이 미국에서 최첨단의 국제적 지식을 획득한 엘리트들에 의해 재편되는 양상을 분석하고 있다. 그 핵심은 경제와 법률에 관한 지식을 독점하고 있는 엘리트들이다. 이들은 국제적으로 인정받는 지식을 가졌다는 명분으로 해당 사회의 부와 권력을 자신들의 편의에 맞게 분배하려 했다. 한국의 현실에서 '국제적 지식'이나 '국제 표준', '세계화'라는 슬로건 아래 숨겨진 진실 역시 이와 크게 다르지 않다. 이 책을 읽다 보면 아르헨티나의 법률 사업가들과 한국의 김앤장이 닮아 있는 모습이 오히려 자연스럽게 느껴진다.

최장집 교수는 그의 저서 『민주주의의 민주화』에서 민주주의를 제약하는 네 가지 담론을 이야기한다. 차이와 갈등의 표출을 억압하는 통합이데올로기, 정치 혐오를 조장하는 도덕주의, 시장의 효율성과 경제 제일주의를 표방하는 신자유주의, 그리고 전문가주의가 그것이다. 전문가주의의 기술 합리성이 민주적 가치에 우선해 강조되거나 민주적 결정을 대체하려 한다면 그 사회는 심각한 도전에 직면하게 된다.

전문가들의 기술 합리성과 관료들의 사적 이익 추구가 결합될 때 만들어지는 문제의 전형적인 양상 한가운데에 김앤장이 있다. 국가 경영에는 경제와 법률 지식이 필수적이 되었다. 이를 갖춘 전문가들은 권력자의 '귀'와 '책상'을 잡아서 국가정책을 좌우하고 있다. 민주적으로 통제되지 않는 이들 관료와 법률 전문가는 가난한 다수의 이익보다 사회의 지배적 이익에 경도될 수밖에 없다. 민간부문에서 거대 법률 기업이 성장하고, 이들과 국가 기구의 밀착이 사회 상층의 이익에 봉사하는 기능을 수행한다면 민주주의는 심각한 위기에 빠질 수밖에 없다. 국가 관료제를 움직이는 가치가 공익이 아니라 사익 추구에 있다면 정부가 존재해야 할 이유는 없을 것이다.

그런데 김앤장을 축으로 한 권력과 사적 이익의 유착 구조를 밝혀내기란 쉽지 않다. 왜냐하면 이들은 보이지 않게 연대하기 때문이다. 이 구조를 하나하나 살펴보자. 우선, 김앤장에 포진해 있는 고위관료들의 실태부터 파악해 보고, 이들이 고문으로서 하는 역할을 살펴보자. 그 후에 또다시 퇴직 관료들이 공직에 재등용되는 회전문 인사의 실태를 들여다 볼 것이다.

그리고, 그들은 김앤장으로 갔다

김앤장에는 많은 고위관료들이 퇴직 후에 일하고 있다. 김앤장에 의하면 이들 공무원은 먼저 자신들이 취업을 하고 싶다며 접촉해 온다고 한다. 이들의 출신 부서는 돈을 다루는 부처인 재무·세무·금융·공정위 등 경제 분야에 집중돼 있다.

이들에게는 퇴직 전 정부에서 맡았던 직급에 따라 고문, 전문위원과 실장이라는 직책이 주어진다. 고문들의 숫자나 하는 일이 정확히 밝혀진 것은 없다. 김앤장 스스로 밝히지 않고 있기도 하지만, 로펌과 현직을 오가기 때문이기도 하다. 이들은 김앤장의 고문으로 있다가 공직에 취업을 하고, 퇴직을 하면 또다시 고문으로 복귀한다. 차라리 직업이 고문이고 가끔 공직에 갔다 온다고 하는 편이 더 나을 것이다.

전직 관료들의 출신 부처별 현황을 자세히 살펴보자. 우선, 눈에 띄는 것이 재경부다. 재경부는 외청으로 국세청과 관세청·조달청·통계청을 두고 있으며, 공적자금관리위원회·국세심판원·금융정보분석원과 경제자유구역기획단, 지역특화발전 특구기획단 등 소속 기관과 한국개발연구원·대외경제정책연구원·조세연구원·산업연구원 등 네 개의 관련연구소를 거느린 거대조직이다. 부처 자체로도 제1차관과 제2차관이 있고 산하에 국·실을 가지고 있다. 재경부의 영어 약자(MOFE)를 본떠서 재경부 출신 고위인사들에게 모피아라는 이름이 붙여진 것을 보면 그 위세를 짐작할 수 있다.

재경부 출신의 대표적 인사는 이헌재다. 그는 김앤장 고문으로 활동하다 김대중 정부 초대 금감위원장과 재경부 장관을 지낸 뒤 김앤장 고문으로 되돌아왔다. 그 뒤 참여정부에서 경제부총리를 맡았다가 부동산 투기 논란으로 퇴임한 후 다시 김앤장에 몸담았다. 김앤장은 그가 2006년 4월 고문직을 그만두었다고 밝히고 있다. 지금은 서울 시내 모처에 사무실을 두고 있는데, 김앤장의 비상임 고문인지 아니면 공식적으로 김앤장과의 관계가 끊어진 것인지 확인된 것은 없다. 아무튼, 그간 김앤장에는 재경부 출신 공무원 9명이 일해 왔다.

국세청은 내국세의 징수와 관련된 일을 맡고 있고, 관세청은 관세를 담당한다. 세금 관련 부처는 어느 시대나 최대의 권력 기관이다. 국정감사를 나가는 국회의원들도 "국세청은 의전 수준부터 다른 부처와 다르다"라고 말한다. 이렇게 파워가 있으니 국세청 공무원들은 퇴직 후에도 취업이 손쉽다. 심지어 계약금까지 받고 스카우트되어 가기도 한다. 2003년 이후 국세청의 4급 이상 퇴직자 52명의 취업 현황을 보면, 로펌 취업자가 7명, 회계법인 취업자 4명, 세무법인 취업자 5명, 주류회사 등 주류 관계 회사●와 단체 취업자 16명, 기타 일반 기업체 취업 20명인 것으로 밝혀졌다. 국세청 출신들이 퇴직 후에도 다양하게 어디든지 갈 수 있다는 것을 보여 주는 통계 수치다.

또한 국세청은 정보를 독점하고 있으며, 상명하복의 문화적 특징으로

[표 10] 재경부 관료 출신 김앤장 근무자

출신 부처	이름	주요 경력
재경부 (9명)	이헌재	재정경제부 장관
	원봉희	재경부 금융총괄국장
	임동빈	경제조사관, 증권업무담당관실
	김관영	감사담당관실
	성수용	조세지출예산과장
	최명해	국세심판원장
	김기태	부동산 실무기획단 부이사관
	양동철	재정경제부 사무관
	진재창	재정경제부 서기관

구성원들의 결집력도 강하다. 이런 배타적인 조직 문화 때문에 이 조직과 쉽게 접촉할 수 있는 사람은 퇴직한 국세청 직원들뿐이다. 국세청은 개인적인 친분 관계를 가지고 로비하는 것은 있을 수 없다고 하는데, 실제로 그렇다고 믿는 사람은 많지 않다. 김앤장 법률사무소도 자신의 홈페이지에서 "국세청장을 비롯해 일선 실무자급에 이르기까지 다수의 전직 국세청 공무원들이 포진함으로써 조세당국과 원만한 관계 속에서 업무를 수행할 수 있으며, 고객과 조세당국과의 불필요한 분쟁을 방지하고 양자 간의 원만한 의사소통을 가능하게 합니다"라고 강조하고 있다. 김앤장에는 국세청 출신 22명, 관세청 출신 5명이 각각 고용되어 활동하고 있다.

금융감독원의 경우 공직자윤리법상 취업 제한 대상자는 임원 및 2급 이상 직원이다. 취업 제한 대상자가 아닌 경우 취업 내역을 정확히 파악할 수

● 주류 업계의 기업과 협회의 대부분(삼화왕관·서안주정·대한주류공업협회·대한주정판매·세왕금속 등)은 국세청 퇴직 직원이 운영하는 세우회 관계 법인이다. 세우회는 국세청, 재경부 세제실, 국세심판원 소속 전·현직 공무원으로 구성된 비영리법인으로 1966년 설립되어 회원 복리 증진 및 퇴직, 사망 시 부조금 지급을 목적으로 하는 일종의 '공제회' 성격의 단체지만, 국세청 퇴직 고위직의 자리를 마련해 주는 안식처 역할을 하고 있다.

[표 11] 국세청·관세청 관료 출신 김앤장 근무자

출신 부처	이름	주요 경력
국세청 (22명)	서영택	국세청장, 건설부 장관
	황재성	서울지방국세청장 (1급)
	이주석	서울지방국세청장 (1급)
	전형수	서울지방국세청장 (1급)
	최병철	부산지방국세청장, 국제조세관리관 (2급)
	손태형	인천세무서장 (2001)
	박종화	중부지방 국세청 (1997~2000)
	류건우	국세청 (1976~1998)
	김진웅	국세청 국제업무과, 국세심판원
	김형동	국세청 국제조세 (5급)
	박헌세	국세청 법인납세 (5급)
	신도선	서초세무서 조사1과장 (5급)
	조철민	서울청 국제거래 (6급)
	손경수	국세청 법인납세 (7급)
	박헌세	국세청 (1983~2005)
	박호규	서울지방국세청 조사4국
	정성윤	국세청 (1986~2000)
	이길안	국세조세과 (론스타 부실채권 취득 세무 자문)
	장재순	재무부 국제조세과
	이종선	국세청 (1991~1998)
	장세원	부산지방국세청장
	최선집	국세청 고문변호사, 국세청 국세심사위원
관세청 (5명)	김기인	관세청장 (1991)
	홍순걸	관세청 감사관
	김성환	7급
	윤동호	7급
	김화섭	7급

없고, 알려 줄 수도 없다고 말한다. 금감원 출신들의 김앤장 취업이 증가하고 집단적으로 이루어진 시기는 2006년인데, 이는 국회와 검찰에서 론스타 사건을 집중 조사하던 시기다. 또한 금감원이 검찰의 조사 의뢰로 외환카드 주가조작 사건을 조사하던 시기와 일치한다.

[표 12] 금융감독원 관료 출신 김앤장 근무자

출신 부처	이름	주요 경력
금융감독원 (6명)	김순배	신용감독국장 (1급)
	전승근	총괄조정국 수석조사역
	허민석	조사1국 수석조사역
	김금수	은행검사1국 수석조사역
	한경호	조사1국 선임조사역
	권태훈	총괄조정국 선임조사역

취업 내용을 비밀에 부치는 금감원의 태도는 김앤장이 이들을 스카웃한 목적과 관련해 의구심을 증폭시켰다. 금융감독원이 금융권에 절대적인 영향력을 행사하고 검사 정보를 독점하는 조직임을 감안하면, 이들을 스카웃한 김앤장의 의도는 금감원의 내부 정보를 파악해 대책을 세우기 위한 것이라고 볼 수 있다. 실제 외환카드 주가조작을 조사했던 금감원 조사2국 소속 직원이 퇴직 후 김앤장에 취업해서 실장이란 직함으로 이 사건에 대해 변호사들과 함께 대책을 수립했다는 것이 밝혀져, 이와 같은 추측을 뒷받침했다.

공정거래위원회 역시 부처의 중요성이 커지면서 로펌으로의 이직이 급증하고 있다는 것은 이미 앞 장에서 보았다. 김앤장에 있는 공정위 출신은 7명이다. 국세청과 재경부 다음으로 많은 숫자다. 이 밖에 산업자원부 출신 6명, 노동부 출신 3명, 청와대 출신 3명이 각각 근무하고 있다.

특히, 박정규 변호사의 경우 김앤장에서 근무를 하다가 청와대 민정수석으로 공직에 취임했고, 퇴직 후에는 다시 김앤장에 복귀했다. 청와대의 민정수석 자리는 민심과 여론 동향을 파악하고, 고위공직자의 인사 검증과 복무 동향을 점검하며, 비리 공직자를 조사하고 정보를 수집하는 핵심적인

[표 13] 기타 부처 관료 출신 김앤장 근무자

출신 부처	이름	주요 경력
공정거래위원회 (7명)	김병일	부위원장 (차관급)
	이조익	5급 (심판관리 3담당관실)
	윤주선	4급 (조사1과)
	김재우	4급 (서울사무소 총괄과장)
	최기록	법무심의관실
	서동원	상임위원 (1급 상당)
	김태구	공동행위과장
산업자원부 (6명)	안완기	투자진흥과
	이진환	투자정책과장
	박종길	감사담당관실
	신명철	주 상하이 영사
	전경석	수출입조사과장
	조문성	원자력산업과장
노동부 (3명)	서상선	서울지방 노동청장 (1992)
	서영삼	부산동래지방노동사무소장 (2001~2003)
	김종오	서울 중부지방노동사무소 고용보험과장
청와대 (3명)	신현수	민정수석실 사정비서관
	박정규	민정수석비서관
	서덕일	정책기획실 (1998)
외교통상부	박태용	외교통상부
문화관광부	신창환	문화관광부 저작권과 (2004)
정보통신부	안준성	정보통신부 통상법률자문관 (2004)
국무조정실	이성엽	국무조정실 서기관 (2002)
보건복지부 (2명)	이재현	보건복지부 (2001)
	최수영	국립독성연구원장 (2007.8)
감사원 (2명)	이종광	감사원 제1국2과 (국세청 담당)
	정영민	감사원 부감사관 (국세청 담당)

위치다. 민정수석 아래에는 사정비서관, 민정비서관, 공직기강비서관, 법무비서관이 있다. 공직자의 모든 정보가 한 손에 들어온다. 로펌 근무자가 청와대를 떠날 때 머릿속에 이 정보를 모두 지우고 떠날까? 김앤장은 정보를

가지고 있는 것으로도 공직자에게 영향력을 행사할 수 있을 것이다. 이와 관련해 검찰 주사 출신 4명이 김앤장에 근무하고 있는 것도 특이하다.

보건복지부 등 여러 부처 출신의 관료들도 김앤장에서 근무하고 있다. 구체적인 내용은 [표 13]에 정리되어 있다.

이처럼 김앤장에는 다양한 부처 공직자 출신들이 촘촘한 그물망을 형성해 일하고 있다. 이들 퇴직 공무원이 로펌에 들어온 후 다시 공직에 돌아가지 못한다면, 아마 이들이 갖는 파워는 절반으로 줄어들지 모른다. 하지만 이들은 대부분 다시 공직으로 돌아가는데, 그것도 장관 등 고위직으로 복귀하고 있는 것이 현실이다. 이들 퇴직 관료들 중에서 '신전관예우'라고 비판받는 고문에 대한 이야기를 먼저 해 보자.

고문, 능력의 활용인가 로비의 통로인가

근본적인 문제를 제기해 보자. 법률회사의 고문 제도가 법률적인 근거를 갖고 있는가? 변호사법을 살펴보자. 〈변호사법〉 제22조[사무직원]에서는 "변호사는 법률사무소에 사무직원을 둘 수 있고 …… 사무직원의 자격·인원·연수 기타 필요한 사항은 대한변호사협회가 정한다"라고 규정하고 있다. 또한 변호사 사무원 규칙 제8조[신고]에 의하면 사무직원을 채용한 경우 반드시 지방변호사회에 신고하도록 되어 있고, 지방변호사회는 사무직원 명부를 비치하도록 되어 있었다. 변호사들 중에서는 사무원 채용에 대해 신고하지 않았다는 이유로 200~300만 원의 과태료 처분의 징계를 받은 사례가 다

수 있었다.

연봉을 수억 원이나 받는 고문이라 하더라도 이들이 변호사가 아니라면 사무직원으로밖에는 볼 수 없다. 단지 고위공직자 출신이고 연봉이 억대가 된다는 이유로 신고 대상에서 벗어날 수는 없다.

2004년 9월, 대한변호사협회는 로펌의 고문을 사무장·경리 등과 함께 '사무직원'의 범주에 넣는 '변호사 사무원 규칙 개정안'을 마련했다. 급여도 정액 급여만 받고, 성과급이나 수임 알선료 등 일체의 대가를 받지 못하게 했다. 또한 고문 채용 사실을 언론에 기사 형태로 제공하는 것도 광고로 판단해 금지했다. 당시 변협은 "각 법무법인에 고문으로 영입된 전직 고위급 인사들이 자신의 경력을 이용해 사건 유치 등에 나선다는 지적이 있어, 이를 정비하고자 관련 규정을 신설했다"고 말했다.

또한 2005년에도 대한변호사협회는 로펌들마다 "변호사 자격이 없는 고문은 변호사 사무를 보조하는 '사무직원'으로 등록시켜야 한다"는 공문을 발송했다. 그러나 아무도 사무직원으로 등록되지 않았다. 물론 처벌이나 징계를 받은 로펌도 없었다.

그리고 2007년 법무부에서는 변호사 사무직원의 자격, 인원수에 관한 규제를 폐지해 각각의 법률사무소가 자율적으로 사무직원을 채용할 수 있도록 개정안을 만들어 고문 제도에 대한 규제를 아예 없애 버렸다.

고문이 하는 일은 무엇인가? 법무부가 나서서 이들에 대한 규제를 없애 버릴 정도로 이들이 중요한 역할을 하는가? 로펌들은 고위관료 출신의 고문들이 오랫동안 국가 공무원을 하면서 축적한 전문 지식을 활용할 뿐이라고 말하고 있다. 하지만 대한변협도 지적했듯이, 학연과 고시 기수로 끈끈하게

[표 14] 김앤장의 고문 현황

성명	주요 경력
구본영	OECD 대사, 과학기술처 장관
김병일	공정위 부위원장
김순배	금융감독원 신용감독국장(1급)
서동원	공정거래위원회 상임위원(1급)
서영택	건설교통부장관, 국세청장
송광수	검찰총장
신광식	KDI 선임연구위원
윤종규	국민은행 부행장
이주석	서울지방국세청장
이헌재	경제부총리
전형수	서울지방국세청장
전홍렬	재경부
제프리 존스	주한미국상공회의소 회장
최경원	법무부 장관
최명해	국세심판원장
최병철	국세청 국제조세관리관
최수영	국립독성연구원장
한승수	주미대사, 부총리
현홍주	주미대사
황재성	서울지방국세청장

얽혀 있는 공직 사회의 특성을 감안할 때 비공식적인 로비 창구로 활용된다는 비난을 피할 수 없다.

로펌들이 전문성과 종합적인 서비스를 제공한다는 명목으로 고문을 두지만 사실은 사건 수임을 위해 브로커 역할을 한다는 이야기다. 그런 폐해를 없애기 위한 규제를 해야 함에도 불구하고 오히려 규제를 완화하고 폐지하는 것은 법무부가 대형 로펌의 힘에 휘둘린 모습이다.

고문들은 또한 금융기관이나 기업의 사외이사를 맡고 있다. 김앤장의 사람들이 기업의 사외이사로 기업에 포진해 있는 것은 이미 살펴보았다. 또한 이들은 정부의 법령 작업에 참여하거나 정부 산하 각종 위원회 등에 참여하고 있다. 기업의 사외이사나 정부의 위원회에 참가하게 되면 자연스럽게 기업이나 부처의 핵심 정보에 접근할 수 있다. 이것은 곧장 사업의 아이템이 된다. 경제부처(재경부·금감위)나 공정위·금융감독원·국세청 등 법률사무소의 업무 처리와 긴밀히 연관되어 있거나 돈을 다루는 부처 출신이 유독 고문으로 재직하는 경우가 많은 것은 이런 이유이다.

능력의 활용인지 아니면 로비의 통로인지는 고문의 활동 방법이나 각자의 처지에 따라 판단하는 기준이 다를 수 있다. 분명한 사실은 변호사가 아닌 사람이 특정 사건과 관련해 대가를 목적으로 문서 작성이나 중재·대리·청탁·상담 등의 활동을 할 경우 변호사법 위반이 된다는 것이다. 미국 변호사도 우리나라에서 변호사 업무를 할 수 없으므로 사건 관련 활동을 할 수 없다. 그러나 김앤장은 "이들이 변호사를 보조해 활동하는 것이므로 문제가 없다"고 주장한다.

김앤장의 문제점이나 고문의 폐해에 대해 많은 취재를 해 온 『한겨레』는 "김앤장의 힘은 돈보다는 자리에 대한 약속 또는 암시가 더욱 매력적이다. 어떤 고위 공무원한테 김앤장에 있는 전직 장·차관이 기사 딸린 승용차를 타고 나타나 '심심할 때 골프나 치자'고 한다. '너도 김앤장에 갈 수 있다'는 암시를 주는 거다. 그리고 어떤 사안을 부탁하면 들어줄 수밖에 없지 않겠나"라고 말한 정부 부처 산하 기관장의 말을 보도하고 있다. 김앤장의 활동 방식과 인맥 관리 방법 및 힘이 그림처럼 한 눈에 들어오는 말이다.

고문을 영입하는 것이 로펌에서 보편화되고 있지만 아직도 이들의 역할과 급여 정도 및 급여 책정의 기준 등은 여전히 베일 속에 가려져 있다. 그나마 다른 법무법인들은 대표변호사와 파트너변호사와 함께 고문의 명단을 홈페이지에 공개하고 있지만, 김앤장은 명단조차 공개하지 않는다. 고문의 명단을 감추는 행태에서도 김앤장의 비밀주의, 비가시성을 엿볼 수 있다. 가장 최근인 2007년 7월 1일에는 송광수 전 검찰총장이 김앤장의 고문으로 갔다. 윤증현 전 금감위원장도 곧 영입될 예정이라고 한다.

한 가지 분명한 사실은 '공짜 점심은 없다'는 것이다. 최고경영자로 불리는 로펌의 대표가 소속 고문에게 막대한 고문료를 준다면 그만한 이유가 있는 것이고, 투자한 금액 이상으로 뽑아내기에 고문료를 주는 것이다. 다 알면서도 대형 로펌들의 힘이 워낙 강해서 아무도 손을 대지 못하고 있고, 이제는 그나마 있던 규제마저 사라지는 실정이다.

이제 우리는 제프리 존스라는 김앤장의 고문에 대한 이야기를 해 보려 한다. 김앤장의 이야기대로 미국 변호사가 어떤 '보조 활동'을 하는지 살펴보자. 고문 제도가 갖는 문제점과 규제가 필요한 이유를, 설명이 필요 없을 정도로 분명히 알 수 있을 것이다.

파란 눈의 한국인, 제프리 존스 이야기

김앤장의 고문 중 한 명인 제프리 존스에 관련된 이야기는 재미있기도 하고, 중요하기도 하다. 2007년 10월 1일 유회원 론스타코리아 대표에 대한 재판이 있었다. 유회원은 '증권거래법 위반, 특정경제범죄가중처벌 등에 관한 법률 위반(배임), 특정범죄가중처벌 등에 관한 법률 위반(조세), 국회에 증언·감정 등에 관한 법률 위반' 등 무려 네 가지 사안에 대해 기소가 된 사람이다. 지금 이야기하는 재판은 이 중에서 외환카드 주가조작과 관련된 '증권거래법' 위반 사건에 대한 것이다. 이날 법정에서 일어났던 심문 내용을 대화체 그대로 옮겨 본다. 이 글은 투기자본감시센터 홈페이지(www.specwatch.or.kr)에 '재판 방청기'로 올라가 있다.

2007년 10월 1일 오전 10시, 서울지방법원 511호 형사합의 24부(재판장 이경춘 부장판사) 사건번호 2007고합71 재판정. 판사 3인, 검사 2인, 변호사 8인(김앤장 법률사무소의 황정근·이준호·강현중·유국현·오세현·고창현·이병석·정명재 등), 피고 유회원 외 2인, 증인 김앤장 법률사무소 파이낸스(금융)팀장 등이 법정을 가득 메운 가운데 검사의 증인 심문이 시작되었다.

검사 1: 김앤장은 외환은행이 론스타펀드와의 인수 계약이 외자유치라고 사실을 호도하는 홍보를 하였는가?
증인: 모른다.

검사 1: 그 홍보는 외환카드 합병과 관련이 있는 박준 변호사[변양호 재경부 국장 고교 동창], 김도영 변호사, 최형기 변호사가 주도하였나?
증인 : 모른다.

검사 1: 김앤장 고문인 김형민이 작성한 보도가 외환카드 감자설을 유포할 용도로 쓰여진 것을 아는가?

증인 : 모른다.

검사 2: 김앤장은 론스타의 법률 대행으로서 외환은행 인수 후, 수임료로 200만 달러를 받았다고 한다. 그 법률 대행을 맡은 시점은 언제인가? 2002년 하반기인가?
증인 : 아마도 2003년 4월경일 것이다.

검사 2: 그 기간 중, 김앤장은 재경부 등 행정 당국과 관련한 특별한 법률 서비스 제공을 대가로 별도의 계약을 요구한 적이 있는가?
증인 : 아니다.

검사 2: (증거 자료를 제시하면서) 이것은 론스타의 스티븐 리에게 김앤장이 2003년 6월 23일 별도의 계약서 사본을 이메일로 보냈다. 이것을 아는가? 이메일의 형식은 김앤장 서류 양식이 아닌가?
증인 : (들여다보면서) 서류 형식은 맞는데, 모르겠다.

검사 2: 외환은행 인수 같은 큰 계약에는 약 70~80명의 변호사를 동원하여 일을 하고도 약 200만 달러 정도를 수임료로 받는 것으로 알고 있다. 그런데, 당시 김앤장이 론스타에 요구한 금액은 350만 달레[약 35억 웬]에 이른다. 어떤 법률 서비스 때문에 이리도 고가인가? 이것은 시간당의 수당이 아니라, 성공보수를 요구한 것이 아닌가? 그것은 은행법상 금지하는 사모펀드가 은행 인수를 하는 특수성을 감안하여 요구한 금액이 아닌가? 재경부, 금융감독위원회 등 행정 당국에 론스타의 인수 자격 허가를 얻기 위한 대가가 아닌가? 즉, 로비…….
증인 : (황급히 말을 막으며) 아니다. 로비가 아니다. 행정 당국이 요구하는 여러 가지 법률자문에 응하려면 많은 노력이 필요하다. 특히, 인수 자격에 대한 의견서 작성 작업은 까다롭다.

검사 2: 이것은 김앤장이 먼저 요구한 계약이 아닌가?
증인 : 모른다.

검사 2: (증거를 제시하면서) 론스타의 스티븐 리가 제프리 존스에게 그 금액을 낮추어 200만 달러약 20억 원로 역제안을 하고 있다. 이것을 아는가? (증거를 제시하면서) 또, 다시 제프리 존스가 250만 달러약 25억 원로 수정한 금액을 요구한 답변 이메일을 보낸다. 이것도 김앤장 서류가 아닌가?
증인 : 서류는 맞지만 내용은 잘 모른다.

검사 2: 여기서 제프리 존스란 주한미상공회의소 회장인가?
증인 : 그렇다.

검사 2: 제프리 존스는 한국에서 변호사 업무를 할 수 없는 것이 아닌가?
증인 : 변호사 업무가 아니라, 김앤장, 파트너의 의사 결정에 따른 보조 업무이다. 따라서 문제가 될 것이 없다.

검사 2: 파트너는 누구인가?
증인 : 전 주미대사, 현홍주 씨일 것이다.

검사 2: 이메일을 보면, '재경부가 타겟이다'라는 표현이 있는데, 그 의미는 무언가? (증거를 제시하며) 여기, 2003년 7월 8일자로 피고 유회원이 증인과 제프리 존스, 스티븐 리에게 보낸 메일에는 정확히 '로비'라는 표현도 나온다. 재경부를 상대로 로비를 한 것에 대한 대가가 250만 달러약 25억 원가 아닌가?
증인 : 아니다.

검사 2: 론스타가 그 돈을 늦게 주어서 김앤장이 재경부에 들어가는 론스타 측에 법률자문을 고의로 안 해 주었고 그것 때문에 론스타의 불만을 들은 것이 아닌가?

증인 : 아니다.

검사 2 : 2003년 6월 15일, 골프장에서 당시 김진표 경제부총리에게 제프리 존스가 론스타의 스티븐 리를 위해 청탁을 한 사실을 아는가? 또, 같은 시기에 하종선이 재경부의 변양호에게 뇌물을 제공한 것을 아는가? 모두가 같은 시기에 재경부와 정부를 상대로 론스타의 로비가 집중되었다. 그 한 축이 바로 김앤장이고 제프리 존스가 아닌가?

증인 : 모른다.

제프리 존스는 한국인처럼 한국말을 유창하게 구사해 '파란 눈의 한국인'이라고 불리고 있으며, 인상 좋은 사람이다. 1998~2002년 주한미상공회의소 회장을 지냈고, 장학 사업 및 한국의 실직자를 돕는 사업을 하기 위해 암참이 2000년 설립한 자선재단인 '미래의 동반자 재단' 이사장이다. 한국에서 맡고 있는 직책 명함만 50개가 넘고, 두산과 포스코의 사외이사를 맡고 있다. 1980년부터 김앤장에서 일해 온 그는 인수·합병을 담당하고 있으며, 스스로도 "소문난 큰 건은 거의 다 관여했다"고 자랑할 정도다.

2003년에는 외국인 최초로 정부 규제개혁위원회 민간위원으로 위촉되었고, 정부 부처 공무원을 상대로 각종 강연과 강의를 하면서 규제 개혁과 해고 요건 완화 등을 주장하고 규제 완화에 앞장서 왔다. 전경련 자문위원, 제주도 국제자유도시 지원위원회, 중소기업정책 자문위원, 산업자원부 외국인 투자 자문위원, 동북아경제중심추진위원회 위원, 한국관광공사 이사, 서울특별시 외국인 투자 자문위원회 위원, 경영자총협회 고문 등의 직함을 갖고 있다.

이런 능력과 직책을 갖고 있는 그가 김앤장에 소속되어 있으면서 하는 일은? 당연히 로펌이 맡은 사건의 해결을 위해 정부에 로비를 하는 것이다. 또한 로비의 대가로 수임료 이외의 성공보수를 요구하는 협상을 하기도 했다. 앞서 살펴본 심문 자료는 이를 적나라하게 보여 준다. 그 금액도 수임료 200만 달러보다 훨씬 많은 350만 달러를 요구하고 있다. 로비가 아니냐는 검사의 추궁에 김앤장에서 나온 증인은 황급히 말을 가로막고 나섰다. 검찰은 김앤장이 로비를 시도했지만 성공하지 못했다는 이유로 제프리 존스를 처벌하지 않았다. 그러나 앞에서 자세히 보았듯이 외환은행은 자격이 없는 론스타에 불법적으로 팔려나갔다. 이것이 성공한 로비가 아니라면 어떤 것이 성공한 로비란 말인가.

회전문 인사, 공익과 사익의 충돌

앞서 우리는 로펌에 있는 퇴직 공직자가 다시 공직에 돌아갈 수 없거나 그 길이 막혀 있다면 김앤장의 파워가 반감될 것이라고 이야기했다. 이제 로펌에 있던 퇴직 공무원들이 또다시 공직에 들어가는지, 들어간다면 어떤 직책으로 가는지 살펴보자.

'회전문 인사'revolving door라는 말이 있다. 이 말은 민간에 있던 퇴직 공직자가 다시 공직에 취업하는 현상을 가리키는 것으로, 기업을 대변하는 압력 단체가 합법적으로 허용된 미국의 특수한 상황에서 만들어진 전문 용어다. 공직자가 사적 영역과 공적 영역을 번갈아 오가면서, 이전에 몸담은 적이 있는 업계의 이익을 대변하는 로비스트 역할을 하는 것을 말한다.

일본에서는 낙하산 인사라는 뜻의 '아마쿠다리'天下り가 있는데, 회전문 인사와 비슷한 의미로 사용되고 있다. 아마쿠다리는 관청에서 퇴직한 간부들을 민간회사에서 받아들이도록 허용하는 것을 말한다. 실제로 고급 관료들은 퇴직 후 지방자치체, 공단 등의 특수법인, 재단이나 사단 등의 공익 법인, 은행, 그리고 제조업 등 민간 기업에서 간부나 중역으로 재고용되고 있다. 그 정도는 각 성·청의 실질적인 세력 판도와 밀접한 관계를 갖는다. 재고용된 그들을 통해서 관청과 민간 기업은 긴밀하게 이어지게 된다. 정보교환과 네트워크 형성이라는 면에서 긍정적인 측면을 내세우기도 하지만, 그와 동시에 훗날을 대비한 봐주기 식의 행정과 부적절한 인맥 형성이라는 부정적 측면이 있다. 대장성(현 재무성)과 은행의 관계가 대표적인 예다.

미국의 대표적인 회전문 인사는 1989~93년 미 국방부 장관이었던 딕 체니의 경우다. 1995년에 헬리버튼 최고경영자를 거쳐, 2001년부터 미국 부통령으로 재직 중이다. 헬리버튼은 이라크전 이후, 이라크 재건 사업 프로젝트를 맡아서 엄청난 이익을 챙기고 있다. 클린턴 행정부 시절 재무장관이었던 로버트 루빈의 경우도 마찬가지다. 골드만삭스 출신인 로버트 루빈은 미 재무장관을 거쳐 현재는 씨티그룹 회장을 맡고 있다.

한국에서는 낙하산 인사라는 용어가 더 자주 사용되는데, 이것은 공무원들이 금융기관이나 공기업 및 정부 산하 기관에 취업하는 경우를 말한다. 그러나 우리가 여기서 회전문 인사라는 용어를 말하고 있는 것은, 이들이 단순히 취업을 하는 데 그치지 않고 다시 공직에 복귀하는 양상이 있기 때문이다. 대표적인 회전문 인사는 이헌재 전 부총리의 경우다. 그는 1969

년 재무부 이재국에서 5급 공무원을 시작한 후 재정금융심의관으로 있다가 1979년 9월 퇴직했다. 퇴직 후 대우반도체와 기업금융정보센터를 거쳐 1998년 3월부터 초대 금융감독위원회 위원장을 지냈다. 그후 2000년 1월부터 2000년 8월까지 재정경제부 장관을 하다가 퇴직했으나, 다시 2004년 2월부터 2005년 3월까지 부총리 겸 재정경제부 장관을 지냈다. 물론 그 사이 공백 기간은 김앤장에서 고문으로 있었다. 그는 공직과 로펌의 회전문을 거치면서 '이헌재 사단'을 만들었다는 평가를 듣고 있다.

한덕수 국무총리도 대표적인 회전문 인사 중 하나다. 1970년 행정고시에 합격한 이후 2002년 7월 대통령 비서실 경제수석을 마지막으로 퇴직했다. 퇴직 후 김앤장 고문으로 재직하다 산업연구원 원장을 거쳐 2004년 2월 국무총리 국무조정실장에 다시 취임했다. 2005년 3월부터 2006년 7월까지 부총리를 지냈다. 그 뒤 민간인 신분으로 한미 FTA체결지원단장을 하다가 2007년 4월 국무총리에 취임했다. 한편, 한 총리는 2002년 11월부터 2003년 7월까지 8개월간 김앤장의 고문으로 일하면서 매월 1,700만 원을 받았는데, 이 시기가 론스타의 외환은행 인수 시기와 겹친다. 따라서 당시 김앤장에서의 역할에 대해 국회에서 논란이 있었다.

김앤장 근무 경험이 있는 정부의 또 다른 고위직 인사로는 금감원의 전홍렬 부원장이 있다. 그는 재경부에서 퇴직 후 1997년부터 2005년까지 오랫동안 김앤장의 고문으로 일하다가 공직에 다시 복귀했다. 박홍찬의 경우는 금감원에서 퇴직하고 김앤장에 갔다가 다시 금감원 팀장으로 입사한 사례다. 재경부 증권제도과 정남성 과장도 김앤장의 전문위원 출신이다.

이렇게 공직에 취임하는 것은 그 자체로도 대단한 일이지만 또 다른 효과를 낳기도 한다. 그것은 공직을 떠나더라도 다시 돌아올 수 있다는 암시다. 잠시 공직을 떠났다가 언제라도 돌아올 수 있고, 직급도 상위직에 오를 수 있다면 공직사회에서 이보다 강력한 것은 없다. 로펌에서 근무하던 사람이 나에 대한 인사권을 가진 장관으로 언제든지 부임해 올 수 있다고 생각해 보라. 로펌의 비위를 거슬러서 정책을 추진할 경우, 담당자들이 자신이 받을 불이익을 생각하지 않을 수 없는 것이다. 또한 이들이 정부 부처로 재취업한 경우 재경부와 금감원, 공정위 등 경제 권력을 가진 부처에 집중되어 있다는 사실 역시 김앤장의 힘과 위상을 보여 준다.

회전문 인사가 가지는 공익과 사익의 충돌 가능성을 잘 보여 주는 사례를 하나 들어 보자. 2007년 8월 29일자로 공정위 심결지원 2팀장에 임명된 박익수 변호사의 사례다. 그는 임용 직전까지 김앤장에서 공정위를 상대로 소송을 진행한 변호사였다. 당시 김앤장은 공정위를 상대로 1,000억 원대의 소송을 진행하고 있었다. 박 팀장이 김앤장에서 담당한 사건은 총 11건으로 이 중에서 3건은 종결되고, 나머지 8건은 재판이 진행 중이었다. 박 변호사는 공정위 팀장으로 임명되자 8월 28일자로 법원에 변호사 사임계를 제출했다.

공정위 심결지원팀은 공정위 상정 안건의 심사 보고서를 작성하고 이의 신청을 심사하며, 재결서•를 작성하는 곳이다. 다시 말해 공정위가 담당한 각종 심결의 법리적 얼개를 짜는 역할을 하는 담당 부서다. 그런데 얼마 전까지 이곳을 상대로 소송을 수행하던 사람이 공정위 팀장으로 임명된 것이다. 현재도 소송이 8건이나 진행 중인 상황에서 이것이 영향을 미치지 않을 수 있을까. 하루아침에 처지가 바뀐 셈이다. 나아가 공정위와 김앤장의 유

• **재결서** 행정 관청이 행정 관련 법률 관계에 관한 분쟁에 대해 판정한 내용을 적은 글.

착 의혹은 기우인가.

회전문 현상을 이용하는 인사들의 기본 동기는 공적 경험을 기업에 활용하거나 공공성을 추구하는 것이 아니라, 사적 이익을 추구하는 데 있다. 회전문을 이용하는 인사는 기업에 관해 우호적인 결정을 내린다. 이른바 개혁과 규제 완화라는 이름으로 시행되는 정책과 법률제도가 그것이다. 금융경제연구소의 홍기빈 박사는 "경제 관료들은 보통 사람들이 알아들을 수 없는 각종 경제학 개념과 수치와 통계로 무장하고 중요한 사회적 사안들을 모두 경제적 합리성의 문제로 바꿔 버린다. 이들은 국가 개조에 맞먹는 결과를 가져올 한·미 자유무역협정이나 금융허브 정책●을 추진하면서 국민적 동의나 추인을 받은 적이 없다"고 일갈했다.

한국 사회에서 관료들의 힘은 대단하다. 국가 주도의 경제 개발 정책이 추진되면서 관료들은 전문성을 가지고 국민 위에서 지도하는 존재가 되었고, 정부 정책의 전 과정을 주도할 수 있는 독점적 지위를 확보했다. 이런 관료들의 각종 권한 행사와 정책 집행은 '합리성'과 '공익'이라는 명분하에 이뤄지지만 이 공익의 실체에 대해 제대로 논의된 적은 없다.

정책 결정도 중요하지만 의제 설정도 중요하다. 무엇이 중요한 정책으로 다뤄질 것인지에 대한 판단이 정부 관료에 의해 독점되고 있다. 앞서 이야기한 한미자유무역협정이나 금융허브 정책이 이런 경우다. 여기에 일반 국민들이 참여하는 것은 각종 위원회의 자문위원이나 지원단 정도다. 국회는 국민의 대표 기관이지만 정부 정책의 의제 설정 단계에서 개입하지 못하고 있다.

● **금융허브(Financial Hub) 정책** 금융 산업을 차세대 성장 산업으로 규정하고 외국 금융기관 유치, 규제 감독 시스템 혁신 등을 통해 채권·주식·외환 등 금융 거래의 중개와 결제가 대량으로 이뤄지는 아시아의 금융 중심 지역을 만들겠다는 정책.

이것만이 아니다. 관료들은 국회 입법에도 영향을 미친다. 입법 활동은 국회의 고유 권한이지만 정부는 법률안을 제출할 수 있고, 때로는 대통령령이나 부령을 만드는 일을 한다.

정부 정책은 국민이 선출한 공직자에 의해 영향을 받기도 한다. 대통령이 바뀌면 정책이 바뀌는 것은 이 때문이다. 그런데 관료들은 단순한 정책의 집행자가 아니라 적극적으로 정책을 형성하기도 한다. 이런 과정에서 공익적 가치만이 아니라 관료들의 사적 이익이나 또는 사적 영역의 이익들이 비공식적으로 추구되고 있다.

이들은 자신들이 추구하는 사적 이익을 국익이라는 이름으로 정당화해 나간다. 김앤장 법률사무소가 이들 관료들을 영입하고 관료들은 높은 급여를 좇아서 법률회사에 간다면, 이들이 추구하는 공익은 법률회사를 위한 것이 되고, 결국 주요 고객인 우리 사회 상층의 이해를 대변하는 구조가 될 수밖에 없다.

정부의 각종 위원회에 참여하는 것은 정책의 방향을 결정짓는 과정에 참가하는 것이다. 이 과정에서 축적한 경험과 지식을 바탕으로 법률 서비스를 제공하는 것이 과연 올바른가? 김앤장이 정부의 법률 제·개정 작업에 참여한 사례와 자문위원에 대해 알아보자.

법령 작업 참여 및 자문위원

천정배 법무부 장관 시절 이야기다. 법무부 내에 제도 개선을 위해 위원회를 하나 만들었다. 그 위원회에 누가 참가할 것인지를 두고 법무부 간부회의가 있었다. 법무부 간부라야 검찰의 고위직들이다. 이들이 회의하면서 끝까지 주장한 것이 있었다. "일등 로펌 김앤장을 참석시켜야 한다"는 것이었다. 그 위원회의 목적은 김앤장과 같은 변칙적인 형태의 로펌을 규제하기위한 것이었다. 이런 경우에 제대로 된 정책이 나올 수 있겠는가.

김앤장이 갖는 힘은, 사후적으로 고위관료를 고문으로 위촉하거나 고위판·검사들을 영입하는 데서 나오는 것일 수도 있지만, 사전적으로는 정부의 각종 위원회에 김앤장 변호사가 참석함으로써 만들어진다. 또한 정부의각종 법률 제정과 개정에 참가함으로써 나오기도 한다.

김앤장 스스로도 "법률의 작성 및 개정에 참여하여, 그 과정에서 축적된 독보적인 경험 및 지식을 바탕으로 성공적인 법률 서비스를 제공하고 있다"고 말하고 있다. 그러나 김앤장이 어떤 법률의 제정과 개정에 관여했는지에 관한 정보는 많지 않다. 금융과 재정, 세무에 대한 법률제출권을 갖는재경부의 도움이 필요한데, 재경부는 구체적인 자료를 공개하지 않는다. 각국실별로 일일이 자료를 요청해도 분명한 대답을 구하기 어렵다.

그나마 김앤장이 스스로 자랑할 만한 내용이라며 홈페이지에 수록한것을 바탕으로 파악한 건은 2002년 7월 1일 〈제조물책임법〉, 1998년 〈자산유동화에 관한 법률〉, 개정 〈증권거래법〉, 〈간접투자자산 운용업법〉 등이다. 성공적인 법률 서비스는 소송에서 승리하는 것을 의미하는데, 승리하기위해 법적 허점을 교묘히 파고들거나 정부의 법률 제정이나 행정 행위에 자문하면서 얻은 정보로 법의 규제를 회피했다면 문제가 있다. 이것이 바로내부 정보 활용이고 불법이기 때문이다.

[표 15] 정부 위원회 김앤장 주요 인사

성 명	정부 위원회 명단	재임 기간
고창현	금융감독원 금융공학상품자문위원	1999~현재
김영무	금융감독원 금융분쟁조정위원	1991~현재
박상열	환경부 고문변호사	2000~현재
박성엽	공정위 경쟁정책자문위원	2001~현재
박 준	금융감독원 금융분쟁조정위원	1999~ 현재
신재현	보건복지부 식품위생심의위원회	2000~ 현재
오연균	건설교통부 민간투자심의위원	1995~현재
전강석	관세청 관세심사위원회	1996~ 현재
홍동표	공정위 경쟁정책자문위원	2003~ 현재
정병석	법무부 국제거래법연구단 연구위원	2002~ 현재

자료 : 김앤장 홈페이지.

김앤장은 정부의 각종 위원회에 자문위원 또는 지원단으로 참여하고 있다. 그러나 이 또한 어느 정도의 인사가 참여하고 있는지 제대로 밝혀진 것이 없다. 정부의 위원회에 참여한 인사가 자신의 로펌 업무와 이해가 충돌할 경우 이것을 어떻게 해소하는지, 이해상충을 방지할 방법을 강구하기 위해서라도 우선적으로 실태 파악이 필요하다. 일반인의 접근이 막힌 김앤장 홈페이지를 통해 알아본 정부위원회 참여 명단은 아래에서 보듯 10명이다.

이렇게 법률회사의 이익과 공익이 충돌하는 경우나 관료들의 사적 이익 추구는 정당과 시민사회에 의해 통제되어야 하지만 관료사회의 폐쇄성과 독점성 때문에 현실적으로 어려움이 많다. 이에 따라 정당에 의한 통제 방안, 정보의 공유와 공개, 의사 결정 과정에서의 참여 등 다양한 대책이 강구되고 있다. 그러나 가장 어려운 점은 관료들의 이런 행위가 형식적인 정당성을 갖추는 경우다.

앞에서 보는 바와 같이 각종 위원회나 자문 등의 과정을 거치고 어느 정도 절차적인 정당성과 형식적 합법성을 갖춘다면 제재는 쉽지 않다. 명백히 불법이면 제재나 통제가 가능하겠지만, 형식적인 절차를 갖추고 있을 때 이를 문제 삼기 어렵다.

이제 관료들의 행위에 절차적 정당성을 부여해 주고, 나아가 사법 절차의 한 축을 담당하고 있는 변호사들을 살펴보자. 이들 중 상당수는 전직 판·검사들과 대법관 출신들이고, 전관예우 논란을 불러오는 장본인들이다. 한상희 건국대 법대 교수는 "사회적 정치적 영향력이 급증하고 있는 로펌이 전관변호사에게 의존하고자 하는 현실은 국가권력을 사유화하고자 하는 것이다"라고 비판하고 있다. 국가권력의 사유화는 분명 중대한 문제이다.

김앤장에 근무하는 퇴직 판·검사들

우리는 앞에서 대법관들과 판·검사들이 대형 로펌으로 몰려가는 것이 고액의 보수 때문이라는 사실을 살펴보았다. 그리고 이들을 신흥 귀족이라고 이름 붙였다. 법률 기술자로 전락했다는 비판도 했다. 언론도 이를 두고 명예가 억대 월급 앞에 무릎을 꿇었다고 보도하고 있다. 그런데 고액 보수라는 하나의 요인만으로 이런 현상이 생기지는 않는다. 이를 가능하게 만드는 제도적 조건이 있기 마련이다.

앞서 인용했던 참여연대 『사법감시』 제28호 자료에서, 변호사 수 20명

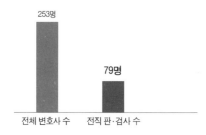
[그림 6] 김앤장에 소속된 전직 판·검사

253명

79명

전체 변호사 수   전직 판·검사 수

이상인 중대형 로펌 16개를 대상으로 지난 5년간(2001년 7월~2006년 8월) 퇴직 판·검사들의 영입 실태와 2006년 10월 현재 로펌에 소속되어 있는 판·검사 현황을 조사한 내용을 보자. 이에 따르면 16개 중대형 로펌에 소속된 판·검사는 모두 347명으로 이 중 퇴직 판사가 239명, 검사가 108명이다. 그리고 이런 판·검사 출신 영입 경쟁은 2005년부터 두드러진 것으로 나타났다. 2002년 22명, 2003년 20명, 2004년 16명이었으나, 2005년 44명으로 두 배 이상 증가했고 2006년에는 8월까지만 48명이 줄줄이 대형 로펌으로 자리를 옮겼다.

여기서 김앤장은 퇴직 판·검사들의 영입 경쟁을 주도했다. 지난 5년간 16개 로펌에서 161명의 전직 판·검사를 영입했는데 김앤장이 32명으로 5분의 1을 차지한다. 또한 소속된 전직 판·검사의 숫자도 79명으로 단연 업계 1위이며, 이는 전체 변호사 253명 중 3분의 1에 이르는 숫자다.

김앤장 법률사무소의 퇴직 판·검사 영입 실태를 살펴보자. 김앤장은 법관 출신을 18명 영입했는데, 판사급은 13명, 지법 부장급을 5명 영입했다.

05 | 권력을 가진 사람들은 보이지 않게 연대한다

고법 부장급 이상 고위 법관은 없었다. 검사 출신은 14명을 영입했는데, 검사장급 이상 2명, 고등검사급 6명, 일반검사급 6명 등 고위 검사 출신보다는 일반 검사 출신자의 영입 비중이 높았다. 이는 이제 김앤장의 경우 명성과 대표변호사들의 파워로 볼 때, 고위급의 영입 필요성이 크지 않으며 오히려 중간 허리 역할을 하는 판·검사의 확충으로 역량을 보강하려는 전략으로 볼 수 있다. 최고위직인 검찰총장의 경우 너무 잘 알려져 있어 오히려 영입 대상에서 제외되기도 한다.

판·검사들이 퇴직 후 로펌에 취업하는 데까지 걸리는 기간은 어느 정도일까? 지난 5년간 16개 중대형 로펌이 영입한 퇴직 후 3년 이내의 판·검사 161명 중에서 142명이 퇴직한 지 '3개월 이내'에 영입되어 88.2%를 차지했다. 퇴직한 지 3개월 이내에 로펌에 취직한다는 것은 현직에 있을 때 이미 취업을 고민하고 협의했다는 것을 의미한다. 이는 대다수 판·검사들이 법원과 검찰에서 근무할 당시에 이미 특정 로펌으로의 취업을 결정하거나 협의하고 있다는 것을 보여 준다. 또한 이들이 로펌에 간다는 것은 직전까지 자신들을 대법관이나 법원장·부장판사·검사장·부장검사 등으로 '모시던' 후배 앞에 변호사로 나타난다는 것이다. 이들이 변호사가 되어 법정이나 검사실에 나타났을 때, 무언의 압력을 느끼지 않을 판사와 검사가 누가 있겠는가? 과연 제대로 된 판결을 기대할 수 있겠는가?

김앤장 법률사무소에는 79명의 전직 판·검사들이 일하고 있는데, 이렇게 보면 이 법률회사에 인력을 공급하는 최대의 원천은 법원과 검찰이라는 것을 알 수 있다. 국가가 개인회사에 인력을 공급하는 것이다. 이들은 형사 사건 분야에서 "법원과 검찰에서 10년 이상 실무 경험을 가진 분들이 포진

[표 16] 김앤장 법률사무소에 소속된 퇴직 판·검사 현황 (2006년 10월 현재)

직급	이름	최종 직책	직급	이름	최종 직책
검사장	김회선	법무부 기획관리실장	대법관	이임수	대법관
	윤동민	대검찰청 보호국장	지법 부장	최정수	수원지법 성남지원장
	이정수	대검 차장		김상근	서울동부지법 부장판사
	최경원	법무부 차관		박순성	서울서부지법 부장판사
고등검사	김종국	청주지검 부장검사		백창훈	사법연수원 교수
	박정규	서울동부지청 부장검사		정병문	수원지법 부장판사
	오세현	서울지검 부장검사		주한일	청주지법 부장판사
	유국현	대구고검 검사		한상호	수원지법 부장판사
	이승규	부산고검 검사		홍석범	사법연수원 교수
	조응천	수원지검 부장검사		황정근	대법원 재판연구관
	최찬묵	서울지검 부장검사	판사급	박철희	서울북부지원 판사
	현홍주	서울고검 검사		백제흠	서울지법 판사
검사급	구태언	대전지검 검사		변동열	법원도서관 조사심의관
	박성수	서울 서부지청 검사		서정걸	서울지법 판사
	박태식	인천지검 검사		성창익	서울남부지원 판사
	이승호	부산지검 검사		신필종	서울지법 판사
	임재동	서울동부지검 검사		오관석	서울고법 판사
	조준형	인천지검 검사		오동석	수원지법 판사
	최관수	서울중앙지검 검사		유용호	서울행정법원 판사
	최성우	서울서부지청 부부장		윤병철	서울지법 판사
	허용행	대구지검 검사		윤치삼	서울지법 판사
	김봉주	서울 중앙지검 검사		이능규	서울지법 판사
판사급	강상진	서울지법 판사		이백규	서울고법 판사
	강현중	서울지법 판사		이상우	서울북부지법 판사
	권오창	서울고법 판사		이욱래	법원도서관 조사심의관
	권은민	서울행정법원 판사		이재후	대법원 재판연구관
	김삼범	서울북부지법 판사		이준호	서울북부지원 판사
	김성진	서울행정법원 판사		이지수	충주지원 판사
	김진욱	서울지법 판사		이철원	서울남부지법 판사
	김진환	서울지법 판사		이현철	서울지법 판사
	김철만	서울지법 판사		장수길	서울지법 판사
	김형두	서울지법 판사		전명호	서울남부 지원 판사
	노경식	서울지법 판사		정교화	서울행정법원 판사
	박성하	홍성지원 판사		정명재	서울북부지원 판사
	박영훈	서울지법 판사		정여순	서울지법 판사
	박은영	서울서부지원 판사		정종철	서울지법 판사
	박익수	의정부지원 판사		차선희	서울지법 판사
	박정삼	서울중앙지법 판사		허영범	서울북부지원 판사
	박종욱	의정부지원 판사		홍용호	서울지법 판사

자료 : 참여연대.

하여 더 바랄 수 없이 막강한 구성원을 갖추고 있으며, 경제사건 특수부 사건 수사 경력[기업 관련 형사소송]을 가진 변호사를 주축으로 변호인단을 구성하고 있어 막강 파워를 자랑하고 있다"는 홍보의 근거가 된다.

실제 형사사건을 상담할 때 통상의 로펌은 "이럴 수도 있고, 또 저럴 수도 있습니다"는 식으로 조언을 한다. 왜냐하면 변호사는 재판을 하는 판사가 아니기 때문이다. 그러나 김앤장의 경우는 7~8명의 변호사가 들어와서 "걱정하지 마십시오, 그 판사(검사)는 내가 데리고 있던 판사(검사)입니다"라고 하든지 아니면 "그 친구, 저랑 아주 친하고 같이 근무했습니다"라는 식으로 상담한다. 물론 자신감을 보여서 고객을 안심시키는 행동이겠지만, 김앤장의 이런 언행은 다른 로펌에서는 하지 않는 독특한 행태다.

그 자신감이 어디서 나올까? 바로 최대 규모의 전직 판·검사들이 기수별로 모두 근무하고, 고시 동기나 연수원 동기 또는 같은 법원이나 검찰에서 상하 관계나 동료로 근무했던 촘촘한 그물망에서 나온다. 그리고 그것은 김앤장을 찾는 고객들도 어느 정도 고개를 끄떡이게 만드는 요소이기도 하다.

이렇게 형성된 이들의 능력과 파워가 어디에 쓰이고 있는지 알아보자. 앞에서 이미 살펴본 재벌 총수의 형사재판이나 정부의 공적 영역이나 기업 인수·합병은 제외하고 이야기할 것이다.

관료-투기자본-법률 전문가의 삼각 동맹

얼마 전인 2007년 11월 12일 서울대 사회발전연구소에서 우리나라 국민들에 대한 의식 변화를 조사한 적이 있다. "IMF 10년, 한국 사회 어떻게 변했나"라는 조사에서 사회적 성공의 조건으로 모든 계층이 돈을 가장 중요한 요인으로 꼽았다. 신자유주의 10년 동안 국민들의 의식이 엄청나게 변했다는 것을 알 수 있다.

오늘날은 저축의 시대가 아니라 투자의 시대라고 한다. 그 투자의 시대를 열어 제친 주역은 펀드라고 불리는 투기자본이었다. 한때 우리나라에서는 재무적 투자자와 전략적 투자자라는 용어를 사용한 적이 있다. 재무적 투자자란 단기적인 자본 차익(투자 수익)을 노리고 들어오는 투자자로 헤지펀드나 사모펀드, 뮤추얼펀드를 일컫는 용어였다. 반면 전략적 투자자란 은행 등 금융기관이 시너지 목적으로 투자하는 장기투자자를 의미한다.

투기자본은 '외국 자본'과 종종 동일시된다. 투기자본이라 불리는 수많은 자본들이 해외에 본거지를 두고 들어왔기 때문에, 외국 자본과 투기자본이 동일시되는 현상이 나타났다. 그렇지만 외국 자본이 투기자본이고 국내 자본이 투기적이지 않다고 보는 것은 잘못이다. 국내의 투기자본은 자본의 크기가 작기 때문에 문제가 크게 부각되지 않을 뿐이지 폐해나 행태는 많이 닮았다.

금융감독원 통계에 따르면 우리나라에서 2007년 1월 현재 등록된 사모펀드 규모는 28개 펀드에 5조 8,000억 원에 달한다. 2007년 7월 현재 펀드 계좌수는 1,600만 개를 넘어섰다. 1가구당 평균 1개의 펀드에 가입되어 있다. 또한 국민연금 및 퇴직연금이 급성장하고, 간접 투자가 활성화되면서 뮤추얼펀드 및 사모펀드 시장이 확대될 전망이며, 연기금들의 수익률 제고를 위해 투자 수단을 다양화하는 추세다. 이를 위해 헤지펀드나 사모펀드 등에 위탁하는 추세가 늘고 있다. 정부도 헤지펀드의 활성화에 나섰다.

금융기관도 수익성 제고를 위해 헤지펀드나 사모펀드에 투자하는데 계속해서 그 금액이 증가하고 있다. 그러다 보니, 전략적 투자자도 점점 재무적 투자자의 형태를 닮아가게 되었고, 결국은 재무적 투자의 비중이 확대되었다. 이것은 투기자본이라고 불리는 자본이 본래 정해져 있는 것만이 아니라는 점, 규제나 감시의 정도가 약해지면 얼마든지 투기자본으로 변모할 수 있다는 것을 보여 준다.

이렇게 축적된 투기자본은 더 많은 수익률을 갈구한다. 모든 지표가 수익률로 환원된다. 수익률이 높으면 유능하다고 인정을 받고 투자 수익의 20~30%에 달하는 어마어마한 금액을 펀드 운용 수익으로 가질 수 있다. 이를 위해 갖가지 방법이 동원된다. 심지어 경제 관료와 사회의 엘리트 집단(변호사·회계사 등)과 결탁해 비공식적 의사 결정을 만들어 낸다. 나아가 정부의 공식 의사 결정 기구를 통해 형식적 정당성을 갖추려고 노력한다. 이 과정에서 은행이나 회사의 주주총회, 나아가 금융감독위원회·정보통신부 등 정부의 승인은 무력화되거나 들러리로 전락한다. 정부 관료와 투기자본, 그리고 사회 엘리트의 '삼각 동맹'은 이런 식으로 구체화되는 것이다.

이런 투기자본의 행태와 폐해를 가장 극적으로 보여 주는 사례가 세 번에 걸쳐 있었던 국내 은행의 해외매각이다. 이 사례들은 한결같이 투기자본들이 자신의 이익을 위해 어떻게 로펌을 선정하고 거래를 성공시키는지 잘 보여 준다. 이들은 한국에서 김앤장을 선임했는데, 단순한 법률 서비스뿐만 아니라 로펌이 가지고 있는 막강한 인맥을 활용할 수 있기 때문이었다. 김앤장은 거래의 성공을 통해 막대한 수임료를 챙길 수 있고, 자신들의 국제적 명성을 유지할 수 있기 때문에 적극적으로 참여한다. 관료들은 자신이 관직에 있을 때는 유능하다는 평가를 받고, 퇴직 이후에도 안정된 자리를 보장받을 수 있기 때문에 결탁한다. 이런 '부정과 부패'를 규명하기 위한 활동은 '외국 자본에 대한 공격'이나 '편협한 민족주의'로 매도당하거나 심지어 '정서법'culture law 으로 호도되기도 한다.

사모펀드나 헤지펀드는 거물급 퇴직 관료를 '얼굴마담'으로 영입하기도 한다. 목적은 '규제 완화와 로비'다. 또한 이들을 내세우면 '펀딩', 즉 돈을 끌어 모으는 것에도 유리하기 때문이다. 결국, 퇴직 관료는 '투기자본의 방패'로 전락하는 것이다. 이렇게 하여 투기자본과 관료, 퇴직 엘리트 집단(전직 관료 및 로펌의 변호사와 고문 등)의 삼각 동맹은 더욱 공고해지는 것이다. 일부 관료들은 직접 사모펀드를 설립하거나 인수·합병을 주관하는 투자자문사 또는 구조조정 회사를 운영하기도 한다.●

헤지펀드나 사모펀드 등 투기자본이라 불리는 펀드들이 정재계 인사를 영입해 로비에 활용하는 것은 일반인의 상상을 초월하는 일이다. 영국의 센토러스 캐피탈●은 전 스페인 총리와 전 영국 재무장관을 영입했다. 로렌스 서머스● 전 미 재무장관도 헤지펀드 사장이다. 블랙스톤에는 폴 오닐 전 미국 재무부 장관이 2003년부터 고문으로 활동하고 있으며, 브라이언 멀로니

● 경북 구미에 있는 오리온전기는 2005년 10월 30일 청산되었다. 오리온전기의 인수·합병 주관사는 KDB 파트너스이다. KDB & PARTNERS(K&P)가 정식 명칭이고, 국내의 구조조정 전문회사(CRC)이며, 사장은 우병익이다. 그는 강경식 전 경제부총리의 비서관과 재경부 은행제도과장을 거쳐 2000년 5월 KDB 론스타의 사장이 되었다. KDB 론스타는 론스타펀드와 산업은행이 각각 35억 원씩 50대 50으로 합작투자해서 2000년 5월 만든 기업 구조조정 전문회사이다. 론스타는 2003년 12월 31일 지분을 전부 매각했다. 그리고 그 지분을 바로 우병익 사장이 사들여서 국내 구조조정 전문회사를 만든 것이다. 그는 KDB 파트너스를 만들 당시 "한국판 론스타를 한번 만들어 보고 싶습니다"라고 이야기했다. 그리고 K&P의 컨소시엄을 구성 할 때도 직원 20명을 동참시켰다. "앞으로 론스타처럼 국제적인 큰손 역할을 할 수 있는 '한국의 론스타'를 만들고 싶습니다. 이익만을 추구하는 기업이 아니라 명예와 가치를 함께 추구하는 기업 말입니다. 그게 제 꿈입니다." 우병익 K&P 사장이 인터뷰에서 한 말이다. 그러나 오리온전기는 투자 유치 6개월 만에 청산되었다.

전 캐나다 총리는 이사이다.

칼라일그룹에는 조지 H. W. 부시 전 미국 대통령과 제임스 베이커 전 국무장관을 고용하고 있다. 존 스노 전 미국 재무장관은 사모펀드 서버러스 회장인데, 이 펀드는 크라이슬러 자동차를 인수하기도 했다. 댄 퀘일 전 미국 부통령은 이 업체 국제 투자 부분 회장이다. 매들린 올브라이트 전 국무장관은 아예 올브라이트캐피탈매니지먼트라는 헤지펀드를 만들었다.

우리나라에서도 이런 현상이 생겨나고 있다. 칼라일 아시아 대표를 맡고 있다 MBK파트너스를 만든 김병주는 박태준 전 총리의 사위다. 칸서스자산운용의 김영재 회장은 금감위 대변인 출신인데, 이헌재 전 부총리를 존경해서 자신의 이름마저 '제'에서 '재'로 바꾼 사람이다. 보고펀드의 변양호 대표는 재경부 금융정책국장 출신이다. 인베스투스글로벌 회장인 오호수는 증권업협회장 출신이다.

정부의 관료 특히 경제 관료들은 전문성을 내세우면서 신자유주의 시대에 아무도 통제할 수 없는 거대 권력이 되었다. 이들은 앞장서서 신자유주의를 옹호한다. "신자유주의는 우리 시대에 일종의 종교"라는 말이 나올 정도다. 이들과 거대 자본과의 우호적 관계 또는 결탁은 사적 이익과 더불어 신자유주의에 대한 강한 확신에서 나온다.

우리가 지금까지 살펴본 바로는 김앤장과 투기자본은 거의 동반자 관계를 구축하고 있었다. 김앤장은 법률 서비스를 앞세워 투기자본의 이익을 극대화하는 데 일조하고 있다. 관료들은 퇴직 후 김앤장 법률사무소에 취업하

● **센토러스 캐피탈**(Centaurus Capital) 운용 규모 45억 달러(약 4조 5,000억 원)의 헤지펀드로 1996년부터 2004년까지 스페인 총리를 역임한 호세 마리아 아즈나르와 1993년에서 1997년까지 영국 재무장관을 역임한 켄 클라크 등으로 자문위원회를 만들었다.
● **로렌스 서머스**(Lawrence Summers) 1997년 IMF 외환위기 당시 IMF 구제금융협상 패키지를 디자인한 인물이고, 당시에는 로버트 루빈 장관 밑에서 부장관을 맡고 있었다.

면서 이를 뒷받침하고 있다. 의뢰인을 위해 일한다는 명분을 내세우지만, 판·검사와 고위공직자 출신의 이들이 공직 생활에서 배운 자신의 전문성을 투기자본으로부터의 고액의 수수료와 맞바꾸는 것이다. 투기자본은 공공성에 대한 공격과 노동자에 대한 해고와 구조조정, 비정규직 확산과 저임금을 통해 수익을 창출하는 것이니 만큼, 이들이 받는 엄청난 보수는 결국 비정규직과 해고자, 공공성 파괴로 인한 대가인 셈이다.

연수원 동기 7기생과 권력 함수

갑자기 왜 연수원 동기생 이야기인가? 그렇게 뚱딴지같은 이야기는 아니다. 우리는 지금까지 관료와 법률 엘리트들이 투기자본의 이익을 위해 보이지 않게 연대하면서 기능하는 것을 알아보았다. 그리고 이를 철의 삼각 동맹이라고도 불렀다. 그런데 관료들의 정점은 대통령이다. 법률가들이 관료의 최정점인 권력의 핵심과는 어떻게 상호 작용할까.

연수원 동기생 7기는 1975년에 치러진 제17회 사법시험에 합격한 58명과 사시 16회 합격자 2명을 합쳐 60명을 말한다. 1977년 연수원을 마친 후 이들은 재야든 법조든 핵심적인 역할을 수행하고 있다. 특히, 이들은 노무현 대통령과 연수원을 함께 다녔기 때문에 참여정부 출범과 함께 큰 관심을 모았다.

사법시험 연수원 7기생 중에서도 '8인회'라 불리는 모임이 있다. 8인회란 노 대통령과 그의 사법시험 동기들 가운데 특별히 가깝게 지내는 7명을

[표 17] 연수원 7기생 주요 인사

성 명	현재 직책	주요 경력	비 고
강보현	법무법인 화우 대표변호사	-	중앙선거관리위원 내정 (2007년 12월 28일)
김능환	대법원 대법관	서울지방법원 법원장	2006년 7월 11일 취임
김병재	법무법인 광장 대표변호사	사법연수원 교수	2005년 3월 취임
김종대	헌법재판소 재판관	창원지방법원장	2006년 9월 20일 취임
서상홍	-	헌법재판소 사무처장	2007년 3월 퇴임
신희택	서울대 교수	김앤장 변호사	외교통상부 다자통상 분야 자문위원
안대희	대법원 대법관	서울고검장	2006년 7월 11일 취임
양영준	김앤장 변호사	통상산업부 반도체침심의조정위원	과학기술처 저작권심의조정위원(현재)
이종백	국가청렴위원장	서울고검장	2007년 8월 9일 취임
이종왕	-	대검 수사기획관, 김앤장, 삼성 법무실장	2007년 11월 삼성 퇴임
임승관	-	대검차장	2007년 2월 퇴임, 변호사
장용국	법무법인 충정 대표변호사	서울지방법원 부장판사	유회원 변호인
전효숙	헌법재판소 재판관	헌법재판소 재판관	2003년 8월 26일 취임
정경택	김앤장 변호사	-	기업 인수·합병, 공정거래법 전문
정상명	-	검찰총장	2007년 11월 퇴임
조대현	헌법재판소 재판관	법무법인 화우	2005년 7월 11일

합쳐서 부르는 말이다. 같은 반의 친한 사이었던 8인회 가운데 조대현 헌재 재판관, 김종대 헌재 재판관, 정상명 전 검찰총장, 이종백 국가청렴위원장, 서상홍 전 헌재 사무처장 등 5명이 참여정부에서 요직을 맡았다.

　노무현 대통령은 탄핵 사건에서 이들에게서 결정적으로 도움을 받았다. 조대현 헌법재판소 재판관은 법무법인 화우 변호사로 있었다. 강보현 변호사는 법무법인 화우의 대표변호사인데, 2004년 노 대통령의 사위인 곽상언 변호사가 입사해 주목을 받았던 화우는 대통령 탄핵 때 노 대통령 대리인단의 핵심적 역할을 했다. 〈신행정수도건설특별법〉 위헌 사건 때는 정부 측 소송을 대리했다. 노 대통령의 사위인 곽상언 변호사는 연수원 수료 직후 화

[그림 7] 8인회 인맥도

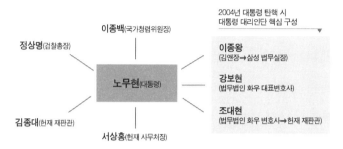

이종백(국가청렴위원장)

정상명(검찰총장)

노무현(대통령)

김종대(헌재 재판관)

서상홍(헌재 사무처장)

2004년 대통령 탄핵 시
대통령 대리인단 핵심 구성

이종왕
(김앤장→삼성 법무실장)

강보현
(법무법인 화우 대표변호사)

조대현
(법무법인 화우 변호사→헌재 재판관)

우에 입사해서 1년간 근무했다.

이종왕 전 삼성 법무실장도 노무현 대통령이 탄핵 위기에 닥쳤을 때 대통령을 변호해 준 사람이다. 김앤장 법률사무소는 대통령선거에서 이회창 후보에 가까웠던 조직이다. 김앤장의 주축이 서울대 법대라는 이유도 있고, 대표변호사인 이재후 변호사가 1997년과 2002년 대통령선거 당시 이회창 한나라당 후보의 핵심적인 법조 인맥으로 분류되었으며, 1997년 당시에는 후원회 발기인으로 참여하기도 했기 때문이다. 따라서 김앤장은 정치적 반대자였던 노무현 후보가 대통령으로 당선되자 크게 긴장했다고 한다. 동기생인 이종왕 변호사를 앞세워 관계를 개선하던 차에 탄핵 사건이 터지자 대통령 변호인단에 참여했다.

대다수 로펌들은 대표변호사를 노무현 대통령과 동기생으로 교체했다. 광장의 김병재 대표, 화우의 강보현 대표와 충정의 장용국 대표변호사가 그렇다. 8인회 중 현 정부에서 관직을 갖지 않은 회원은 이종왕 전 삼성 법무실장, 강보현 법무법인 화우 대표변호사 두 명이다. 이들은 로펌의 대표변호사가 되거나 재벌 그룹의 법률 책임자가 되었다.

2006년도 사법시험 면접에서 탈락해 화제가 된 2차시험 합격생이 있었다. 그 응시생은 우리나라 법조계 현실에 대해 '법원권근'法遠權近이라고 대답했다. 이 말의 뜻은 '법은 멀고 권력은 가깝다'는 뜻이다. 그는 면접에서 탈락했다. 하지만 노무현 대통령의 등장과 함께 로펌의 대표가 바뀌고 '7기생 전성시대'라는 말이 회자된 것을 보면 현실에서 법률과 권력과의 함수관계는 매우 밀접한 것이 아닐 수 없다.

이제 이들의 위세도 노무현 대통령의 임기가 끝나가면서 서서히 저물고 있다. 그 계기는 삼성의 법무실장이었던 김용철 변호사의 양심고백으로부터 시작되었다. 2007년 10월 29일 천주교정의구현사제단은 서울 제기동 성당에서 삼성 문제를 주제로 기자회견을 했다. "삼성과 검찰은 새로 태어나야 합니다"라는 성명서를 발표한 이날의 기자회견은 삼성의 비리를 폭로하고 검찰과 삼성의 검은 커넥션을 세상에 알렸다. 그 후 네 차례에 걸쳐 폭탄선언이 이어졌다.

당시 정의구현사제단이 폭로한 '떡값 검사 리스트'에 임채진 검찰총장 내정자, 이귀남 대검 중수부장과 함께 8인회의 핵심 멤버인 이종백 국가청렴위원장이 포함됐다. 이종백 국가청렴위원장은 2003년 인천지검장 시절 대상그룹 임창욱 명예회장 '봐주기 수사' 의혹으로 좌천됐고 검찰에서 물러났지만, 2007년 2월 국가청렴위원장으로 화려하게 복귀했다. 재벌 그룹 회장 봐주기 수사에 책임이 있는 인사가 국가청렴위원장으로 복귀할 때부터 논란이 많았다. 덧붙이자면 그에 의해 무죄로 판결이 났던, 이재용 삼성전자 전무의 장인인 임창욱 명예회장은 결국 검찰의 재수사에 의해 2005년 6월 비자금 조성 혐의로 구속되었다.

8인회 멤버인 이종왕 전 삼성 법무실장은 김용철 변호사의 후임이다. 김용철 변호사의 폭로가 있고 난 뒤 "김용철 변호사의 검찰 떡값 제공 주장 등은 전혀 근거가 없는 것"이라고 반박하고 삼성 법무실장을 사퇴했다. 동시에 이번 사태에 책임을 지겠다고 대한변호사협회에 변호사 자격을 반납했다. 정상명 검찰총장은 2007년 11월 23일 임기 2년을 마치고 퇴임했다. 만일 이종왕 법무실장이 사직하지 않았다면 동기생인 정 검찰총장이 지휘하는 수사를 받았을 것이다.

8인회의 일원인 정상명 검찰총장은 2007년 11월 퇴임했고, 앞서 서상홍 헌재 사무처장도 같은 해 3월 퇴임했다. 이종왕 전 삼성 법무실장은 삼성 비리와 관련, 아예 변호사 자격까지 반납했다. 이종백 국가청렴위원장도 삼성 비리 관련자로 지목을 받는 등 추문에 휩싸이고 있다. 권력의 정점인 노무현 대통령의 임기가 끝나가는 시점에서 이들 8인회도 함께 부침을 겪고 있는 것이다.

보이지 않는 간수의 권력과 드러내기

이명박 정부하에서 법률가들의 과도한 권세는 축소될까? 아마 그렇지는 않을 것이다. 8인회와 같은 권력은 약해질지 모르나 법률가들은 또 다른 권력의 핵심을 찾아갈 것이다. 그 과정에서 제2의 8인회가 얼마든지 만들어질 수 있다.

언론에서 보도한 김앤장 기사를 유심히 본 적이 있는가. 한번 훑어보시라. 김앤장의 자랑이나 장점을 알리는 기사가 대부분이다. 아니면 비판을 하더라도 조심스럽다. 언론에게도 김앤장은 두려운 존재다.

앞서 서문에서도 잠깐 언급했지만 경향신문사의 주간지인 『뉴스메이커』는 2006년 12월 12일자로 "집중해부 김&장-론스타 커넥션"을 보도했다. 그 취재 내용은 그간 언론에서 보도된 내용이었고, 좀 더 보완해서 문제를 제기하는 수준이었다. 그 사실을 어떻게 알았는지 기사가 나가기 전에 김앤장이 먼저 신문사로 전화를 걸어 왔다. 만나서 이야기를 하자고. 사건 기자와 데스크를 만난 김앤장의 언론 담당 변호사와 이사는 기사를 쓰지 말 것을 요구했다. 보통 이 단계에서 기사가 나가지 않거나 아니면 김앤장에 우호적인 기사로 내용이 바뀌게 된다. 그러나 『뉴스메이커』는 예정대로 기사를 내보냈다.

그다음에는 김앤장에서 선임한 언론 전담 변호사에게서 연락이 왔다. 즉시 기사를 삭제하거나 정정 보도할 것을 요구하는 내용 증명이었다. 그리고 구두로 10억대의 소송을 제기할 수도 있다고 말했다. 손해 배상 소송과 더불어 집요하게 늘어진 김앤장의 이의 제기에 결국 『뉴스메이커』는 2007년 1월 23일자로 정정 보도문을 게시했다. 지난 보도 내용이 잘못되었다고 정정하고, "김&장 법률사무소 관계자들의 명예에 손상을 끼친 것에 대해 유감을 표명합니다"라고 사과함으로써 마무리되었다.

비슷한 시기 KBS 탐사보도팀도 김앤장을 취재하고 있었다. 역시 김앤장으로부터 연락이 왔다. 그 내용은 KBS 취재에 문제가 있다는 것이었다. 김앤장은 "KBS가 취재하고 있는 많은 부분이 해명되었을 뿐만 아니라 국내외 법률회사들에 보편화된 내용임에도 불구하고 오해의 소지가 있는 방식으로 취재를 함에 따라 직간접적인 피해를 심각하게 우려하는 상황이다"라고 주장했다. 명확한 근거나 내용을 밝히지 않은 채 일단 문제를 제기하는 것이다. 취재가 계속되자 역시 『뉴스메이커』 때와 똑같은 변호사가 김앤장의 대리인으로 선임되어 KBS 취재에 대응했다. KBS 탐사보도팀의 이 프로그램은 예정대로 방영되었고, 2007년 말 한국 방송대상을 수상했다. 그 후 몇 개월이 지나 김앤장은 다시 KBS 취재팀을 찾았다. 역시 술 한잔하자는 것이었다. 이번에는 태도가 달랐다. "KBS 취재도 끝나고, 상도 받았으니 홈페이지에 있는 자료를 삭제해 주면 안 되겠습니까?" "어떤 자료 말입니까?" "김영무 변호사가 600억을 번다는 자료 말입니다." "사실인데 왜 삭제합니까, 못합니다."

경향신문사와 KBS의 다른 점은 회사 규모와 사회적 영향력에서 차이가 있다는 데 있다. 모두 다 언론으로서 해야 할 사회적 감시 기능에 충실했다. 그런데 김앤장이 이들을 대하는 태도는 처음에는 같았지만, 나중에는 완전히 달랐다. 경향신문의 관계자는 당시에 "김앤장의 소송에 버텨 낼 재간이 없다. 변변한 고문변호사가 있는 것도 아니고, 몇 년이 걸릴지도 모르는 소송을 하기도 겁이 난다. 회사는 10억대의 손해 배상을 당하면 그날로 문 닫아야 된다"고 하면서 "김앤장을 보도해서 이런 식으로 당한 기자들을 모아 공동 대응해야 한다. 이것은 법률을 앞세운 언론에 대한 탄압이고, 횡포다"라고 울분을 토했다. 그런데 이렇게 당한 기자들을 모으기는 쉽지 않고, 공동 대응도 쉽지 않다. 이런 사례를 공개적으로 말하기를 꺼리기도 하고, 김앤장의 횡포에 분노하지만 대응책이 쉽지 않고 자존심이 상하고 굴욕감마저 들기 때문이다.

필자(장화식)도 지난 2007년 4월부터 김앤장 앞에서 매주 목요일 점심때가 되면 집회를 하고 있다. 처음 론스타게이트 의혹 규명을 위해 시작된 집회가 시간이 지나면서 투기자본의 대리인 김앤장에 대한 폭로로 이어졌고, 투기자본과 김앤장에 의해 직장에서 쫓겨난 사람들이 모이고 있다.

집회가 시작되면 경찰은 어김없이 김앤장을 지켜 준다. 시위자 숫자보다 항상 몇 배는 많다. 불법을 수사하고 범죄자를 조사해야 할 경찰이 왜 엄청난 의혹을 받고 있는 김앤장을 보호해야 하는가. 론스타 사건 때도 이헌재 고문은 참고인으로 불러 조사했을 뿐이다. 김앤장 법률사무소에 대한 조사는 서면조사로 대체했다. 이제 김앤장은 삼성그룹의 불법에도 관여한 의혹을 받고 있다. 한 손에 투기자본, 또 한 손에는 재벌을 떠받치고 있는 모양이다.

국회에서는 어떤가. 2007년 3월 6일 국회 귀빈식당에서 토론회가 있었다. "한국 사회의 성역, 김앤장 법률사무소의 문제점과 대안"이라는 주제로 우리 두 필자가 주최하고 주제 발표한 토론회였다.

당시 토론자로 참석한 민경한 민변 사법위원장은 "토론회를 준비하면서 김앤장으로부터 저항을 받았다"며 "김앤장 변호사 가운데 민변 회원이 세 명인데, 그중 한 명이 토론회 준비 소식을 듣고 이메일로 '민변이 그런 토론회에 나가면 되느냐'고 따졌다"고 말했다. 민 위원장은 "또 중견 변호사 한 명 역시 지난주 세 차례에 걸쳐 제 사무실로 찾아와서 해명성 자료를 건네

주었다"며 "김앤장이 항의하고 언론이 많은 관심을 갖는 것을 보면서, '참, 김앤장이 대단하구나, 또 그런만큼 문제가 많구나'라는 생각을 했다"고 덧붙였다.

김앤장이 대단하고 두려운 존재라고 이대로 문제점에 대해 눈감아 버릴 수는 없다. 무엇보다도 먼저 해야 할 일은 문제가 무엇인지 밝히는 것이다. 우리는 시민의 눈에 보이지 않는 간수의 얼굴을 드러내고자 한다. 이 책을 출간하면 김앤장은 법적 대응을 할 수도 있다. 혹은 국회와 시민사회가 제기하는 자신의 문제점을 스스로 돌아볼 수도 있겠다. 어느 길을 택할지는 김앤장 손에 달려 있다.

힘세진 정부와 강자의 이익에 경도된 법

김앤장 파워의 원천은 변호사들의 뛰어난 능력이라 할 수 있다. 그러나 이것만으로 오늘날 김앤장의 성공을 이야기한다면 그건 뭔가 '핵심'이 빠진 것이다. 김앤장에는 수많은 정부의 고위관료들이 퇴직을 한 후 취업해서 일을 하고 있다. 그들은 시기가 되면 또다시 관직에 등용된다. 일종의 회전문 인사다. 고위 관직에 있거나 검찰에 있거나, 사법부의 판사로 있거나 누구든 퇴직 후 옮길 자리에 관심을 갖는다. 이들은 당연히 최대의 로펌이자 최고의 급여를 보장하는 김앤장을 기웃거리게 된다. 현직에 있으면서 퇴직 후를 고려해서 일을 하고, 퇴직한 선배들과 만나면서 조언을 구하거나 업무를 상의한다. 이렇게 해서 퇴직 관료들은 여전히 현직에게 영향력을 행사한다.

'김앤장 모델'이라고 부르는 성공의 이면에는 바로 이들 퇴직 고위관료들이 있다. 고위관료를 고문으로 채용해서 로비스트로 쓰고 국내·외 거대 투기자본의 이익을 위해 법률을 활용하고, 국가권력을 포섭해서 사적 이익을 극대화시키는 것이 성공의 비결인 것이다. 이들은 성공을 위해 합법과 불법의 경계를 넘나드는 위험을 감수한다. 하이리스크(고위험)-하이리턴(고수익)이다. 김앤장을 주축으로 고위관료와 거대 투기자본과 법률 엘리트들로 이루어진 철의 삼각 동맹은 리스크(위험)를 막아 준다.

우리 사회에서는 1987년 민주화 투쟁 이후 개발독재와 권위주의의 청산이라는 과제가 주어졌다. 그 내용은 권위주의 하에서 자율적인 거대 권력으로 성장한 행정부와 관료제의 구조와 기능을 시민사회가 통제하는 것에 달려 있다. 즉, 민주적으로 선출된 정치적 대표와 정당이 제 역할을 해야 하고, 그럴 때에만 권력화된 관료체제를 통제할 수 있다. 이를 위해서는 다양한 시민사회의 요구를 이념적·정책적 차이에 따라 조직하고 경쟁하는 정당 정치가 기능해야 한다.

지난 20년 동안 민주화라는 이름으로 민간 부분의 자율성이 증대되었고 사적 영역은 확대되어 왔다. 특히 재벌·언론·사립학교·교회 등 거대한 사익 집단의 영향력이 커졌고 더욱 공고화되었다. 5대 재벌의 매출액은 전체 국내총생산의 절반을 차지하고 있다. 조선일보·중앙일보·동아일보 등 보수 신문은 언론을 장악해 여론을 좌우하고 있다. 반면, 국가 관료제의 구조도 공고화되었고 힘도 커졌다. 민주화에도 불구하고, 그리고 강력한 신자유주의 정책에도 불구하고 '큰 국가'의 흐름은 통제되지 않았다. 신자유주의 확대와 동시에 국가권력, 관료 권력의 확대라는 기묘한 체계가 만들어진 것이다.

어떻게 이렇게 모순되는 체제가 가능할까? 민주화와 신자유주의로 인해 사적 영역이 확대되었지만, 그 영역을 지배하게 된 것은 '집단화된 개인'이었다. 이들은 관료를 동원해서 자신들의 사적 이익을 국가정책으로 전환시켰다. 그리하여 관료제 강화와 사적 영역의 확대라는 언뜻 상충하는 듯이 보이는 두 개의 흐름이 공존할 수 있었다. 잘 알다시피 이 문제의 한가운데 존재하는 것이 삼성과 김앤장이다.

이제, 조금은 편하게 여정을 돌아보자. 마치 긴 여행의 마지막에 서서 지금까지 지나온 길과 만났던 사람들을 돌이켜 보며 음미하듯 몇 가지 구체적인 사례를 보면서 김앤장의 문제점을 집약해 보기로 하자.

06

합법과 불법의 아슬아슬한 줄타기

진로와 골드만삭스, "억울하지만 평생 감옥에 있고 싶지 않다"

2005년 6월 진로소주가 3조 4,288억 원에 하이트맥주로 재매각됐다. 진로 채권의 70%를 가지고 있던 골드만삭스를 비롯한 외국인 투자자들은 말 그대로 대박이 났다. 액면가 1조 4,600억 원의 채권을 불과 2,740억 원에 샀던 골드만삭스는 1조 원이 넘는 시세 차익을 얻게 되어 400%에 가까운 수익을 올렸다. '국부 유출' 논란이 벌어지자 2005년 4월 당시 한덕수 부총리는 "리스크를 부담했던 곳에서 이익을 내는 것은 국민이 이해해야 한다"면서 "국부 유출이 아니다"라고 주장했다. 그리고 골드만삭스가 진로 채권을 사지 않았다면 진로는 파산했을 것이라고 덧붙였다. 과연, 골드만삭스는 정당하게 투자한 것인가? 한때 김앤장의 고문으로 있었던 한덕수 부총리의 발언은 사실에 기초한 발언인가?

진로는 우리나라 사람에게는 너무나도 친숙한 회사다. 서민들의 술인 소주를 만드는 회사이고 '진로'는 소주의 대명사다. 그런데 무리한 계열사 확장과 상호 지급 보증, 경영 실패로 1997년 4월 자금 사정이 악화되어 이른바 '부도유예협약'을 적용받게 되었다. 그러나 이 협약에 적용되지 않는 제3금융기관의 부채 상환 요구를 이기지 못하고 1997년 9월 8일 서울지방법원에 화의 개시 신청을 하게 되었다. 화의인가를 받으면 경영권이 유지된다는 것은 앞에서 살펴보았다. 김앤장이 이를 맡아서 처리했고, 1998년 4월 7일 확정되었다. 당시 화의 조건은 금융기관 채권자의 경우 2년간 이자를 원금에 산입해 상환이 유예되고, 원금은 5년 거치 후 2003년부터 2007년까지 5년간 균등 분할해 상환하기로 되어 있었다.

진로 측은 이 과정에서 외자유치를 추진했다. 이때 외자유치와 재무 관련 컨설팅을 맡았던 곳이 바로 골드만삭스였으며, 양측은 1997년 11월 14일 '비밀유지협약'을 체결했다. 그런데 골드만삭스는 서류상의 회사를 만들어 1998년 3월부터 자산관리공사와 국내 주요 채권자로부터 진로 채권을 매입하기 시작했다. 여기서부터 진로의 운명이 달라지기 시작했다. 진로의 채권을 꾸준히 매입해서 골드만삭스 측은 최대 채권자가 되었다. 그런데 2003년이 되자 이자와 함께 원금을 갚아야 했던 진로는 2003년 3월 31일 처음으로 원금 변제에 관한 화의 조건 일부를 이행하지 못했다. 그로부터 1주일 후인 2003년 4월 3일 골드만삭스는 법원에 '법정관리'를 신청했다. 법정관리는 화의 제도와 달리 기존 주주의 경영권을 박탈하는 것이다.

2003년 5월 14일자로 서울지법 파산부는 골드만삭스의 신청을 받아들여 법정관리를 결정했다. 그리고 화의를 취소했다. 2003년 9월 22일 서울고등법원이 진로의 항고를 기각하고, 2004년 4월 23일 법원에서 진로의 '법정관리'가 최종 인가됨으로써 정리계획안에 의거 장진호 회장과 특수 관계인이 보유하고 있던 지분 12.44%와 회사 보유 자기 주식 41.92%가 전량 소각

[표 18] 진로 매각 일지

일 자	내 용	변호사
1997. 9. 7	㈜진로, 서울 지방법원에 화의 신청	
1997. 11. 14	㈜진로, 골드만삭스와 자문 계약 체결	
1998. 3. 19	서울지방법원, ㈜진로에 대한 화의인가 결정 (5년간 원금 상환 유예)	
2003. 4. 3	세나 인베스트먼트 리미티드, ㈜진로에 대한 회사 정리 절차 개시 신청	김학대
2003. 5. 14	서울지방법원 파산부, 회사 정리 절차 개시 결정	
2003. 5. 15	서울지방법원 파산부, 화의 취소 결정, ㈜진로 등 3명 항고	
2003. 8. 13	삼정회계법인, 서울지방법원 파산부에 진로 실사 보고서 제출	
2003. 9. 8	대검, 장진호 전 회장 배임 등 혐의로 구속	
2003. 9. 22	서울 고등법원 제30민사부, 진로 측의 항고 모두 기각	김학대, 이용훈
2004. 4. 23	진로 채권자 집회에서 진로 법정관리 최종 인가	
2004. 4. 30	진로 법정관리 회사 정리안 확정, 관리인 박유광 선임	
2004. 6. 23	진로 매각 주간사 선정 작업 착수	
2004. 9. 24	메릴린치 진로 매각 주간사 최종 선정	
2004. 10. 12	진로홍콩 청산인, 장진호 전 회장 형사고발	
2005. 1. 31	진로 매각 시행 공고	
2005. 4. 1	우선협상 대상자로 하이트맥주 컨소시엄 선정	
2005. 6. 3	하이트맥주 본계약 체결	
2005. 7. 20	공정거래위원회, 하이트맥주의 진로 인수 조건부 승인	

되었으며, 장 회장의 경영권이 박탈됐다. 진로의 운명이 바뀌는 순간이었다.

문제는 골드만삭스가 어떻게 진로의 내부 사정을 잘 알고서 진로 채권 매입과 법정관리를 신청할 수 있었느냐는 점이다. 논란이 된 것은 진로와 골드만삭스가 맺은 '비밀유지협약'이었다. 진로 측은 "골드만삭스가 외자유 치를 위한 자문을 해 준다고 해 놓고 내부 정보를 알아낸 다음 이를 통해 진 로 채권을 매입했다"고 주장했다. 그러나 골드만삭스는 "부실채권 부서와 투자 금융 부서가 분명히 나뉘어 있고, 서로 정보 교환도 할 수 없기 때문에, 비밀 정보를 이용해 투자한 사실이 없다"고 해명했다. 이는 홍콩에 있던 골드만삭스의 아시아 사무소 구조상 부실채권 매입부서와 투자부서가 같은 사무실에 있는 데 대한 해명이었다. 또한 전 세계적인 명성을 갖고 있는 금융회사라는 점도 내세웠다.

골드만삭스는 페이퍼 컴퍼니인 '레스타무스'를 만들어 채권을 매입했고 이후 이것을 세나 인베스트먼트 리미티드Senna Investments (Ireland) Limited로 넘겼다. 세나 인베스트먼트 또한 조세 피난처인 아일랜드에 주소지를 둔 이른바 페이퍼 컴퍼니로, 법정관리를 신청한 장본인이다. 이 과정에서 채권의 양도와 양수를 모두 담당한 곳이 바로 김앤장이었다. 법원은 "비밀유지협약의 당사자[골드만삭스]와 채권을 매입한 주체[레스타무스]가 다르므로 비밀유지협약을 위반한 것이 아니"라고 판단했다. 또한 채권 매입의 양도인(레스타무스)과 양수인(세나 인베스트먼트)이 모두 비밀유지협약을 위반했다면 둘 다 계약 위반이므로 비밀유지협약의 적용을 회피하기 위해 채권을 양도한 것은 아니다"라며 골드만삭스의 손을 들어주었다.

그런데 진로의 최대 채권자가 된 골드만삭스가 법원에 '회사 정리 절차 개시 신청'을 제출하기 바로 한 달 전인 2003년 3월 8일 낮 12시 30분, 경기도 용인에 있는 레이크사이드 골프장에서 골프 모임이 있었다. 이 모임에 참석한 인사들은 당시 서울지법 파산부의 변동걸 부장판사, 골드만삭스 소송 대리인을 맡았던 김학대 변호사, 강영수 변리사, 문상목 전 진로 사장 이렇게 4명이었다. 그리고 그로부터 20일 후인 4월 3일 골드만삭스는 진로의 법정관리를 서울지법 파산부에 제출했고, 마침내 5월 14일 법정관리 개시 결정이 내려졌다.

진로의 변호인단은 이 골프 모임 장면을 담은 사진을 재판부에 제출했다. 골드만삭스와 파산부의 유착을 입증하기 위해서였다. 그런데 이것이 이후 진로가 재판에서 연전연패하는 결정적인 패착이 되었다. 진로의 변론을 맡았던 이대순 변호사는 "대법관 후보 1순위였던 변 부장판사를 직접 건드린 꼴이 되었고, 이미 장진호 회장에 대한 사회적 여론은 악화될 대로 악화된 상황이라 재판에 악영향을 미쳤다"고 평가했으며, "법원 쪽에서도 왜 변 부장을 건드렸느냐는 말이 계속 나왔고, 이후 진행된 장 회장 개인에 대한 형사고소 사건에서는 검찰보다 법원이 더 난리를 쳤다"고 말했다.

법정관리 개시 결정이 내려진 후, 진로 노동조합도 당시 골프 모임이 법정관리 신청을 위한 사전 모임이었다는 의혹을 제기하면서 이들의 집 앞에서 시위를 벌였다. 진로의 임직원 1,668명은 골드만삭스의 아시아 지역 책임자 필립 머피 등 여덟 명과, 김앤장 법률사무소의 김영무 대표변호사 및 이재후 변호사 등 변호사 세 명을 각각 업무상 배임 및 사기 혐의로 대검찰청에 고발했다. 당사자 간의 비밀유지 계약을 위반해 막대한 이익을 취득하기 위해 부실채권을 매집하는 것은 정상적인 투자를 넘어 업무상 배임죄에 해당하고, 자문을 해 줄 것처럼 하고 이를 믿은 진로 측으로부터 각종 비밀정보를 취득해 자기 투자에 이용한 행위는 사기죄에 해당한다는 것이었다.

실제로 골드만삭스는 비밀유지 계약 기간인 1998년 9월, 1999년 5월, 1999년 11월 등 세 차례에 걸쳐 진로의 부실채권을 자산관리공사로부터 채권 총액의 5~20% 수준에 헐값으로 매입했다. 그리고 1998년부터 2000년까지 진로홍콩 법인이 발행한 변동금리부채권FRN을 대량 매집했다.

한편, 1997년부터 진로의 화의절차를 대리해 온 김앤장은 앞에서 보았듯이 골드만삭스 계열사 간 이루어진 진로에 대한 채권양도 행위를 대리했다. 단지 골드만삭스 계열사 간 채권양수도만 대리했는가.

진로에 대한 법정관리 신청을 맡았던 세나 인베스트먼트는 소송 대리인으로 서울 형사법원 부장판사 출신의 김학대 변호사(1994년 개업)를 지정했다. 당시로서는 김 변호사의 선임에 대해 별다른 주목을 하지 않았다.

골드만삭스와 김학대 변호사, 그리고 김앤장의 관련성은 재판 과정에서 우연히 드러났다. 법원이 재판 과정에서 자료 보완을 요구했는데, 그 와중에 서류의 팩스 발신처가 김앤장으로 밝혀졌다. 당시 진로 측 이대순 변호사는 "형사부장 출신으로 M&A 경험도 없는 김 변호사가 소송을 맡게 된 경위에 의아해 하던 중 서류의 팩스 발신처가 김앤장이라는 사실을 알고 재판부에 증거 자료로 제출도 했고 대한변협에 진정도 했다"면서 "재판부도 재판 과정에서 김학대 변호사가 머뭇거리면 '당신은 그것을 모를 테니 김앤장에 자료를 내라고 하라'고 할 정도였다"고 증언하고 있다. 김앤장은 이 사건을 계기로 당시 팩스를 보낸 실무자를 징계하고 대대적인 보안 교육을 실시했다.

이후 진로 측은 이런 재판 과정에서의 행태를 근거로 골드만삭스와 김앤장의 김영무 대표변호사 등을 고발했다. 김앤장에서도 당시 진로 측 변호를 맡았던 변호사들을 맞고소하는 사태가 벌어졌다. 그러나 수사는 진행되지 않았고 사건은 흐지부지되었다. 장진호 회장은 자신이 구속된 상태에서 진행된 1심 재판에서 예상과 달리 실형이 선고되자 "이대로 가다가는 평생을 감옥에서 썩을 수도 있겠다"는 공포에 사로잡히게 되었다. 그는 자포자기 심정이 되어 김앤장과 골드만삭스에 대한 고소·고발을 모두 취하했다.

한편, 골드만삭스가 진로 채권을 매집하는 데 정보를 준 것이 김앤장이었다는 주장이 제기됐다. 진로 관계자는 "장기간에 걸친 집중적인 채권 투자는 진로와의 특수 관계를 통해 획득한 핵심 정보가 없고서는 있을 수 없는 일"이라고 말했다. 또한 "골드만삭스는 2001년 진로홍콩법인에 대해 파산 신청을 하고, 다음해인 2002년 진로재팬에 대한 주식회사 진로의 상표권을 가압류하는 등 진로의 기업 회생을 위한 핵심 계획을 방해"한 후 법정관리를 신청했다고 주장했다. 이에 대해 골드만삭스는 "채권 매집도 당시 성업공사의 입찰을 통해 이뤄진 것으로, 그 뒤 진로의 채권자로서 채권 회수를 위해 법률에 허용된 권리를 행사한 것"이라고 반박했다.

진로는 2003년 5월 14일자 법원의 회사 정리 절차 개시신청이 결정되자 이에 불복해 항고했다. 이 재판(사건 2003라 319 회사 정리)에서는 세나 인베스트먼트 측 소송 대리인으로 김학대 변호사와, 당시 개인 법률사무소를 운영하던 이용훈 변호사가 맡아서 소송을 진행했다(이용훈 변호사는 2005년 9월 26일 대법원장으로 취임했다). 이 대목에서 이용훈 변호사의 수임 경위와 실제 소송 주체인 김앤장 법률사무소와의 관련성에 많은 의문이 제기되었다. 당시 이용훈 변호사는 이름만 빌려 주었다는 것이다.

투기자본감시센터 이대순 변호사도 2007년 1월 5일 CBS 〈시사자키 오늘과 내일〉에 출연해 이와 같은 의혹을 제기했다. 2007년 1월 수임료 누락과 탈세 논란이 벌어지자, 이용훈 대법원장은 "수임료는 세무사 실수로 누락했고, 탈세한 사실이 없다"고 해명하면서, 세나 인베스트먼트가 서류상의 회사라는 데 대해 "처음 듣는 이야기"라고 말한 것에서도 뒷받침된다. 자신이 소송을 담당했다면 모를 수가 없다.

또한 법조계에서는 그가 받은 수임료의 규모에 대해서도 20억 원이라는 설이 제기되고 있다. 반면, 이용훈 대법원장은 변호사 시절인 2003~2005년 진로 법정관리 사건과 관련, 법정관리를 신청한 골드만삭스 계열 세나 인베스트먼트로부터 4건의 소송을 위임받아 모두 2억 5,000만 원의 수임료를 받았다고 공개했다.

소버린은 과연 무엇을 남겼나

소버린은 2005년 7월 18일 SK㈜ 주식 14.8%(1,902만 주)를 매각해 막대한 차익을 거뒀다. 소버린이 SK 주식을 최초로 매집하기 시작한 것이 2003년 3월이니 불과 2년 4개월 만에 경영권 분쟁이라는 선진 금융 기법(?)을 활용해 소위 대박을 터트린 셈이다. 소버린은 불과 1,768억 원을 투자해 주식매각 차익 9,300억 원과 환차익까지 포함해 약 1조 원의 수익을 올렸다.

때맞춰 뉴질랜드 경제전문 주간지 『내셔널 비즈니스 리뷰』 최신호에서 소버린의 실질적 주인이라는 챈들러 형제(크리스토퍼 챈들러, 리처드 챈들러)가 뉴질랜드 최고 갑부의 자리에 올랐다고 보도했다. 놀라운 것은 이들 형제가 그때까지 한 번도 이 잡지가 매년 발표하는 갑부 명단에 들어간 적이 없었다는 사실이다. 그들의 인생 로또를 한국이 제공한 것이다.

이 현상을 바라보는 시각은 참으로 다양하다. 외국 투기자본을 규제해야 한다는 목소리가 있고, 정당하고 합법적인 투자에 대해 배 아파하지 말라는 이야기도 들린다. 이 기회에 외국 투자가처럼 선진 기법을 배워야 한다는 학습 준비론부터, 우리의 금융체제를 바꾸어야 한다는 개혁론도 들린다. 소버린 사태의 진실은 무엇이고 무엇을 남겼는지 곰곰이 살펴보자.

우리가 소버린 사태의 진실을 알기 위해서는 소버린의 실체를 알아야 할 것이다. 조세회피 지역인 모나코에 근거를 두고 있는 소버린의 공식 명칭은 '소버린 자산운용'이다. 자산운용이라고는 하지만 금융기관이 아니라 뉴질랜드 출신의 크리스토퍼 챈들러, 리처드 챈들러 형제의 돈을 굴리는 투자회사일 뿐이다. 그리고 SK 주식을 매집한 주체는 또 다른 조세회피처인 버진아일랜드에 설립한 '크레스트 시큐러티즈'라는 페이퍼 컴퍼니, 즉 서류 상으로만 존재하는 유령회사다. 이것이 소버린의 공식적인 정체다.

소버린은 외환은행을 불법 인수한 론스타, 제일은행을 팔아서 1조 1,000억 원을 남긴 뉴브릿지캐피탈, 한미은행을 인수해 7,000억 원을 남긴 칼라일펀드, 유상감자 수법의 대명사 BIH펀드, 삼성물산 주식을 인위적으로 상승시켜 73억 원의 부당이득을 챙긴 헤르메스펀드, 환투기를 일삼는 조지 소로스의 퀀텀펀드와 같은 투기자본 그 이상도 이하도 아니다.

소버린의 행보를 살펴보자. 우선, 2003년 4월 최소한 4년 정도의 장기 투자라고 공언한 것과는 달리 2년 4개월 만에 주식을 처분했다. 이는 2~3년 만에 투자 이익을 실현하는 단기 사모펀드의 전형이다. 또한 소버린은 '지배 구조 개선과 투명 경영 확립'이라는 명분을 내세워 경영권 분쟁을 일으킴으로써 주가를 상승시켰다. 그러나 지분을 매각하면서는 "투명성의 개선 혹은 실질적 경영 책임성의 제고가 없는 상태"지만 주식을 매각한다고 선언했다. 결국 투명 경영은 경영권 분쟁을 위한 명분이었고, 주가 상승을 위한 수단에 불과했던 것이다. 그리고 한국에서 '5% 규정 공시' 제도●가 강화되자,

---

● **5% 규정 공시 제도** 특정 상장법인의 주식을 5% 이상 보유하게 되었을 경우 투자 목적(단순 투자 혹은 경영권 참여)과 보유 상황을 금감위 등에 보고하도록 하는 제도로, 시장투명성 제고 및 적대적 기업 인수·합병 방어를 위해 도입되었다.

'단순 투자'로 투자 목적을 변경하고 주식을 처분해 세금 한 푼 내지 않고 유유히 한국을 떠나갔다.

소버린은 과연 불법을 하지 않았을까? 소버린은 외국인 투자자다. 따라서 〈외국인투자촉진법〉에 따라 국내 기업 지분의 10% 이상을 취득할 때 산업자원부에 반드시 사전 신고해야 한다. 그런데 이를 위반했다. 산업자원부가 이를 고발했지만 검찰은 '소버린이 국내법을 몰랐다고 해명하고, 재발방지를 약속해 고의성이 없다고 판단'해서 기소유예 처분을 내렸다. 반면 5% 규정을 어긴 KCC는 당국에 의해 고발당하고 주식 처분 명령까지 받았다.

그런데 소버린은 2003년 3월 SK 지분을 매입할 때 14.99%를 매입함으로써 공정거래법상의 기업결합심사 규정을 무력화했다. 즉, 15% 이상의 지분을 매입하면 공정위의 기업결합심사를 받아야 하고, 이 경우 자금 출처를 밝혀야 하며, 자신들의 기존 투자 내역을 보고해야 하는데 이를 교묘하게 회피한 것이었다.

또한 소버린은 2003년 12월 '크레스트 시큐러티즈'가 보유하고 있던 SK㈜ 지분 14.99%를 다섯 개의 페이퍼 컴퍼니에 분산해 최대한 의결권을 행사했다. 그 이유는 현행 〈상법〉 409조에서 3% 이상의 주주는 감사위원인 사외이사를 선임할 때 초과 지분에 대해 의결권을 행사하지 못하도록 제한하기 때문이다.

이렇게 소버린은 국내법에 정통한데도 검찰은 국내법을 몰랐다는 소버린의 해명에 순진하게 속아(?) 넘어갔다. 법망을 피하는 방법도 해명하는 방법도 모두가 김앤장에서 맡아서 해 주었다. 김앤장은 2003년 3월 분식회계 혐의로 구속된 최태원 SK그룹 회장의 변호인을 맡고 있었다. 그런데 2003

년 3월부터 4월까지 소버린의 주식 취득 신고를 대행해 준 것이다.『한겨레』의 보도에 따르면, 김앤장은 "당시 소버린의 주식 취득에 대해서는 전혀 아는 바가 없으며, 다만 소버린이 다 산 뒤, 주식 취득 신고만 대행해 달라고 찾아왔다"고 말했다. 당시 소버린의 공식적인 법률자문사는 법무법인 명인이라는 소규모 로펌이었는데, 변호사가 10명 정도였다. 소버린처럼 대규모 투자나 SK와의 경영권 분쟁을 감당할 수준이 되지 못했다. 김앤장은 " 단지 행정적인 절차만 우리에게 맡긴 게 이상하지만 소버린이 허술했던 것 같다"고 이야기했다.

14.99%를 정확히 매입한 소버린이 허술하다고? 투기자본감시센터의 이대순 변호사는 "주식 취득 신고 수수료가 얼마나 되겠어요? SK 최 회장의 형사소송과 관련해서 재무 상태 등 내부 정보를 속속들이 알고 있다는 것을 이용해서 소버린의 투자 자문을 해 주었다고 보는 것이 이성적이지 않겠어요?"라고 이야기한다. SK의 내부 정보를 알고 있던 김앤장이 나서기가 곤란해서 다른 변호사를 내세우는 것도 진로-골드만삭스 사건과 닮았다.

소버린의 전략적 행동은 정말 '환상적인' 투자 기법의 대표적 사례일 뿐인가? 삼성물산의 주가조작으로 검찰에 고발된 헤르메스와 다른 점은, 헤르메스는 불과 몇 개월에 걸쳐 이런 행동을 했지만 소버린은 2년 4개월에 걸쳐 진행했고, 경영권 도전을 시도했다는 점이다. 성공하면 인수·합병, 실패해도 주가 상승이니 이보다 더 좋은 놀이터는 없을 것이다. 소버린의 본질은 경영권 분쟁을 빌미로 한 주가 상승이며, 투기다.

일부에서는 국내 기관투자가가 못 한 기회를 활용해서 대박을 얻은 것이라고 이야기하고 있다. 그러나 자본주의 종주국 미국이나 영국에서도

400%의 수익률은 존재하지 않는다. 이것은 마약이나 밀수·매춘·탈세 등 지하 거래에서만 가능한 수익률이다. 이것은 자본주의가 아니다. 심지어 영국에서는 공기업 민영화 과정에서 발생한 불로소득에 대해 횡재세windfall tax를 매기는 실정이다. 한국 사회에서 부동산 투기와 금융 투기가 외국 투기자본 따라 하기를 넘어 시민단체 지도자들의 가치관의 왜곡까지 불러오고 있다면 이는 심각한 문제다.

당시 박용성 대한상의 회장은 7월 18일 제주도에서 "[소버린에 대해서 비난할 것이 아니라 오히려] 감사해야 한다"고 발언했다. 기업의 투명 경영이나 소유 구조가 불안할 경우 언제라도 당할 수 있다는 교훈을 가져다주었으므로 오히려 감사해야 한다는 것이다. 재벌 경영진에게는 소버린이 교훈을 안겨 주었고, 이로 말미암아 그 후 재벌 지배 구조가 세련되고 더욱 튼튼해졌으니 이런 말을 할 수 있다고 치자. 그럼 사회적 부를 생산하기 위해 땀 흘려 일한 노동자와 서민들은 소버린의 행동에 무엇을 감사해야 할까?

투기자본에 대한 규제와 통제가 없으면 잔치는 계속될 것이다. 투기자본의 놀이터에 대한 토양은 한국 금융 당국의 법적·제도적 미비와 재벌 체제 그 자체가 제공한 것이다. 그리고 변호사와 검찰 등 법조계와 회계사 등 한국의 엘리트들이 길잡이를 해 주었다. 적어도 정체불명의 외국 투기자본을 활용해서 재벌 개혁을 하는 것이 얼마나 허황된 이야기인지 소버린 사태는 보여 주었던 것이다.

소버린 사태는 투기자본의 폐해, 재벌의 문제, 주주 자본주의의 모순, 규제 완화와 시장 만능주의가 부른 재앙이다. 투기자본을 규제하는 법과 제도가 정비되지 않는다면, 금융 당국과 국민이 이 사태의 심각성을 외면한다면, 또 노동자와 시민단체의 힘으로 투기자본을 통제하고 재벌을 개혁하지 않는다면 잔치는 계속될 것이다. 이 과정에서 김앤장과 같은 엘리트들은 끊임없이 투기자본의 이익을 만들어 낼 것이다.

2006년 정부는 외국인 투자자가 상장 기업 지분 10% 이상을 살 때 사전 신고 조항을 없애는 법률 개정안을 마련했다. 〈외국인투자촉진법〉을 개정해 지분을 취득하고 나서 30일 이내에 산업자원부에 신고하도록 했다. 그나마 있던 걸림돌을 제거한 것이라고 할 수 있다. 이 법안은 2007년 4월 국회를 통과해서 10월부터 시행되고 있다.

한미은행과 칼라일펀드 : 불법의 합법화

2000년 9월 8일 금감위는 제18차 회의를 개최하고 "J. P. Morgan에 대한 한미은행 주식 취득 승인(안)"을 통과시켰다. 제이피모건의 자회사인 코세어 II Corsair II와 사모펀드 칼라일그룹이 공동으로 출자(각각 50%)해 설립한 페이퍼 컴퍼니(SPC)●가 한미은행 주식 17.9%를 2,200억 원(주당 6,800원)에 취득하는 것을 승인했던 것이다. 그리고 친절하게도 4% 미만의 주식을 소유한 개별 투자자들의 취득 예정분 2,800억 원을 포함할 경우에는 총 취득 규모가 약 5,000억 원으로 지분율이 41%에 달한다고 설명했다. 이로써 칼라일펀드는 한미은행의 주인이 되었다.

은행은 공공성을 지닌 금융기관이므로 여타의 주식회사와 달리 주식을 취득하는 데도 많은 제약이 있다. 당시 은행법이 외국인은 자격요건을 충족

● SPC(특수목적회사, Special Purpose Company) 투자를 수월하게 하거나, 금융기관에서 발생한 부실채권을 매각하는 등의 특정한 목적을 위해 일시적으로 설립하는 회사를 말한다. 조세회피 수단으로 악용되기도 한다.

할 경우 4% 이상의 주식을 소유할 수 있도록 했는데, 반드시 금감위에 신고하도록 했다. 여기서 자격 요건이란 금융기관이어야 한다는 것이며, 은행 주식의 10%, 25%, 33%를 초과할 때마다 금감위의 승인을 받도록 했다. 이 사실을 염두에 두고 여러 가지 문제를 하나하나 살펴보자.

우선, 은행을 왜 팔았을까? 금감위는 한미은행의 자기자본 비율이 1998년 말부터 계속 하락 추세에 있어 자본 확충이 필요하고, 페이퍼 컴퍼니가 승인 요건을 충족하는 데다 투자 계약상 취득 주식을 3년 이상 보유하겠다고 약속한 점을 감안해 투자를 승인했다고 밝혔다. 그리고 제이피모건이 한미은행에 대한 리스크 관리, 파생 상품 거래 등 선진 금융 기법의 지원을 약속했다는 사실을 잊지 않고 덧붙였다. 그런데 위와 같은 설명은 외국인 투자를 승인할 때 너무나도 판에 박힌 설명이다. 자본 확충(돈)이 필요하다는 이유로 투기자본에 은행을 넘기는 기막힌 과정을 살펴보자.

복잡하다는 생각이 들 수도 있으니 그들이 작성한 다음의 투자 구조도를 보면서 읽기 바란다.

우선, 이 거래에서 한미은행을 인수한 주체는 은행일까 아니면 투자회사(사모펀드)일까? 이것을 따져 보는 것은 금융기관이 아니면 외국인의 경우 은행 주식을 4% 이상 보유할 수 없기 때문이다. 투자 구조도에서 두 번째 상자에 나오는 코세어 II를 찾아보자. 제이피모건이라는 은행 지주회사의 자회사 코세어 II는 투자를 목적으로 설립된 투자회사다. 투자회사니까 당연히 금융기관이 아니다. 코세어는 19세기 중반 제이피모건을 창업한 존 피어폰트 모건 가문이 소유했던 요트의 이름이다. 이 투자회사가 곧장 한미은행을 인수한 것이 아니라, 복잡한 투자 과정을 거치고 있다. 복잡하지만 그래도 한번 따라가 보자.

코세어 II는 조세회피 지역인 케이먼 군도에 'J. P. Morgan Corsair II Offshore Capital Partners, L. P.'라는 펀드를 만들었다. 이것을 풀어서 해석해 보면 제이피모건이 조세회피처(Offshore)에 코세어 II라는 유한책임을 갖는 투자펀드(Capital Partners, L. P.)를 만들었다는 이야기다. 그리고 이 코세어 II 펀드와 칼라일펀드가 50 대 50으로 합작해서 'KorAm Investors, L. P.'를 만들었다. 이 펀드가 다시 조세회피처인 말레이시아 라부안에 'KAI (Private),Ltd'를 설립했고, 이 KAI가 한미은행 주식 17.9%를 취득하는 주체가 되었다.

이렇게 만들어진 KAI는 금융기관인가 아니면 투자회사인가? 당연히 금융기관이 아니다. 사모펀드와 사모펀드의 결합일 뿐이다. 복잡하지만 금융기관이 아니라는 진실은 바뀌지 않는다. 금융기관이 아니면 은행의 주식을 4% 이상 보유할 수 없다. 그런데 김앤장은 이것이 금융기관이라고 금감위에 승인을 신청했다.

금감위는 어떻게 했을까? 당시 금감위는 이 KAI펀드가 한미은행 주식의 17.9%를 취득함에도 마치 제이피모건이 주식을 취득하는 것처럼 회의를 진행했다. 회의 안건 제목도 "J. P. Morgan에 대한 한미은행 주식 취득 승인(안)"으로 표기했다. 존재하지도 않는 제이피모건이 한미은행 주식을 인수하는 것처럼 내세웠다. 하지만 금감위는 투자 구조를 파악하고 있었고, '사모펀드+사모펀드' 방식의 페이퍼 컴퍼니가 한미은행을 인수한다는 사실을 알았다. 그럼에도 정부 관료들이 앞장서서 이런 사실을 은폐했다.

금감위가 왜 그랬을까? 2005년 10월 국회에서 이상경 의원(당시 열린우리

[그림 8] 칼라일펀드 투자 구조도

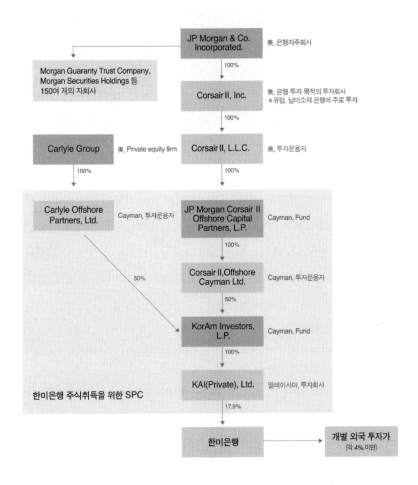

당)은 "칼라일과 김앤장 법률사무소가 국무총리[박태준], 재경부 장관[이헌재], 금감위원장[이근영]에 대한 로비의 결과가 아니냐"고 따졌다. 칼라일의 김병주 대표가 박태준의 사위이고, 이헌재 장관이 김앤장의 고문 출신이었다는 것이 그 근거였다. 이에 대해 금감위는 구체적인 답변을 하지 않고 다만 "금감위 의결 등 정상적인 절차를 거쳐 제이피모건·칼라일 컨소시엄의 한미은행 주식 취득을 승인하였다"고 설명하고 있다. 그리고 "제이피모건이 자회사[SPC]를 실질적으로 지배하는 경우 제이피모건이 실질적인 주식취득의 주체다"라고 설명하면서 이 방식은 '은행지주회사+사모펀드' 방식의 합작투자라고 설명하고 있다.

금감위는 당시 무엇을 근거로 '사모펀드(칼라일)+사모펀드(코세어 II)' 방식을 '사모펀드(칼라일)+은행(제이피모건)'으로 판단했을까? 그리고 사모펀드와 은행이 각각 50 대 50으로 만든 회사가 금융기관으로 인정될 수 있었을까? 대답을 하기 전에 이날 금감위 회의 자료에 나와 있는 내용을 옮겨보자.

[금감위 법률자문 내용]

쟁점 1. [주식 취득 주체의 문제]
[질문] 승인 요건을 갖춘 J. P. Morgan[은행 지주회사]이 직접 주식 취득의 당사자가 되지 않고, Corsair II 등이 주식 취득의 당사자가 되는 경우, J. P. Morgan을 실질적인 주식 취득 주체로 인정할 수 있는지 여부.
[답변] (법무법인 김앤장 : 2000.8.11, 변호사 정계성, 박성엽)
상이한 견해가 있을 수 있으나, 산업 자본의 은행 지배 방지라는 은행법의 취지와 상기 방법에 의한 외국 금융기관의 투자 관행 등을 감안하여 감독 당국에서 판단할 사

항이나 법적으로 인정 가능.

[답변] (재경부 2000.8.2)

형식적인 측면에서는 인정하기 곤란하나, 은행법상 동일인을 기준으로 주식 보유 한도를 적용하고 있고, 주주 자격은 동일인을 실질적으로 지배하는 자를 기준으로 심사함이 타당하므로 인정 가능.

[결과] (2000.9.8, 금감위 회의 내용)

재경부 및 법무법인 김앤장도 동일한 견해.

쟁점 2. [SPC를 통한 주식 취득의 문제]

[질문] 승인 요건을 충족하는 J. P. Morgan과 승인 요건을 충족하지 못하는 Carlyle이 50 : 50으로 공동출자한 SPC에 의한 주식 취득을 J. P. Morgan이 취득한 것으로 인정 할 수 있는지 여부.

[답변] (법무법인 김앤장 : 2000.8.11, 변호사 정계성, 박성엽)

상이한 견해가 있을 수 있으나, 금융기관이 아닌 자의 은행 지배를 방지할 수 있는 장치는 마련되었기 때문에, 본건의 구체적인 투자 구조 및 투자 조건 등을 감안하여 감독 당국에서 판단할 사항이나 법적으로 인정 가능.

[답변] (재경부 2000.8.2)

명확한 판단 기준을 제시하기 어려우나, 금융기관이 50%를 참여하면 금융기관이 아닌 자의 국내 은행 지배 방지라는 인수 자격 제한의 취지를 소극적으로나마 관철시킬 수 있으므로, 본건 투자의 필요성이 인정되고, 경영 참여 및 기술 지원, 주식 처분 기간 제한 등 보완 장치의 마련을 전제로 인정 가능.

[결과] (2000.9.8, 금감위 회의 내용)

재경부 및 법무법인 김앤장도 동일한 견해.

위의 재경부와 김앤장의 답변 내용을 설명하면 첫째는 금융기관(제이피 모건)이 만든 자회사(코세어II)도 금융기관이라는 것이다. 둘째는 금융기관과 펀드(칼라일)가 50 대 50으로 만든 회사는 이쪽에서 보면 금융회사가 아니지만 저쪽에서 보면 금융기관이 될 수 있다는 것이다. 금감위도 똑같이 판단했는데, 그 판단의 근거는 김앤장의 법률자문과 재경부의 답변서다.

그런데 무엇이 문제인가? 김앤장이 법률자문을 해 준 것이 문제가 되는가? 필자(임종인)는 국회에서 지난 10년간 김앤장 법률사무소에 자문을 구한 내역을 제출하라고 금감위에 요구했다. 이에 대해 금감위는 "해당 사항 없음"이라고 답변하고 있다. 그렇다면 위에서 살펴본 금감위에 대한 법률자문이란 무엇일까. 결국 비공식적으로 자문을 받았다는 것이다. 비공식적이고 기록에도 없는 법률자문이 금융 감독 기구의 최고 의사 결정 기구인 금감위 공식회의에서 버젓이 인용되는 사실을 어떻게 설명할 수 있을까? 이 때문에 국회에서 로비의 결과라는 문제 제기가 나오는 것이다.

이에 대해 김앤장에서는 "변호사는 법률 검토 내용을 한미은행에만 전달했다. 금감위가 어떻게 이것을 인용하게 됐는지 알 수 없다"고 했다. 한미은행에 전달한 법률 검토서가 저절로 금감위로 간 셈이다.

더 큰 문제가 있다. 위에서 보듯이 금감위는 법률자문을 비공식적으로 받는다. 그런데 금감위가 법률자문을 받는 그 사안이 바로, 김앤장이 칼라일을 대리해서 정부에 승인을 요청한 건이다. 이것이 무슨 말인가. 자기가 맡은 사건을 정부에 자문, 그것도 비공식적으로 해 주고 그 자문 내용이 정부정책으로 결정된다는 이야기다.

사실 당시 금감위는 금융기관이 아닌 칼라일펀드가 제이피모건이 아니라 코세어Ⅱ와 합작으로 페이퍼 컴퍼니를 만들어 한미은행 주식을 취득하고자 했을 때 망설였다고 한다. 그래서 후일 만약을 위해서 '법적 검토서'를 남겨놓은 것이다. 최소한의 면피는 필요하니까. 그런데 『신동아』 2005년 4월호에 따르면 "금감위가 법률 의견서를 받아 본 것은 칼라일펀드 김병주 회장의 요청"에 의해서였다. 즉, 당시 칼라일펀드 김병주 회장이 법률 검토라는 방법을 이용해 승인을 하는 아이디어를 금감위에 제시하였고, 금감위는 그에 따라 칼라일의 법률자문회사인 김앤장에 법률 검토를 요청했으며, 김앤장은 기다렸다는 듯이 칼라일이 한미은행을 인수할 수 있는 방안을 법률 검토라는 형식으로 제시해 준 것이다. 잘 짜여진 한 편의 각본이다. 금감위와 재경부가 김앤장을 중심으로 형식적 정당성을 어떻게 만들어 갔는지 잘 보여 준다.

미국에서는 어떤가? 미국에서도 사모펀드가 은행을 소유할 경우 〈은행지주회사법〉의 적용을 받아 각종 규제가 뒤따른다. 이렇게 되면 투자자의 자금 출처, 자금 형성 과정과 납세, 투자자 신분 등 사모펀드가 공개하기 힘든 내역을 연방준비제도이사회FRB에 보고해야 한다. 사모펀드로서는 조그마한 투자 때문에 본체가 드러나는 선택을 하지 않는다. 이에 따라 칼라일 그룹은 한미은행 인수 계약서에 한미은행 로스앤젤레스 지점 폐쇄 조항을 삽입했던 것이다.

그 계약서는 김앤장이 만든 것이기 때문에, 한미은행의 미국 지점 폐쇄 조항이 들어갔다는 것은 김앤장이 한미은행의 주식을 인수하는 주체가 펀드라는 것을 알았음을 뜻한다. 이 모든 것을 알고서 김앤장은 칼라일의 대리인으로 법률자문도 하고 금감위에 승인 신청서도 제출했다. 그렇기 때문에 공무집행 방해죄와 사기죄가 성립한다. 금감위는 이것을 알고도 승인했으니 공범이 된다. 금감위는 사모펀드의 한미은행 인수 건이나 외환은행 건이나 일관되게 "투자자의 구성 내용은 심사 대상이 아니다"라고 억지를 부리고 있다. 그러면서 "한미은행과 제이피모건 컨소시엄 간의 투자 규모 및 가격 등 계약 조건에 관한 협상은 계약 당사자 간의 자율적인 결정 사항"이라고 해명했다. 사모펀드가 투자자가 드러날까 봐 미국 지점을 폐쇄하는 행동이나, 금감위가 자신들의 문제가 드러날까 봐 투자자는 몰라도 된다는 이야기나 너무도 닮은 모습이다. 김앤장의 불법성은 이렇게 해서 은폐된다.

금감위는 승인서에서 4% 미만인 개별 투자자들의 취득 예정분 2,800억 원을 포함할 경우에는 총 취득 규모가 약 5,000억 원으로 외국투자자의 지분율이 41%에 달한다고 설명해, 마치 별도의 4% 미만 투자자들이 존재하는 것처럼 이야기하고 있다. 그러나 이 4% 미만 투자자는 실제로는 칼라일 펀드와 동일한 투자자다. 당시 은행법은 금융기관이 아니면 4% 이상의 주식을 보유하지 못하며, 그 이상을 취득할 경우에는 금감위의 승인을 받도록 규정하고 있었다. 바로 이 규정을 회피하기 위해 칼라일펀드는 4% 미만으로 이루어진 여러 개의 펀드를 만들고 마치 다른 투자자인 것처럼 정부에 이야기했다. 이 대목에서는 앞에서 본 소버린 사례에서 의결권 행사를 위해 14.99%의 지분을 5개의 페이퍼 컴퍼니에 분산한 것과 유사하다.

여기에 덧붙여 아예 금감위 승인 당시 제이피모건의 투자비율도 50%에 미달한다는 주장이 제기되었다. 이 말은 그나마 50 대 50의 투자라는 것마저 조작되었다는 이야기다. 이상경 의원(당시 열린우리당)이 2005년 10월 국회에서 제기한 문제다. 이에 대해 금감위는 "한미은행과 제이피모건 칼라일 컨소시엄 간의 투자계약서에 50% 유지 조항이 있고, 금감위도 승인 시 이것이 조건이었다"라고만 설명하고 있다. 문제의 핵심인 투자지분 조작에 대해서는 말이 없다.

이런 의혹에 대해 필자(임종인)는 2003년 외환은행 불법 매각 사건과 마찬가지로 감사원의 감사가 필요하다는 주장을 2006년 10월 국회에서 제기했다. 이에 대해 감사원은 "금감위의 승인 조건과 달리 제이피모건이 49.9%만 보유했다는 의혹과 관련해서, 제이피모건이 한미은행의 지주회사로 인정되기를 꺼렸던 점으로 볼 때 제이피모건과 칼라일 간에 그러한 이면 계약이 있었을 가능성은 존재한다"고 인정했다. 그러나 감사를 실시하는 문제에 대해서는, 인수 자격 승인 시 법률 해석 및 실제 투자 구조의 적정성 등에 초점이 맞춰질 것이나, 단순히 의혹만 제기된 수준이고 법률 적용에 잘못이 있었다고 볼 근거가 없다면서 거부했다. 또한 지분 구조에 대해서는 민간에 대한 강제 조사권이 없는 감사원에서 확인하기가 곤란하다고 했다.

그리고 감사원은 외환은행의 경우에는 "수출입은행 등 공공 지분이 매각되어 매각 과정 전반에 대해 감사하고 불법 매각으로 확인될 경우 금감위가 승인취소 및 지분 매각 명령도 할 수 있어 감사의 실효성이 컸으나, 한미은행의 경우는 공공 지분이 없어 헐값 매각은 검토 대상이 아니고 승인 처분의 적법 여부만 문제가 되는데 칼라일은 이미 2004년 5월 씨티은행에 한미은행을 재매각한 후 떠나 실익이 없다"고 주장한다. 또한 "관련자 모두 퇴직했고, 2000년 9월 매각 승인 이후 장기간이 경과하여 감사 증거 확보도 어렵다"고 실토하고 있다.

나아가 감사원은 "BIS 비율 조작 등 명백한 불법·헐값 매각 사실이 드러난 론스타 감사에 대해서도 외국인 투자 감소 우려 등을 이유로 저항이 많은 현 상황에서, 명백한 증거 없이 또다시 외국계 사모펀드에 대한 감사에 착수하기에는 큰 부담이 있다"고 솔직히 시인하고 있다. 결국 칼라일의 한미은행 인수 의혹에 대한 감사는 외환은행 인수 의혹과 "국민적 합의를 바탕으로 국회에서 감사 청구를 하는 등의 조치가 선결될 경우 감사에 착수"하겠다고 밝혔다.

의혹은 있지만, 강제 수사권을 갖고 있는 검찰이나 국회의 감사 청구가 있을 때에만 진실을 밝힐 수 있다는 이야기다. 그나마도 감사의 실효성이 없고 외국인 투자자 문제가 있어서 조심스럽다고 말하고 있다.

이제 감사원도 인정하는 불법적인 외환은행 매각 사건의 또 다른 진실을 알아보자.

유회원 론스타코리아 대표, 네 번의 영장 기각

외환은행 매각을 둘러싼 론스타 문제에 대해서는 독자들도 웬만큼 알고 있을 것이다. 이미 이 책에서도 자세히 이야기했다. 매각을 둘러싼 의혹, 매각 승인 과정에서 불법적인 법률과 규정의 적용, 고문의 역할과 로비 의혹 및 이를 뒷받침하는 제프리 존스 고문에 관한 이야기 등 상당히 많은 이야기를 했다. 그런데도 더 이야기할 것이 남아 있는가. 사실 론스타 사건은 외환위기 이후 벌어진 금융기관 매각과 그 과정에서 투기자본과 관료들과 엘리트들의 검은 먹이사슬이 드러난 사건으로, 빙산의 일각에 불과하다.

혹자는 지금까지 아무런 문제가 없었는데 괜히 문제를 만들어 낸다는 말도 하고, 재수가 없어 걸렸다는 이야기도 한다. 2005년 9월 15일 시민단체인 투기자본감시센터는 외환은행 불법 매각 의혹과 관련해 20명을 검찰에 고발했다. 국회 재정경제위원회에서도 2005년 10월 외환은행 매각과 관련해 문서 검증을 하고 2006년 3월 7일 자기자본비율 조작 등 다섯 가지 의혹 사항을 검찰에 고발해 수사가 시작되었다. 감사원에서는 2006년 3월 3일 국회에서 〈국회법〉 제127조2항에 따라 '외환은행 불법 매각 의혹'에 대한 감사를 청구함에 따라 감사가 시작되었다. 이렇게 해서 감사원에서는 2006년 6월 19일 감사 결과 중간발표가 있었고, 2006년 12월 7일 검찰에서는 '외환은행 매각 비리 등 사건 중간 수사 결과'를 발표했다.

이 정도로 하면 되는 줄 알았다. 사실 이 정도 하기도 쉽지 않았다. 수많은 노동자들과 양식 있는 학자들이 함께했다. 한나라당의 최경환 의원, 열린우리당의 이상경 의원, 민주노동당의 심상정 의원 등 국회의원들이 여야를 가리지 않고 문제를 제기했다. KBS 라디오와 텔레비전을 비롯한 방송과 신문, 시사 잡지들도 함께 노력했다. 이렇게 해서 감사원과 검찰이 수사에 나섰던 것이다.

검찰이 수사에 나서고 감사원이 철저하게 감사를 하면 진실이 드러나고 범죄자가 법에 따라 처벌 받을 줄로 기대했다. 그러나 이는 순진한 생각이었다. 보이지 않게 거대한 권력을 형성한 김앤장은 자신들이 위기에 봉착하자 지금까지 축적된 힘을 발휘하기 시작했다. 론스타의 외환은행 매각 의혹 사건에 대한 검찰의 수사 발표가 있고난 후, 『조선일보』는 2006년 12월 8일자 칼럼에서 검찰이 아직까지 '우물 안 개구리식 발상'을 버리고 못했다고 비판하고 있다.

평가는 각자의 주관적 기준에 따라 하는 것이기에 왈가왈부하고 싶지는 않다. 이 칼럼에서 눈길을 끄는 대목이 있으니, "검찰은 오히려 유회원의 구속영장을 기각한 법원을 원망"하고 있으나, "하지만 현직 대법원장이 한때 외환은행의 변호사였다는 사실을 검찰이 알고 있었다면, 매우 어려운 수사가 될 것이라는 점은 미리 대비했어야 했다"고 적고 있다. 유회원에 대한 구속영장 기각과 현직 대법원장, 그리고 외환은행의 변호사, 수사의 어려움, 도대체 어떤 관련성이 있는 것인가?

미국의 론스타펀드는 한국에서 사업을 위해 두 개의 회사를 만들었다. 투자를 담당하는 론스타어드바이스코리아와 사후 관리 및 부실채권 관리를 담당하는 허드슨어드바이스코리아다. 유회원 씨는 바로 론스타어드바이스코리아의 대표다. 그는 검찰, 그것도 최정예를 자랑하는 대검 중수부의 구속영장 청구를 네 차례나 벗어났다. 이를 두고 '검찰의 칼을 네 번 맞고 살아난 불사조'라 불리기도 한다. 법원에서의 구속영장 기각 사유는 증거 인멸과 도주의 우려가 없다는 것이다. 그러나 론스타 사건의 관련자들이 오랫동안 자신들의 범죄를 부인해 왔고, 다양한 방법으로 증거를 없애려고 시도해 왔기 때문에 법원의 이런 이유는 납득할 수 없다.

법원과 검찰의 영장 청구와 기각이라는 공방이 한창 진행 중이던 2006년 11월, 법원의 핵심 2인과 검찰의 핵심 2인이 모여서 4자 회동을 가졌다. 이 자리에서 이상훈 서울 중앙지법 형사수석 부장은 대검 중수부장에게 "유회원 씨를 불구속 기소해 달라"고 요구했다. 이 모임이 알려지자 검찰과 법원의 부적절한 모임이라는 거센 비난이 일었다. 그리고 마침내 11월 17일 국회에서 한나라당의 박세환 의원이 이용훈 대법원장의 변호사 시절 수임 내역을 공개하는 폭탄 발언을 했다.

박세환 의원은 11월 17일 국회 법사위의 대법원 긴급 현안 보고에서 "지난해 외환은행이 극동도시가스를 상대로 500억 원의 손해 배상 청구 소송을 낸 사건이 있는데, 그때 이 대법원장이 외환은행 측 소송 대리인이었다"라고 지적하며 "법조계에서는 유회원 론스타코리아 대표가 네 차례나 영장이 기각된 것이 대법원장과 유 대표의 친분관계가 작용됐다고 한다"고 말했다. 박 의원은 "당시 론스타펀드 한국 지사는 유 대표가 맡았고, 변호인 선임에 대법원장을 선임한 것도 유 대표"라고 주장하면서 "대법원장을 유 대표에게 소개해 준 사람이 현재 구속된 하종선 현대해상 대표[변호사]"라고 주장했다.

이런 폭로에 대해 대법원은 즉각 강하게 반발하고 나섰다. 당사자인 이용훈 대법원장은 "유 대표를 한 번 만났는데, 기억이 없다"고 말하고 "하종선 변호사는 외환은행 사건 때문에 몇 차례 만났을 뿐"이라고 해명했다. 이 대법원장은 "변호사 시절 10원이라도 탈세했다면 직을 그만두겠다. 다른 변호사들이 한다고 해서 나도 했다고 생각하나 본데, 아니다"라고 강조했다. 김종훈 비서실장과 하종선 씨가 친분이 있다는 이야기에 대해서도 부인했다. 나아가 유회원 대표와의 친분이 영장 기각에 영향을 미쳤다는 의혹에 대해서는 "절대 그런 것 없다. 내가 그렇게 한다면 사법부 독립을 대법원이 나서서 흔드는 꼴이다. 사법부의 수장인 대법원장을 위협하는 세력이 있다"고 흥분했다. 또한 법원의 간부들도 '의혹 제기의 정보 제공처는 검찰'이라며 불쾌해 했다.

대법원 관계자는 "유 대표의 잇따른 영장 기각에 불만을 품고 검찰이 조직 차원에서 대법원장 흠집 내기에 나섰다고밖에 볼 수 없다"고 말하면서

"이는 대법원장을 사실상 내사하는 것과 마찬가지"라고 말했다. 당시 일선 검사들은 "일전을 불사해야 한다"고 기세를 올렸고, 법원은 "되로 주고 말로 받는 때가 올 것"이라며 검찰에 대해 의미심장한 반격을 했다.

이렇게 검찰과 법원의 기세 싸움에 론스타게이트의 의혹은 묻혀 갔으며, 핵심 인물 유회원 론스타 대표에 대한 영장은 기각에 기각을 거듭하고 있었다. 투기자본감시센터는 11월 20일 보도자료를 배포하고 "국회가 나서서 이용훈 대법원장, 유회원 론스타 대표, 하종선 변호사, 김앤장 법률사무소의 유착 의혹을 조사하라"고 요구했다. 또한 "대법원장이 10원이라도 탈세했다면 옷을 벗을 것이라고 하였으나, 본질은 이용훈 대법원장과 유회원 론스타 대표, 하종선 변호사, 김앤장 법률사무소의 유착 관계"라고 주장하고 본인의 해명을 요구했다.

외환은행은 당시 극동도시가스 사건의 법적 검토를 김앤장 법률사무소와 하종선 변호사가 있던 로펌 두우에 맡겼다. 2004년 외환은행은 김앤장 법률사무소에 총 42건, 16억 700만 원의 법률자문을 의뢰했는데 그중 하나가 바로 '극동도시가스 위조 어음 사건 법률자문'이었다. 그리고 로펌 두우에도 16건, 1억 8,000만 원의 법률자문을 맡겼는데 역시 그중 하나였다. 법적 검토는 두우와 김앤장에게 맡기고 소송은 어떻게 이용훈 변호사가 맡아서 한 것일까?

투기자본감시센터는 2004년 12월 이용훈 변호사가 프라자 호텔에서 함께 만난 4명에 대해 "하종선 변호사는 2003년 론스타와 105만 달러[약 10억 원]의 계약을 맺고 로비를 했던 장본인이고, 김형민 외환은행 부행장은 김앤장 법률사무소의 고문이었다. 유회원 대표는 론스타의 한국 대표이고 론스타의 법률 대리인은 김앤장 법률사무소에서 맡고 있으니, 결국 4자회동은 김앤장이라는 거대 법률회사로 이어진다"고 주장하고, 국회의 진상 규명을 촉구하는 성명서를 2006년 11월 20일 발표했다.

대법원 법원행정처는 11월 19일 해명 자료를 배포하고 "대법원장의 변호사 시절 외환은행 사건 수임 개요"라는 자료를 각 언론사에 보냈다.

대법원의 해명은 아래와 같다.

소송 수임의 경위

대법원장은 2004년 가을경(?) 당시 외환은행 사외이사였던 하종선 변호사로부터 위 소송을 맡아 줄 수 있는지에 관한 상담을 받고, 자신은 사실심 법정에는 나가지 않기 때문에 당시 변호사 사무실을 같이 사용하던 김종훈 변호사와 함께 소송을 수임하는 것이라면 가능하겠지만, 그렇지 않은 경우에는 사건을 수임할 수 없다면서 이를 거절하였으나, 하종선 변호사는 자신이 법정에 나가겠으니, 사건을 수임해 달라고 부탁을 하였다.

그 과정에서 하종선 변호사와 ㈜외환은행 측 관계자를 두 차례 정도 만났는바, 언론 보도를 보고 기억을 되살려 보니 2004년 12월경 프라자호텔에서 한 차례, 그리고 이후 조선호텔에서 한 차례 더 만난 것으로 기억한다. 그중 한 차례 만남에는 외국인 은행장도 동석한 것으로 기억하나, 당시 일행 중에 문제의 유회원이 있었는지에 대한 기억은 없다. 통상 위와 같은 경위로 사건을 수임하고 의뢰인 측 관계자를 만나는 경우, 결정권자가 실무자들을 대동하는 것이 상례인데, 앞서와 같이 결정권자인 은행장까지 만난 마당에 그 자리에 동석한 실무자에 대해서는 특별한 관심을 두지 않았기 때문이나, 당시 거기에 나왔던 분들이 참석 여부를 확인하였다면 그 내용이 맞을 것으로 생각한다.

소송 수행의 경과

앞서 본 바와 같이 ㈜한국외환은행 측이 문제의 소송을 위임하고자 접촉한 것은 2004년 가을경이지만, 실제 소장을 낸 것은 2005년 6월 10일이다. 이렇게 늦게야 소장을 내게 된 이유는 ㈜한국외환은행 측이 위와 같이 만남을 가졌음에도 불구하고, 대략 위 소장을 내기에 앞서 1개월 전쯤에야 소장을 작성할 수 있는 관련 서류를 가져왔기 때문이다. 이후 약 1개월에 걸쳐 유죄 확정된 관련 형사사건을 검토하는 등으로 소장 작성 업무를 수행하고 있었으나, ㈜한국외환은행이 보수(착수금)는 고사하고, 소장 제출에 필요한 인지대, 송달료 등을 입금하지 않았기 때문이다.

㈜한국외환은행 측은 2005년 6월 10일에야 당시 이용훈 변호사의 은행 예금 계좌로 보수 2억 2,000만 원(수임료 2억 원+부가가치세 2,000만 원)과 인지대 및 송달료 1억여 원을 입금했다(입금인 외환여신경리부). 이에 당시 이용훈 변호사는 그 즉시 인지대 및 송달료를 법원에 납부하면서 그날 소장을 법원에 접수시켰다.

사임 및 수임료의 처리

그러던 중 이용훈 변호사는 2005년 8월 18일(목) 대법원장에 지명되었고, 이에 따라 그 날 즉시 사임계를 제출하고, 2005년 8월 22일(월) 아침 수임료 중 1억 6,500만 원(수임료 1억 5,000만 원+부가가치세 1,500만 원)을 ㈜한국외환은행 명의의 예금계좌에 인터넷 뱅킹으로 반환하였다.

당시 이용훈 변호사는 자신이 사임한 사건에 대하여 일체 후임 변호사를 소개한 바 없고, 문제의 사건에서도 마찬가지다. 후임 변호사로 장 모 변호사가 선임된 것도 이 사건이 일어난 후에야 알게 되었다.

언론보도에 대한 입장

이상의 사실 관계에서 알 수 있듯이, 대법원장이 문제의 민사사건을 수임한 시기는 그가 대법원장이 될 수 있는지 여부조차 아무도 알 수 없을 뿐만 아니라, 이른바 외환은행 헐값 매각 사건이 불거지기 약 1년 전인 시점이고, 이 사건은 순수하게 변호사

업무의 일환으로 수임하게 된 것일 뿐이다.

그 이전에 문제의 사건을 소개한 하종선 변호사와는 특별한 친분이 없이 단지 변호사로 알고 지냈을 뿐이고, 유회원과 만난 적이 있는지조차도 기억에 없다.

대법원장이 변호사 시절 수임하였던 사건은 시중은행이 일반 회사 및 그 직원과 사이에 약속 어음금을 둘러싸고 발생한 일반 민사 분쟁으로서, 현재 론스타 사건에서 문제되고 있는 외환은행 헐값 매각 의혹, 주가조작 의혹, 로비 의혹과 전혀 무관한 것은 주지의 사실이고, 위 민사사건은 사건을 의뢰한 은행의 대주주가 누구냐는 문제와도 전혀 무관한 것이다.

이상이 대법원의 긴 해명이었다.

대법원의 적극적인 해명 노력에도 불구하고, 여전히 의혹은 남는다. 물론, 대법원장이 문제의 외환은행 민사사건을 수임한 시기는 그가 대법원장이 될 수 있는지 여부조차 아무도 알 수 없었던 시기임에는 틀림없다. 그러나 이른바 외환은행 헐값 매각 사건이 불거지기 약 1년 전인 시점은 결코 아니다. 외환은행에 대한 의혹 제기는 2004년과 2005년 국회와 시민단체에서 꾸준히 제기해 왔던 문제다. 특히, 투기자본감시센터는 2004년 10월 14일 '론스타 주식 취득 승인 무효 소송'을 법원에 제기했다. 따라서 대법원장이 될지 몰랐기에 오히려 론스타가 대주주로 있던 외환은행 사건을 수임했다고 보는 것이 더 설득력이 있다.

사건을 소개한 하종선 변호사와는 특별한 친분이 없이 단지 변호사로 알고 지냈을 뿐이고, 유회원과는 만난 적이 있는지조차도 기억에 없다고 했다. 그러나 "호텔 모임의 론스타 측 최고위 인사는 유 대표였는데, 왜 기억하지 못하는지 이해하기 어렵다"고 이 모임에 관해 파악하고 있는 법조계 인사의 말을 인용 보도한 11월 20일자 『조선일보』가 더 설득력이 있다. 또한 은행장이 결정권자이고 유 대표는 실무자라고 관심을 두지 않았다고 주장하고 있는데, 대주주를 대표하는 유 대표가 결정권자이고 은행장은 단지 경영진에 불과하다고 보아야 하지 않을까?

실질적인 소송은 누가 했을까? 외환은행의 법률자문은 김앤장이 맡고 있었는데, 외환은행은 김앤장의 쟁쟁한 인사들을 제쳐 두고 이용훈 변호사를 선임했다. 그런데 이용훈 변호사는 "나는 사실심 법정에는 나가지 않기 때문에 당시 변호사 사무실을 같이 사용하던 김종훈 변호사와 함께 소송을 수임하는 것이라면 가능하겠다"고 말했다. 하종선 변호사는 "내가 법정에 나가겠으니, 사건을 수임해 달라고 부탁을 했다"고 주장했다. 하 변호사는 당시에는 현대해상의 사외이사로 재직하던 중이었는데, 2004년 11월 18일 김호일 사장이 임기를 6개월 앞두고 갑자기 사의를 표명해 그해 12월 1일 주주 총회에서 대표이사로 선임되었다. 그렇다면 2005년 6월의 소장은 누가 작성한 것인가? 실무를 맡은 하종선 변호사는 작성할 처지가 되지 못했으니 하 변호사와 함께 법적 검토를 했던 김앤장 법률사무소밖에는 없다. 결국, 이용훈 변호사는 이름만 빌려 주고 소송은 김앤장이 했다고밖에 볼 수 없다.

이용훈 대법원장에 대한 문제 제기는 2005년 9월 대법원장 인사 청문회 때부터 제기됐다. 청문회에서 국회의원들은 이 대법원장이 이전에 대법관 임기를 마치고 변호사로 활동한 2000년 9월 6일부터 2005년 8월 29일까지 총 472건의 사건을 맡았다고 공개했다. 이는 1년에 평균 94건 정도여서 서울 지역 전체 변호사 평균 수임 사건 건수의 두 배를 넘는 분량이다. 이 472

건 가운데 형사사건이 84건이었고, 민사사건이 388건이었다. 이 중 대법원 사건이 전체의 70%에 달했다. 그리고 이 후보가 "내가 맡은 사건은 변호사들이 보낸 사건이라 전관이라고 하기는 어려운 것이 아닌가 싶다"고 반박하고 있으나, 실제 전관예우는 바로 대법원 사건의 '심리 불속행' 제도에 있음은 앞에서 살펴본 바와 같다.

형사사건 중에는 삼성 에버랜드 전환사채 사건을 맡았다. 1심에서 허태학과 박노빈 두 피고인들의 변론을 맡았던 이용훈 변호사는 "전환사채 헐값 발행으로 주주가 손실을 봤을지는 몰라도 회사 자산이 손실을 본 것은 없으므로 무죄"라는 내용의 답변서를 재판부에 두 차례나 제출했다. 그런데 11월 3일 유회원 대표의 구속영장이 기각되었을 때 그 사유가 에버랜드 사건에서 삼성 측 무죄 논리와 닮았기 때문에 논란이 벌어졌다.

검찰은 허위 감자설을 유포해 외환카드 주가를 폭락하게 만들었다고 유회원 대표의 구속영장을 청구했다. 검찰은 외환카드 주가 급락으로 소액주주들이 226억 원의 피해를 보았고, 그 결과 외환은행의 대주주인 론스타는 합병 비용을 줄일 수 있었다고 주장했다. 그러나 법원은 "주가조작의 성립 요건은 손해(피해)가 아니라 이득인데, 누가 얼마나 이득을 봤는지 소명이 안됐다"며 구속영장을 기각했다. 『한국일보』 보도에 의하면 검찰은 "주주 피해가 아닌 회사 자산 기준으로 따지는 것은 주식시장 관련 극소수 학설인데도 론스타 사건에서 법원이 이를 채택했다"라고 주장하면서 "왜 론스타 유회원 기각 사유가 삼성 측 논리와 똑같으냐"고 지적했다. 법원 측은 "법원이 검찰처럼 동일체 원칙이 통하는 곳인 줄 아느냐"라고 대응했다.

검찰의 이야기는 삼성 에버랜드 사건의 변호인(이용훈)의 논리와 법원 판사의 영장기각 논리가 똑같은데, 이는 대법원장이 유회원의 영장 기각에 영향을 미친것이 아니냐는 뜻이다. 법원의 주장은 검찰이야 '검사동일체'의 원칙에 따라 논리가 똑같지만 법원은 '양심'에 따라 판단하므로 그렇지 않다는 말이었다. 이런 의혹의 근본 원인이 이용훈 대법원장, 유회원 대표가 김앤장 법률사무소를 중심으로 삼성에버랜드 사건과 외환카드 주가조작 사건으로 연결되기 때문에 나온 말이다.

이 대법원장의 수임료와 재산에 대한 문제 제기도 있었다. 이미 국회 인사 청문회에서 이 대법원장은 2000년 대법관 퇴직 당시는 재산이 5억 1,000만 원 정도였으나, 변호사 개업을 하는 동안 400여 건의 사건을 수임하면서 60억 원의 수임료를 받은 것으로 드러났다. 이 계산대로라면 1건당 평균 사건 수임료는 1,500만 원 정도다.

그러나 외환은행 소송사건(극동도시가스 건)은 1건에 수임료가 2억 원이며 소장 작성 비용은 5,000만 원이었다. 이렇게 볼 때 수임료에 대한 신고 누락이 아니라면, 소송의 실질적인 수행자는 따로 있고 이 변호사는 이름만 빌려준 경우가 많았다는 것이다.

이런 여러 가지 의혹에 대해 법원 내에서도 진상 규명과 해명을 요구하는 목소리가 있었다. 바로 정영진 서울중앙지법 부장판사다. 그는 현직 판사로는 드물게 2007년 9월 27일 이용훈 대법원장과 대법관 전원을 직무유기 혐의로 서울중앙지검에 고발했다. 그 이유는 "대법원장은 지난해 론스타 영장 기각 사태와 관련한 '4인 회동'에 대해 징계 청구를 하지 않았고, 뇌물수수 혐의를 받은 조관행 전 서울고법 부장판사에 대해서도 징계 처리하지 않고 사표 처리를 한 점 등 직무 유기 혐의가 있다"고 주장했다.

그는 이미 2007년 초에 법원 내부 통신망에 "이용훈 대법원장의 즉각적인 결단을 촉구하며"라는 글을 올렸다. 대법원장의 여러 의혹들은 국회에서 탄핵소추도 고려될 수 있는 만큼, 자진 사퇴하라는 요구였다. 법원이 크게 술렁거렸다. 대법원장에 대한 형사고발까지 이루어지자 대법원은 2007년 10월 5일 징계위를 열어 "재판부에 대한 국민의 신뢰를 심각하게 훼손했다"며 그에게 2개월 정직을 결정했다. 그는 이 징계가 부당하다고 '불복소송'을 제기했고 변호인단 22명이 가세해서 그를 돕고 있다.

감춰진 진실이 드러날 때 이 사건은 어떻게 비춰질까? 이제 론스타의 주가조작 방어 논리와 닮아 있는 삼성에버랜드 사건에 대해 알아보자.

삼성에버랜드, 누가 증거를 조작했나

에버랜드는 용인에 있는 놀이공원이다. 그러나 삼성의 이건희 회장 일가에게는 그런 의미가 아니다. 삼성전자의 최대 주주는 삼성생명이고, 삼성생명의 최대 주주는 삼성에버랜드다. 그래서 삼성에버랜드는 삼성그룹의 지주회사로 불리고 있다. 이렇게 서로 주식을 보유하면서 계열사를 지배하는 것을 재벌의 순환출자 구조라 한다.

2000년 6월에 법학 교수 43명이 삼성 이건희 회장 등 에버랜드 이사진과 계열사 사장 등 33명을 에버랜드 편법증여 사건으로 검찰에 고발했다. 검찰은 2003년 12월 1일 공소시효를 불과 하루 남겨 두고 허태학, 박노빈 전·현직 사장 두 사람만 특정경제범죄가중처벌법의 배임 혐의로 기소했으며 재판이 대법원에 계류 중이다. 그런데 이 재판에 대해 증인과 증언이 통째로 조작되었다는 주장이 제기되었다.

삼성에버랜드 사건은 삼성의 경영권을 이건희 회장으로부터 아들인 이재용 전무에게 넘기는 과정에서 일어난 사건이다. 1996년 10월 30일 삼성에버랜드 이사회는 전환사채 발행을 결의했다. 전환가격 7,700원에 총 99억 원에 이르는 규모였다. 회사 내부적인 평가 금액보다 훨씬 낮은 가격이었다. 그런데도 당시 에버랜드 주주 26명 가운데 제일제당을 제외한 나머지 주주들은 모두 실권을 했다. 즉, 주주에게 우선적으로 인수권이 있는 전환사채를 인수하지 않기로 한 것이다. 그러자 허태학 사장과 박노빈 상무가 1996년 12월 3일 다시 이사회를 열어 실권된 전환사채를 이건희 회장의 네 자녀에게 배정했다. 에버랜드 주인이 바뀌었다. 그러나 이것은 단순히 에버랜드 주인이 바뀌는 데 그치지 않고 삼성그룹의 지배 체제를 바꾸는 일이었다. 경영권이 대물림된 것이다.

재판이 열리자 일부 진실이 드러났다. 당시 이사회가 열렸으나 17명의 이사 가운데 8명이 참석해 정족수 미달로 무효라는 것이다. 그런 정도였다. 그런데 김용철 변호사는 이를 전면 부인하는 기자회견을 했다. 2007년 11월 26일에 김용철 변호사는 서울 제기동 성당에서 삼성 문제에 대한 4차 기자회견을 단행했다. 여러 가지 폭로가 나왔고 김앤장 법률사무소에 대한 충격적인 증언이 있었다. 김 변호사의 말을 그대로 옮겨 보자.

> 삼성의 불법 행위, 특히 불법적인 승계에 관련한 범죄 행위에 대하여는 대부분 김앤장 법률사무소가 법률 조언자 내지 대리인의 방식으로 관여하였습니다. 김앤장 법률

사무소는 삼성의 범죄 행위를 축소 무마하고 그 대가로 막대한 보수를 지급받았습니다. 김앤장 법률사무소는 에버랜드 전환사채 발행 당시 에버랜드 이사회가 아예 열리지도 않았다는 사실 및 이학수 부회장, 김인주 사장 등 그룹 차원에서 에버랜드 전환사채 발행을 주도하였다는 사실을 잘 알면서도 수사 및 형사재판 과정에서 이와 다른 내용의 허위 사실을 조작하는 것에 적극 가담하였습니다.

저는 지금 이 시점에서 또다시 김앤장 법률사무소는 합법적인 변호 활동을 가장하여 불법적인 방법으로 삼성의 범죄를 축소 왜곡하는 데 앞장설 소지가 있음을 우려합니다. 김앤장 법률사무소는 법에 어긋나는 방법으로 자신의 수익을 챙기기도 하였는데, 예를 들면 에버랜드 수사와 재판 과정에서 발생한 법률 비용 수십억 원을 김앤장 법률사무소가 요구하여 삼성전자의 자문료 형식으로 지급하였습니다.

김앤장 법률사무소는 이재용 씨의 삼성전자 CB 사건●에서는 소송 도중에 약정 외 보너스로 10억 원을 요구하여 5억 원을 받아 갔고 대선자금 수사 시에는 약정된 이상으로 거액을 비자금에서 받아갔습니다. 김앤장 법률사무소는 의뢰받은 사건에 대하여 이재용 씨에게 직접 보고하는 등 매우 긴밀한 관계였습니다.

이종왕 전 법무실장은 김앤장 법률사무소를 그만두고 삼성에 입사하기 전에 6개월 동안 태평로빌딩 26층 이학수 부회장의 안가로 사용되는 오피스텔에서 수시로 이학수 부회장, 김인주 사장과 회합하고 대선자금 수사 축소와 무마를 협의하였습니다.

삼성과 김앤장의 관계를 살펴보기 전에 우선, 이종왕 전 삼성 법무실장에 대해 이야기해 보자. 이 실장은 노무현 대통령과 연수원 동기생이고 8인회 멤버다. 그는 검찰에서는 엘리트 코스를 밟았고, 공안통 검사였으며, 미

● **삼성전자 전환사채 발행 사건** 이재용 씨로의 경영권 승계 과정의 일부로, 1997년 3월 24일 삼성전자가 허위로 조작된 이사회 결의를 근거로 주식의 시가보다 현저하게 낮은 가격에 총 600억 원어치의 전환사채를 발행하여 그 중 450억 원 상당을 이재용 씨에게, 그 나머지 150억 원 상당을 삼성물산에 매각한 사건이다. 참여연대 경제개혁센터(현 경제개혁연대)는 해당 전환사채의 발행이 상법이 정하는 정관의 규정이나 주주총회의 특별결의 없이 이루어졌고, 전환사채 발행이 회사의 자금 조달 목적이 아닌 삼성그룹의 지배권을 이재용 씨에게 승계시키려는 사익적 목적을 위해 이루어졌으며, 전환사채 발행 조건에서 전환가격이 주식의 시가보다 현저하게 낮게 책정되었다는 등의 문제점을 들어 같은 해 6월 24일 전환사채 발행 무효소송을 제기했다. 대법원은 소 제기 후 7년여 만에 원고의 청구를 기각했다.

래의 검찰총장 감으로 꼽히기도 했다. 그러나 대검 수사기획관으로 근무하던 1999년 '옷 로비 사건'에 연루된 당시 박주선 청와대 법무비서관의 사법처리를 주장하다가 상부와 마찰을 빚자 사표를 제출했다. 강직한 검사라는 찬사가 있었고, "조직이나 돈에 구애받지 않고 무료 변론도 소신껏 하고 싶다"면서 개인 변호사 사무실을 개업했다. 그러나 불과 1년 만인 2002년 김앤장에 들어갔다.

김앤장에서 그가 맡은 사건은 SK그룹 분식회계 사건, 현대그룹 대북송금 사건, LG 대선자금 사건 등 재벌 관련 사건이다. 그는 삼성그룹 에버랜드 전환사채 사건에서 허태학 전 삼성에버랜드 사장의 변호를 하기도 했다.

에버랜드는 단순한 사건이 아니라 삼성그룹의 승계와 관련된 사건이다. 이 실장은 2004년 삼성에 입사하기 6개월 전부터 이 부회장의 '안가'에서 대선자금 수사 축소와 무마를 수시로 협의했다는 것이니, 2004년 1월부터 삼성의 일을 했다는 것이 된다.

그런데 이때 노무현 대통령에 대한 탄핵 사건이 터졌다. 2004년 3월 12일이었다. 5월 14일 헌법재판소에서 노무현 대통령에 대한 탄핵 기각 때까지 그는 노 대통령을 변호했다. 삼성에버랜드 사건과 대통령선거 자금 수사 그리고 대통령 탄핵사건이 모두 이종왕 변호사로 모아진다.

김앤장이 삼성전자 전환사채 사건과 에버랜드 전환사채 사건, 대선자금 소송을 수행하면서 약정된 금액 이외의 금액을 추가로 받아갔다는 주장은 앞서 5장에서 살펴보았듯이 론스타 사건에서 제프리 존스 고문을 내세워 350만 달러(35억 원)를 추가로 요구했던 방식과 유사하다. 추가 수임료를 비자금에서 받아갔다는 주장이 사실이라면 이 돈이 소득 신고에서 제외되고 탈세로 이어진다는 이야기다. 김용철 변호사는 에버랜드 수사와 재판 과정에서 발생한 법률 비용을 김앤장이 삼성전자의 자문료 형식으로 받았다는 주장을 했다. 삼성전자에는 김앤장의 윤동민 변호사와 황재성 고문 등 2명이 사외이사로 포진해 있다. 사외이사는 이런 경영진의 불법과 탈법을 감시하는 역할을 수행해야 하는데, 김앤장에 소속된 사외이사가 그런 역할을 하지는 않았을 것이다.

김앤장 법률사무소가 삼성에버랜드 전환사채 발행 당시 에버랜드 이사회가 아예 열리지도 않았다는 사실 및 이학수 부회장, 김인주 사장 등 그룹차원에서 에버랜드 전환사채 발행을 주도했다는 사실을 잘 알면서도 수사 및 형사재판 과정에서 이와 다른 내용의 허위 사실을 조작하는 것에 적극 가담했다는 주장은, 김앤장이 맡았던 한화 김승연 회장 수사 및 재판 과정에서도 일어났던 행태였다. 『노컷뉴스』에 따르면, 한화그룹 김승연 회장 보복 폭행 사건을 수사 중이던 경찰은 김앤장을 동원한 한화 측의 완벽에 가까운 방어에 무기력감을 느낀다며 "우리는 한화그룹과 싸우는 것이 아니라 '김앤장'과 싸우고 있는 것"이라고까지 이야기했다.

또한 김앤장은 2005년 현대차 비자금 사건에서 정몽구 회장의 책임을 덜기 위해 사건 관련자들의 입맞추기를 시도하다가 검찰로부터 구두 주의를 받았다. 이와 같은 김앤장의 활동이 그들에게 "반드시 이겨야 할 소송에 처한 고객이 제일 먼저 선택하려고 하는 법률사무소라는 평판"을 받게 한 것은 아닐까. 이런 평판에 대해 김앤장은 자부심을 가지고 있다고 자랑하고 있다. 그러나 변호사라도 증거 인멸을 시도했다면 형법상 중죄에 해당된다. 변호사윤리장전 제14조[위법 행위 협조금지 등]에서는 "변호사는 의뢰인의 범죄 행위 기타 위법 행위에 협조하여서는 아니 되며, 직무 수행 중 의뢰인의 행위가 범죄 행위 기타 위법 행위에 해당된다고 판단된 때에는 즉시 그 협조를 중단하여야 한다"라고 규정하고 있다.

그런데 본격적인 특검이 시작되기도 전에 하나하나 진실이 드러나고 있다. 주간잡지 『시사IN』에 따르면 이 사건으로 구속된 허태학 사장이 "외아들인데 꼭 징역 가야 하느냐, 법정에 서야 하느냐' 하며 반발했다고 한다. 김용철 변호사에 따르면 엉뚱한 사람이 구속되었다는 것이다. 검찰 수사가 진행될수록 삼성그룹의 2인자로 불리는 이학수 부회장과 김인주 사장의 불법 사실이 드러나고 있고, 이들 대신에 구속된 엉뚱한 사람이 허태학과 박노빈이라는 것이다. 김용철 변호사의 주장을 정신 나간 소리라고 매도했던 삼성그룹과 김앤장은 숨을 죽이고 있다. 대반격을 위해 기회를 엿보는 것인지, 아니면 소나기를 피하자는 몸 낮추기인지 분명치는 않다.

'행복한 눈물'과 노동자의 눈물

돈 되는 사건을 주로 하는 김앤장이 자신들의 이야기처럼 개인 간 소송을 담당하지 않는지, 또 개업 변호사들의 밥그릇을 빼앗아 가는지 어떤지는 알지 못한다. 그러나 한 가지 분명한 것은 김앤장이 힘없는 노동자들의 밥그릇은 철저하게 걷어찬다는 사실이다.

김앤장 법률사무소는 '핸드폰 문자 해고'로 유명한 2004년 외환카드 노동자 정리해고 당시에 외환은행과 외환카드의 합병을 총괄하면서 노사 대책도 책임졌다. 이때 김앤장은 정리해고 통보를 문자로 보내더라도 법률적인 효력이 발생한다고 주장했다. 그 후 핸드폰 문자 해고와 사내 컴퓨터 이메일을 활용한 해고 통보는 기업이나 금융권의 구조조정 매뉴얼이 되었다. 정리해고자들이 해고 무효 소송을 제기하자 변호사 5명, 노무사 1명을 동원해 론스타가 대주주로 있는 외환은행의 방패가 되어 주었다. 이들 해고자는 대법원까지 소송을 계속했지만 패소했다. 대법원에서는 '심리 불속행'으로 재판마저 제대로 받지 못했다.

은행권을 보면, 노조위원장이 구속되는 등 노사 관계가 극심한 파행을 겪은 조흥은행의 경우도 김앤장이 법률자문을 맡았다. 희망퇴직이나 특수영업팀 신설을 통한 구조조정을 자문해 주었고, 노동조합이 하는 집회도 검토 대상이었다. 특히, 노조 간부의 구속이나 처벌을 위한 고소·고발 등 구체적인 방법까지 자문해 주었다. 노동조합에 대한 진정이나 고소 사건도 대행했다.

이것만이 아니다. 김앤장은 사용자에게 단체협약이나 법률을 준수하지 않도록 오히려 선동하기도 한다. 흥국생명은 "2년 동안 인위적인 구조조정을 하지 않겠다"고 합의하고 1년도 지나지 않아서 400명을 정리해고하겠다고 나섰다. 단체협약에서 "정리해고를 하지 않겠다"고는 했지만, 이것을 어길 경우 벌칙이나 금전 배상에 관한 조항이 없기 때문에 법적으로 문제가 없다는 법률자문에 따른 것이었다. 정리해고 사유도 현재의 긴박한 경영상의 문제가 아니라 장차 경영 악화가 우려되기 때문이라고 했다. 장래의 위협도 정리해고 요건이 된다고 법률을 해석한 장본인은 김앤장이었다.

노사 분규도 김앤장에게는 돈을 벌 수 있는 기회가 된다는 생각마저 들

정도다. 경영진은 쉽게 타결할 수 있는 내용도 일일이 법률자문을 받는다. 모든 것을 법률적인 견지에서만 판단해서 보내온 답변에 경영진이 과도하게 의존하게 되면 노사 분규가 장기화된다. 협상이나 양보로 쉽게 풀릴 수 있는 것도 노동쟁의가 발생한다. 노동쟁의가 발생하면 매우 다양한 방식을 동원해 교묘하고 집요하게 노동조합을 탄압하도록 조언한다. 고소·고발은 기본이다. 직장폐쇄, 사내 통신망 차단과 암호 변경 등 정보통신 차단도 동원된다. 서약서 제출 요구, 출입 통제, 노조 게시물 철거 심지어는 자본 철수 협박까지 다양한 방식을 동원한다. 노사 관계가 악순환이 될수록 법률 사업은 커진다.

2002년 8월 사무금융연맹에서는 "외자기업의 노사 관계 실태조사 보고서"를 조사 발표했다. 국내에 들어온 외자기업 중 대표적인 사례로 씨티은행·뉴욕생명·한국오므론·일은증권사 등의 노사 관계 실태를 조사한 것이었다. 우선 공통점은, 이들은 한국의 노사 관계나 현실을 고려하지 않고 본사의 정책이나 글로벌 규정을 내세운다는 것이다. 그리고 김앤장 법률사무소에서 노사 관련 자문을 받는다는 사실이었다.

김앤장에서 법률자문을 받는 것이 다른 로펌과 비교해서 특별한 차이가 있는가? 이들 회사에서는 대화와 타협보다는 김앤장의 법률 해석에 크게 의존했다. 그런데 김앤장은 주로 공격적으로 법률을 해석했고, 이에 따라 노사 갈등 및 노사 대립이 증폭되었다. 예를 들면, 단체협약에 "사무실을 대여할 수 있다"고 되어 있는 경우, 그 사무실 대여에는 무상 대여와 유상 대여가 있으며, 무상 대여라고 단체협약에 규정되어 있지 않으므로 유상으로 대여할 수 있다고 해석했다(뉴욕생명). 심지어 먼저 쟁의 발생 신고를 하는 경우

도 있었다(씨티은행). 또한 연월차 휴가 및 수당 지급에 관해 특이한 해석을
하는 경우도 있었다.

실태 조사 후 6년의 세월이 흘렀지만, 당시보다 상황이 더 나아진 것은
하나도 없다. 김앤장 법률사무소에서 자문을 제공하는 기업의 노사 관계는
점점 더 경직되고 있고, 예전과 달라진 것이 없다. 물론 노사 관계는 노동조
합과 사용자 모두에게 책임이 있다. 그러나 법률사무소가 갈등을 해소하고
타협을 유도하는 것이 아니라 법적 힘과 능력을 내세워 노동자 탄압, 비정
규직 탄압에 나서는 것은 공익을 위한다는 변호사의 사명과는 어울리지 않
는다. 최근에는 공장 폐쇄, 손해 배상 청구, 업무 방해 고발 등 더욱 지독한
방법으로 노동자를 탄압하고 있다.

김앤장이 노동자를 탄압하는 이유는 자신들의 고객을 위해서다. 피해자
가 있다면 수혜자 그룹도 있다. 이것이 세상의 이치다. 김앤장은 가진 자들
의 이익을 철저하게 옹호한다. 수임료의 많고 적음을 떠나서 노동조합에 자
문을 하거나 해고자의 소송을 맡아서 진행한 적이 없다. 강자의 이익을 위
해서 법률 서비스를 제공한다. 노동자들이 눈앞에 보이는 사용자에 대해서
만 생각하고 교섭이나 협상을 진행한다면 그 뒤에 숨어 있는 김앤장을 놓치
기 쉽다. 노동조합은 김앤장에 대해 문제를 제기하기도 하지만 자기 회사의
노사문제가 해결되면 관심을 두지 않는다. 일회성에 그치면 피해는 계속되
게 마련이다. 김앤장은 경험과 지식을 축적하는데 노동자들은 일회성에 그
친다면 그 싸움의 승패는 뻔하다.

그렇다고 해서 김앤장이 항상 이기는 것은 아니다. 한국씨티은행 이야
기다. 한국씨티은행은 여직원들에게 사용하지 않은 생리 휴가 수당을 수년

동안 전혀 지급하지 않고 있었다. 노동조합은 이 사실을 알고 은행에 사용하지 않은 생리 휴가 수당을 지급할 것을 요구했지만 은행은 이를 거부했다. 2005년 6월 노동조합은 은행을 상대로 〈근로기준법〉 위반으로 소송을 제기했고, 은행의 방패막이로 김앤장이 나섰다. 그렇지만 결국 노조가 소송에서 승리했고 씨티은행은 지급하지 않았던 생리 휴가 수당을 지급했다.

이 사례는 사회적 약자의 편에 서서 법률 지식을 사용할 때 다수가 이익을 얻을 수 있다는 사실을 보여 준다. 이 소송을 계기로 은행과 제2금융권 등 사무·금융직 여성들의 권리 찾기가 활발하게 전개되었다.

'악마의 변호사'

또 다른 이야기를 해 보자. 노동권과 더불어 건강권은 모든 사람이 누려야 할 기본적인 권리다. 사회는 건강을 인권으로서 보장해야 할 의무가 있고 국가나 사회 보장 체계로써 이를 해결해야 한다. 이는 병원의 영리법인 허용, 민간보험 도입 등 거대 자본과 다국적 의료 자본의 이해를 관철시키는 신자유주의 정책들과는 대립된다. 경제적 능력이나 사회적 지위에 따라 의료 혜택을 받을 권리가 차별되어서는 안 되며, 의료나 약이 지나친 이윤추구의 대상이 되어서도 안 된다. 이것을 의료의 공공성 강화와 건강보험 보장성 강화라고 말한다. 따라서 제약사들의 이윤을 장기간 독점적으로 보장해 주는 제약 특허와 이해가 상충된다. 김앤장이 주로 소송이나 법률자문을 맡아서 하는 곳이 다국적 제약 회사다.

사례를 들어 보자. 아스트라제네카는 1999년 스웨덴의 아스트라사와 영국의 제네카사가 합병해서 만든 세계적인 다국적 제약 회사다. 연간 매출액이 2005년 기준으로 239억 달러에 이르는 세계 5대 제약 회사다. 이 회사의 '이레사'는 폐암 치료제로 의약품지적재산권 협정WTO/DDA TRIPs상 20년간 독점적 특허권을 부여받고 있다. 폐암은 대부분 말기에 발견되고 암 확인 후 1년 이내에 사망하는 것이 다반사다. 수술도 못하는 상황에서 이레사는 폐암 말기 환자들에게 마지막 생명줄로 인식되어 왔고 아스트라제네카는 독점적 특허권을 바탕으로 환자들에게 고가의 약값을 요구해 왔다.

시민단체가 이레사의 약값이 지나치게 높고 높은 가격을 유지할 만한 이유도 없다고 주장하면서 보건복지부에 약가 조정 신청을 했고, 복지부가 이를 수용했다. 그 후 건강보험조정심의위원회에서 약가를 인하하라고 결정했다. 한국아스트라제네카는 이에 반발해 행정법원에 가처분 신청을 제기했다. 가처분 신청과 그 후 이어진 소송을 맡은 곳은 김앤장이었다. 환자를 위한 저렴한 약의 공급보다는 이익을 추구하는 제약사의 편에 선 것이다. 이것이 고객을 위해서라면 무엇이라도 하는 김앤장의 본질을 보여 주는 사건이다. 공공성이나 정당성은 뒷전으로 밀려나는 것이다.

이 소송에서 김앤장은 패소했다. 2006년 11월 8일 서울행정법원11부(재판장 김상준)는 폐암치료제 이레사를 만드는 다국적 제약사 한국법인인 한국아스트라제네카에서 보건복지부를 상대로 낸 약값 인하 행정 처분 취소 소송에 대해, "원고 쪽이 이레사의 혁신적 신약으로서의 가치를 증명하지 못했다"며 청구를 기각했다. 재판부는 이레사가 혁신적 신약이 되려면 약의 효과 또는 비용이 기존 치료제보다 뚜렷이 개선된 것이어야 하는데, 기존

임상시험 결과 이를 증명하지 못했다고 이유를 밝혔다.

최수영 전 국립독성연구원장이 2007년 10월 1일자로 김앤장의 고문으로 자리를 옮겼다. 언론에서는 보건복지 분야 고위공직자들의 퇴직 후 로펌행이 시작된 사건이라고 불렀다. 그는 8월 말 국립독성연구원장을 퇴임했으니 불과 한 달 만에 재취업한 것이다. 최 고문이 원장으로 있던 독성연구원은 식품과 의약품의 독성 및 위해 평가 업무를 담당하는 식약청 산하 기관이다. 제약사들이 취급하는 의약품의 부작용 등에 대한 연구·평가 업무로 인해 상당한 영향력을 갖췄다는 평가를 받고 있다. 독성연구원장이면 식약청 내 나름대로 막강한 인적 네트워크를 형성하고 있다고 봐야 한다.

김앤장은 국내에 진출한 다국적 제약사들에 대한 법률자문과 소송 업무를 많이 맡고 있다. 식약청 고위직 인사를 고문으로 영입한 것은 특허나 약값 문제 등을 놓고 국내 제약사 및 보건복지부와의 분쟁에 대비하려는 포석이다. 언론에서도 현직에서 쌓은 업무 경험뿐만 아니라 두터운 인맥을 로비스트로서 활용하기 위한 것이라고 분석했다. 공정위, 국세청, 재경부에 이어 보건복지 분야에서도 고위공직자들의 로비스트화가 시작된 것인가?

가장 최근에 쟁점이 되고 있는 사건 중 하나는 2007년 12월 7일 태안반도 유조선 기름 유출 사고다. 한순간에 청정 해역이 기름 범벅이 되었고 갈매기 한 마리 오지 않는 죽음의 바다로 변했다. 사람들은 대대로 살아오던 삶의 터전을 잃어버릴지도 모른다. 전국에서 자원봉사자들이 기름을 제거하고 바다를 되살리고자 모여들었고, 절망에 지친 사람들도 자원봉사자의 헌신적인 도움을 보면서 삶의 희망을 찾아가고 있다.

이 사고를 일으킨 선박은 홍콩선적의 유조선 허베이 스트리트호와 국내 굴지의 삼성중공업 크레인선이다. 사고가 발생했고 기름 유출은 엄청난 재앙을 몰고 왔지만 경찰의 수사는 지지부진하다. 하루빨리 사고 원인이 밝혀지고 배상이 이뤄지기를 바라는 어민들의 소망은 가해자들의 지루한 법정 공방에 묻힐 테세다. 유조선 허베이 스트리트호는 김앤장을 법률 대리인으로 선임했고, 삼성중공업은 법무법인 광장을 선임했다. 경찰은 조심스러워하면서 이들의 눈치를 보고 있다. 이런 가운데 피해자들은 삶의 벼랑 끝으로 몰리고 있다.

누구에게는 생존이 달려 있는 재앙이 누구에게는 사업의 기회가 되는 것임을 극명하게 보여 준다. 승소에만 목숨을 거는 변호사들에 대한 이야기를 다룬 영화로, 알 파치노와 키아누 리브스가 주연한 〈데블스 애드버킷〉The Devil's Advocate에서는 이런 수입을 '피묻은 돈'이라고 표현한다. 법률과 법률가의 역할이 무엇인가를 다시 돌아보게 한다.

하나로텔레콤, 김앤장 출신의 대표이사

하나로텔레콤의 사장은 박병무다. 그는 김앤장 출신의 변호사다. 단순히 근무한 정도가 아니라 핵심 멤버였다. 김앤장에 있을 때 제일은행을 뉴브릿지캐피탈로 넘기는 작업은 그가 도맡아서 성공시켰다. 그 후 뉴브릿지캐피탈 한국 대표가 되었다. 그리고 뉴브릿지캐피탈은 AIG와 컨소시엄을 만들어 2003년 하나로텔레콤을 인수했다. 사모펀드가 은행에 이어 국가 기간산업인 통신마저 삼킨 것이었다. 2006년 그는 하나로텔레콤의 사장이 되었고 그 후 '먹튀' 작업을 진두지휘하고 있다.

하나로텔레콤은 2003년에 유동성 위기를 겪었다. 당시 회사는 뉴브릿지캐피탈-AIG컨소시엄과 총 11억 달러의 외자유치 계약을 체결했다. 외자유치가 기업 회생의 대안이라는 당시 사회적 분위기에서 전 직원들이 나서서 '소액주주 운동'을 펼쳤다. 주주 총회에서 LG 등 재벌과 표 대결이 예상되었기에 회사 직원들은 13만 명에 달하는 소액주주들을 일일이 방문해서 전체 지분의 약 26%에 달하는 위임장을 확보했다. 그리고 뉴브릿지캐피탈-AIG 컨소시엄의 손을 들어주었다. 당시 주주 총회를 앞두고 뉴브릿지캐피탈 박병무 대표는 "한국통신 시장의 발전과 하나로통신의 발전을 위해 10년 이상 장기 투자하겠다"는 것을 언론을 통해 공표했다.

그러나 대주주가 되자 외국 자본은 태도가 돌변했다. 당초의 약속과는 달리 임원들에게 막대한 규모의 스톡옵션을 부여하고, 미래 신사업으로 의욕적으로 준비하던 휴대인터넷WiBro 사업을 포기하는 등 기업의 장기적 발전보다는 단기 수익에 치중하는 모습을 보였다. 10년 장기 투자 약속은 휴짓조각이 되었다. 직원들 고용을 5년간 보장하겠다는 약속도 지키지 않았다. 구조조정으로 200여 명의 직원들이 회사를 떠났다. 임금은 몇 년간 동결됐고, 윤세홍 노조위원장은 해고되었다. 반면, 2007년 12월 회사를 SK텔레콤에 매각해서 5,000억 원이 넘는 차익을 챙기게 됐다. 임원들도 수십억 원씩의 스톡옵션으로 배를 채웠다. 그러나 매각 차익에 대한 세금을 내지 않기 위해 갖가지 법률 지식을 동원하고 있다. 노조위원장 해고 사건은 지방노동위원회에서 회사 측이 패소했지만 승복하지 않고 김앤장 출신답게 소송을 계속하고 있다.

하나로텔레콤의 사례는 자본의 본질을 보여 준다. 재벌의 횡포를 막기 위해 불러들인 외국 자본은 여우를 피하려다 호랑이를 만난 꼴이다. 좋은 자본이나 선량한 자본에 대한 환상이 얼마나 위험한지 보여 주는 것이다. 맹수는 통제될 때 순해지는 법이다. 막강한 힘을 가진 자본의 횡포를 견제하고 사회적으로 힘의 균형을 유지할 방안을 찾아야 한다. 이 사례는 사익을 위해 법률을 이용하는 법률가가 회사의 최고경영자가 되었을 경우 어떤 일이 일어나는지도 보여 준다. 투기자본의 이익 극대화, 투자 축소, 단기 차익 극대화 그리고 이를 위한 직원들의 구조조정이 일어났고, 이 모든 과정에 법률이 동원된다. 협상이나 타협의 여지는 사라지는 것이다.

07

깨져야 할 신화와 보이지 않는 권력

김앤장, 우리 사회 모두의 문제다

지금까지 우리는 상당한 인내심을 요하는 긴 여정을 함께 해 왔다. 김앤장의 역사적 연원에서 시작해, 누가 김앤장을 움직이고 있으며 법률 서비스를 대가로 얼마를 벌어들이는지를 살펴보았다. 나아가 김앤장이 어떻게 해서 다른 로펌들과 비교할 수 없을 만큼 영향력을 발휘할 수 있었는지, 그리고 김앤장이 우리 사회에 어떤 영향을 미쳤는지도 함께 생각해 보았다.

우리 사회에서 법률의 역할은 무엇일까? 변호사라는 법률 전문가가 추구해야 할 가치는 무엇일까? 이 문제들에 대해 이 책이 모두를 만족시킬 만한 대답을 제시하고 있는 것은 아니다. 변호사법에는 사회정의, 국민인권, 공공성의 가치를 분명하게 규정하고 있지만, 변호사의 법률 서비스 역시 사업의 측면이 있음을 부정하기는 어렵다. 공공성의 가치와 수익성의 논리 사이에 적절한 균형을 부여하는 문제는 아마 앞으로도 영원히 우리 모두의 고민일 것이다.

이 책에서 우리가 김앤장의 문제라고 본 것은 그런 수준 높은 주제가 아니다. 최소한 불법은 행하지 않아야 한다는 것, 기존의 법이 지향하고 있는 취지와 법 정신을 무시하는 작위적 법 해석과 농단은 하지 말아야 한다는 것, 정부라고 하는 공적 영역의 인사와 정책을 부정한 방법으로 동원해 영향력을 행사하고 그 대가로 부정한 돈을 버는 일은 중단해야 한다는 것, 영리사업을 하더라도 그 합당한 투명성과 책임성의 원리는 실천해야 한다는 것이 고작이었다고도 할 수 있다. 사회정의, 국민인권, 공공성 실현에 앞장서지 않아도 좋으나 법률가로서 기본과 상식은 지켜야 한다는 것이다.

김앤장의 이재후 대표는 2007년 11월 30일 법조언론인클럽이 개최한 "법률 시장 개방을 앞둔 국내 로펌의 대응과 전망" 토론회에 참석해서 "거대한 공룡과도 같은 외국 로펌들과 경쟁하기 위해서 전문화와 대형화는 반드시 갖춰야 할 기본적인 항목"이라고 말했다. 우리는 김앤장을 사회적 통제에서 벗어난 공룡이 되었다고 말했는데, 거꾸로 김앤장은 공룡은 외국에 있다며 자신들의 공룡화를 정당화하고 있는 것이다. 우리 밖의 공룡에 대항해 국익을 지켜야 하고, 그러기 위해 우리 내부의 공룡을 키워야 할까?

영화 〈더 록〉The Rock에서 오스카 와일드는 "애국은 사악한 자의 덕목이다"라고 말했다. 김앤장과 관련해, 우리가 그렇게까지 분명하게 말할 수 있을지에 대해서는 생각의 차이가 있을 수 있지만, 적어도 다음과 같은 질문은 제기되어야 할 때라고 본다. 김앤장의 법률 서비스는 진정 누구의 이익에 봉사하고 누구의 욕구를 만족시키고 있는가? 법의 정의와 민주주의의 가치를 희생해서라도 이들이 세계적인 로펌에 견줄 수 있는 경쟁력을 갖추게 해야 하는가?

혹자는 김앤장은 단순한 법률사무소일 뿐이라며, 뭐 그리 거창하게 문제 삼느냐고 냉소할지도 모르겠다. 하지만 김앤장은 단순한 법률사무소가 아니다. 단순히 로펌이라고 불리는 법률회사 가운데 하나 정도가 아니다. 사무소의 조직·위치·고객·대가, 그리고 일하는 방식 모두 우리의 상식을 뛰어넘는다. 정부와 사회의 모든 영역을 사업의 대상으로 삼아 영향력을 행사한다. 목적을 실현하기 위해 보이지 않게 연대하는 인맥의 힘도 거대하다. 이 모든 것이 평범한 사람들에게는 낯선 일이었다. 건전하고 합당하게 문제 제기를 하는 것은 사회적으로 유익한 일이며, 김앤장 역시 우리 사회의 한 구성원으로서 책임 있는 답변을 해야 할 것이다.

입법자의 위에서 법률회사의 권력이 작동한다면 그 사회에서 법의 존재와 의미는 그 본질부터 위협받지 않을 수 없다. 국민을 위한 법과 김앤장을 위한 법이 분열될 수 있는 사회에서 과연 법의 정의는 무슨 의미가 있겠는가? '모든 국민은 법 앞에 평등하다'는 민주주의의 기본 원리가 작동할 수 있겠는가? 김앤장의 문제는 이제 미룰 수 없는 우리 사회 모두의 문제가 되었다.

스스로의 변화와 강제당하는 변화 사이에서

김앤장이 그 위상에 걸맞게 우리가 제기하는 문제를 스스로 해소한다면, 사회적으로 가장 유익한 일이 될 것이다. 김앤장 스스로의 자정 노력은 가능할까? 그간의 경험에 비추어 보면 대단히 힘들 것이다. 김앤장은 투명성에 대한 요구를 번번이 거액의 소송을 제기하는 방법으로 원천 봉쇄해 왔다. 따라서 윤리적인 규범을 준수하라고 김앤장에 요청하는 것만으로 달라지는 것은 많지 않을 것이다. 그러므로 스스로 윤리 기준을 강화하고 그에 따른 내부 통제 장치의 도입을 요청하는 것과는 별도로 공적인 제도와 법률을 통한 규제가 병행되어야 한다. 김앤장이 스스로 실천하거나 실천이 강제되어야 할 항목을 지금까지의 논의를 바탕으로 단순 나열해 보면 다음과 같다.

우선 실제(로펌)와 형식(법률사무소)의 불일치, 변호사법상의 사무실 형태에 대한 논란, 세무 관계에 대한 의혹, 쌍방대리 논란 등 많은 문제점과 논란을 해소하기 위해 조직의 형식을 전환해야 한다. 2장에서 살펴보았듯이 변호사법이 허용하고 있는 법무법인(유한), 법무조합 또는 법무법인으로 전환해 대형화와 전문화의 국제적 추세에 대응하면서도 기업이 된 법률회사로서 주식회사 수준의 사회적 감시를 받아들여야 할 것이다.

투명성 확보를 위해서도 스스로 로펌의 운영 내용을 공개해야 할 것이다. 다른 로펌들과 마찬가지로 대표변호사, 파트너변호사 및 소속 변호사의 명단이나 경력을 공개해야 한다. 고문이나 자문위원의 명단 공개는 물론이고 이들의 역할과 직책을 공개해서 폐쇄적인 사무실 운영에서 탈피해야 한다. 수입과 지출에 관한 기본 자료도 공개해야 하며 국세청에 신고한 소득과 실제로 받는 소득이 차이가 나는 근거를 밝혀서 오해를 불식시켜야 한다.

재경부·국세청·관세청·금감원·공정위 등 고위관료를 영입해 월 수천만 원에서 수억 원의 고액 보수를 지급하고 차량·사무실까지 제공하는 행위를 단순한 자문으로 치부하는 것도 잘못이다. 업무 수행을 위해 필요한 역할을 한 것이라면, 공직자윤리법과 변호사법의 취지에 맞게 채용해야 하고, 그가 맡는 직위가 책임성의 원칙에 부응해 투명하게 보고되어야 한다. 물론 그 이전에 압력과 로비를 목적으로 하는 고위공직자의 영입은 중단되어야 한다.

해외 투기자본이 국내 금융기관이나 대기업을 인수하는 과정에서 이들에게 자문을 하거나 법률 대리를 할 경우 공공의 이익을 고려해야 한다. 국민의 세금으로 양성되는 변호사의 역할은 기본적으로 공공성에 기초를 두어야 한다. 그런 그들이 강자의 이익과 더 많은 수입을 위해서만 자신의 지식과 영향력을 사용한다면, 법을 통해 사회정의가 실현되는 것이 아니라 그 반대의 결과를 만들어 낼 것이기 때문이다.

앞서 살펴본 바와 같이 공무원들의 '민간근무휴직 제도'도 많은 문제를 안고 있다. 민간과 공무원의 이해 증진과 상호 발전을 도모하기 위해 2002년부터 도입·시행되고 있는 공무원의 민간근무휴직 제도의 긍정적인 취지는 사라지고, 시행 과정에서 기업과 공무원 사이에 부적절한 관계가 형성되는 것이다. 더구나 로펌에 근무 중인 공무원의 경우 특히 심하다.

공정위는 불공정거래를 감시하고 공정한 경쟁을 유도하는 핵심적 기능을 한다. 그렇다면 불공정 행위의 피해자가 될 가능성이 큰 중소기업에 가서 직접 체험을 하면서 직무를 개선하는 노력이 필요하다. 그러나 공정위 직원들이 가는 곳은 대기업과 대형 로펌들뿐이다. 불공정행위를 할 가능성이 가장 큰 기업에 취업해서 무엇을 배워 온다는 것인가? 결국, 퇴직 후 갈 수 있는 잠재적 기업이나 로펌에 가서 미리 연수를 받는 것에 지나지 않는다. 공정위뿐만 아니라 정부의 민간근무휴직 제도의 대상에서 대기업 집단은 제외되어야 한다. 그리고 일정 정도 변호사 숫자를 가진 대형 로펌도 제외되어야 한다. 제도의 취지에 맞게, 피해를 당할 우려가 있는 기업이나 업체에 가서 애로사항을 청취하고 그 입장에서 개선 방안을 마련할 수 있도록 제도를 운영하는 것이 법의 취지에 부합하는 일이기 때문이다.

민간 휴직 후 문제가 생기면 공직에서 퇴직함으로써 모든 문제를 무마하는 것도 잘못된 일이다. 사고를 치고 나서도 로펌이나 대기업의 품에 안길 수 있다면 그 만큼 공직자로서의 윤리 의식과 준법정신은 약해진다. 이들에 대해서는 퇴직 후 공직자 윤리위원회의 심사는 물론이고 사법 처리를 받도록 해야 한다.

현행법에 비추어 봐도 공무원이 민간 휴직을 통해 김앤장에 근무하는 것은 위법이다. 지금까지 김앤장 법률사무소는 공무원 임용령 제50조2항의 법인·단체·협회 등에 속하는 것으로 분류되어 공무원의 근무가 가능하다는 해석이었다. 그러나 김앤장 법률사무소는 개별 변호사들의 집합체에 불과하다. 법인이 아닌 것이다.

지금까지 말한 정도는 현재의 제도적 환경에서도 김앤장 스스로 실천할 수 있고 또 실천해야 하는 과제들이다. 정부도 마음만 먹으면 할 수 있는 것이 많다. 김앤장이든 정부든 중요한 것은 하고자 하는 의지이지 방법이 없는 것이 아니라는 말이다.

로비스트법 제정이 필요하다

대형 로펌들이 앞 다투어 정부의 고위직을 영입하고 있다. 이들이 하는 일이 무엇이겠는가? 실제 로비스트 역할을 하고 있다. 고문이라는 직책으로 국가기관과 민간 부문을 연계하는 역할을 하고, 공공의 이익에 반하는 부패의 연결 고리를 이루고 있으며, 입법·사법·행정 등 국가 통치 기구 전 부분에 부조리를 만연시키고 있다. 현행 공직자윤리법에는 퇴직 후 2년 동안 영리 목적의 기업체에 취업할 수 없게 되어 있지만, 로펌은 자본금 요건에 해당이 되지 않아 아무 소용이 없다. 공직자윤리법의 개정·강화도 필요하겠지만 그와 더불어 로비스트법을 제정하여 양성화하는 것이 오히려 현실적이라고 본다.

2007년 2월 미국 상원에 보고된 '로비 보고서'가 우리나라에 소개되었다. 그 내용은 론스타가 "한국 검찰에 고발된 탈세 문제와 제안된 한미FTA 하에서의 투자자 보호를 위해 '미국의 하원·상원·무역대표부·상무부·재무부를 상대로 네 명의 로비스트들이 로비 활동을 했다"는 것이었다. 이처럼 미국에서의 로비 활동은 로비공개법으로 규제된다. 로비스트는 관련 정부기관에 등록해야 한다. 자신이 수행 중인 로비 활동의 성격과 목적, 보수 등을 보고해야 한다. 미국 상원의 공공자료국은 지난 2001년부터 인터넷 홈페이지(http://sopr.senate.gov)를 통해 로비 보고서를 공개하고 있다.

우리나라 공직 사회는 국가고시나 지연·혈연·학연 등으로 단단히 엮여있다. 여기에 유교적인 전통도 일조하면서 그야말로 한집안 식구와 같은 유대감과 일체감을 형성하고 있다. 이에 따라 장관이나 국장 등 상관의 말에거의 절대적으로 복종하며, 중하위직 관료들은 이의를 제기하지 않는다. 이들이 현직을 떠나더라도 마찬가지다. 부처의 잘못이나 문제점을 지적하면'배신자' 소리를 듣는다. 국회의 국정감사가 열려 어쩌다가 전직 장관이나부총리가 증인으로 출석하면 현직의 국장급 이하 전 간부가 엘리베이터 앞에 도열해서 마중하고 배웅해 주기도 한다. 이런 현상은 특히 재경부가 심각하다.

사정이 이럴진대 고위직과 중하위직을 막론하고 현직에 있는 사람들이 전직 고위관료들의 만남과 청탁을 거절할 수 있겠는가. 뇌물을 받는 것도 부패지만, 인맥과 관계의 영향 때문에 불공정하게 업무를 처리하거나 공익과 사익을 구분하지 못하는 것도 부패의 일종이다. 관료나 법관들이 자신이 들어갈 회사나 로펌을 염두에 두고 공무를 집행하거나 판결을 하는 것은 구조적 범죄이자 국가 권력을 사유화하는 것이나 다름없다.

그런데 실제 이런 불법이나 부패 사건이 터져도 감사원의 감사나 검찰의 수사 결과는 항상 초라하기 그지없었다. 고시나 학연으로 얽힌 사회구조, 이를 통한 로비와 부패의 먹이사슬이 작동하는 한에서는 언제나 마찬가지일 것이다. 이럴 바에는 차라리 양성화해 책임성을 높이는 방법을 고려해야 할 것이다. 로비 관련 법률이 제정되면 비공식적으로 정부의 정책이나 입법, 각종 인·허가 심지어 인사에 대해서까지 영향력을 행사하는 일은 훨씬 어려워질 것이다. 그리고 이들 로비스트와 만나는 정부 당국자의 이름과 로비 내역, 로비스트의 보수 등이 공개된다면 정부의 정책이 부적절하고 불법적인 방식으로 진행되는 것을 일정 부분 억제할 수 있을 것이다. 물론 불법 로비의 유혹이 되는 '성공보수'의 지급을 금지하는 것은 당연하다. 또한 로비 보고서를 미국처럼 인터넷으로 공개하여 국민에게 알 권리를 보장하는 것도 중요하다.

수임료와 행정 및 재판 정보는 공개되어야

차별화된 법률 서비스를 제공하는 것은 로펌의 능력이다. 누구도 획일화된 수임료 체계와 서비스를 요구하지 않는다. 그러나 판사와 검사로서 퇴직 전에 어느 위치에 있었는지에 따라서 변호사의 능력과 수임료가 달라진다면 문제다. 능력에 따라 지급한다는 고액 연봉은 전관예우와 같은 부조리한 관행의 결과이고, 이는 변호사 업계의 양극화와 법조 비리를 낳은 토양이 된다. 따라서 변호사 수임료에 상한선을 둘 필요가 있다.

또한, 변호사의 수임 건수와 금액을 대한변호사협회에 신고하도록 하고 일반인에게 공개해야 한다. 이럴 때 과세의 투명성을 확보하고 과도한 수임료에 대한 현상을 파악할 수 있다. 현재도 변호사들은 과세 자료를 국세청에 제출하고, 국세청은 이 자료를 근거로 세금을 부과하고 있다. 그런데 국회에서 과세 자료를 공개할 것을 요구하면 개인의 사생활 침해와 영업 비밀 보호, 개인 정보 보호를 내세워 거절한다. 영업 매출액이 어떻게 사생활이며 개인 정보인가? 기업의 경우 매출액이 공시되는 것이 기본이다. 기업이 된 법률회사는 응당 매출액을 공시해야 한다. 사무실 설치 제한마저 완화되어 점점 기업화가 진행되고 있는 마당에 기업의 투명성 원리는 당연히 로펌에도 도입되어야 한다. 형평성과 투명성을 위해서는 변호사들의 수임료가 국세청과 대한변호사협회에서 교차 점검되도록 해야 하며, 일정 규모 이상의 대규모 로펌의 경우 일반인에게 공개되어야 한다.

각급 정부기관의 정보 공개가 필요하고 정보공개법이 개선되어야 한다. 정보가 있어야 김앤장 법률사무소가 '반드시 이겨야 할 소송에 처한 고객'에게 단순한 법률적인 서비스뿐만 아니라 전관예우나 기타의 방법으로 부적절한 영향을 미쳤는지 검증할 수 있다. 인수·합병 거래에서 '국내 최대 규모의 인적 자원과 방대한 사례의 경험을 활용하여, 그 누구보다도 탁월한 업무수행 능력을 보유'하고 있다고 하는 탁월한 업무 수행의 방법과 내용도 투명해질 수 있다. 또한 '입법 과정의 참여'나 '국내에서 추진된 각종 공기업 민영화 프로젝트에 관여하면서, 민영화 기업 자신에게 조언'한 내용이 어떻게 '투자자'에 대한 지원으로 변환되는지 드러날 것이다.

현재 정보공개법이 있지만 비공개 대상이 광범위하여 공무원들은 자신들에게 불리한 내용은 일단 비공개로 한다. 자의적이고 악의적인 비공개를 막을 수 있는 어떠한 장치도 없다. 이와 같은 맹점 때문에 공무원과 로펌의 유착 가능성은 높아지고 감시는 어려워진다. 복잡한 법률 용어를 정비하고 행정부와 사법부의 관련 자료를 공개해야 한다. 행정 관청이 결정하는 각종 결정문이나 법률 보고서, 의견서 및 서면 문건을 공개해야 한다.

2007년 들어 변호사법 개정이 추진되고 있으니 일단은 지켜볼 일이다. 그런데 벌써부터 이에 반발하는 집단에서는 변호사법 개정안이 통과되면 위헌 소송을 하겠다고 나서고 있으며, 개인 정보 유출과 심지어 소송 의뢰인의 사생활을 이유로 반대하고 있다. 차제에 영업 비밀과 사생활 침해, 그리고 공공성과 투명성, 국민의 알 권리에 대한 활발한 논의와 재검토가 있어야 할 것이다.

고형식 미국 변호사는 영업 비밀과 사생활 보호에 해당하는 것이 아니라면 "법원의 재판 판결문, 변호사가 제출한 소송 적요서 등"도 공개해야 하며, 부패방지법과 공직자윤리법에 의해 설치된 "국가청렴위원회와 공직자

윤리위원회에 소환영장 발부 권한을 부여해야 한다"는 요지의 글을 『르 몽드 디플로마티크』 한국판에 기고하면서, IMF 사태 이후 철의 삼각 동맹에 의해 저질러진 모든 부패사건을 철저히 조사해 사회정의를 복원해야 한다고 주장했다. 전적으로 타당한 이야기다.

론스타게이트와 삼성에버랜드 사건 조사로 첫발을 떼자

제도 개선에는 단기적 또는 중·장기적 과제가 있다. 하지만 현재 드러나고 있는 불법성에 대한 조사는 시급하다. 2003년 외환은행 매각은 감사원 감사와 검찰 수사에서 불법 매각이라는 사실이 드러났다. 그런데 바로 외환은행 불법 매각의 두 축인 자기자본비율 조작과 은행법 불법 적용에 김앤장이 관련되어 있다. 그들은 불법의 핵심인 은행법 시행령 제8조2항의 단서조항을 적용해서 외환은행을 매각하도록 정부에 법률 검토서를 전달했다. 비공식적인 자문과 비밀리에 이루어진 법적 검토는 고위공직자 출신 김앤장 고문들의 로비 결과라고 법정에서도 공방이 벌어지고 있다.

　외환은행을 부실 은행으로 만들기 위해 자기자본비율이 조작되었고, 이 조작에 사용된 것 또한 정체불명의 팩스 다섯 장이었다. 이 괴문서 팩스 다섯 장의 출처와 작성자가 누구인지 검찰에서 밝혀진 것이 없다. 검찰은 2003년 론스타의 외환은행 불법 인수 의혹을 수사하기 위해 모든 곳을 다 조사했다. 2006년 4월에는 론스타코리아를 압수 수색했고, 그 후 외환은행, 재경부, 씨티글로벌마켓 등 관련되는 모든 곳을 압수 수색해 조사했다. 그런데 유독 김앤장에 대해서는 조치를 취하지 않고 서면 조사를 했다. 외환은행 불법 매각의 양대 핵심인 법률 검토와 자기자본비율 조작에 김앤장이 직접적으로 관련이 되어 있음에도 압수 수색조차 하지 않는 것은 직무 유기이자 국민을 기만하는 것이다.

김앤장은 2003년 11월 외환카드 주가조작에도 관여했다. 당시 고문이었던 김형민 고문(현재 외환은행 부행장)은 주가조작을 위한 보도자료를 작성하고 검토했다. 김형민 고문은 변호사가 아니다. 공식적인 직책으로는 김앤장의 직원이었다. 그렇다면 이 주가조작에는 직원에 대한 감독 책임이 있는 김영무 대표변호사도 책임이 있다. 검찰이 못 하면 국민의 대표인 국회가 나서야 한다. 특별 검사를 도입해 김앤장 법률사무소를 압수 수색해야 한다. 론스타 관련 각종 의혹과 외환은행 불법 매각 의혹, 외환카드 주가조작 의혹에 대해 성역 없이 조사해 진실을 밝혀야 한다.

더구나 외환은행을 인수한 론스타펀드에는 '검은머리 외국인'의 투자가 숨어 있다. 검은머리 외국인이라는 말은 외국인 투자자로 위장한 한국인 투자자를 말하는 증권가 은어이다. [그림 9]에 있는 론스타의 투자 구조도를 보면서 이야기해 보자.

론스타의 외환은행 투자에는 다양한 펀드가 참여하고 있다. 이 중에서 'LSF IV B Korea I, L. P(Bermude)'와 'LSF IV B Korea II, L. P(Bermude)'는 지분이 각각 11.64%와 20.34%인데 이들은 검은머리 외국인(한국인 투자자)으로 의심되는 투자자들이다. 이 밖에 'HudCo Partners IV Korea Ltd (Bermude)'의 지분 1.55%도 검은머리 투자자다.

복잡해 보이지만 이를 해석해 보면 어렵지 않다. LSF IV는 론스타펀드

[그림 9] 론스타펀드 투자 구조도

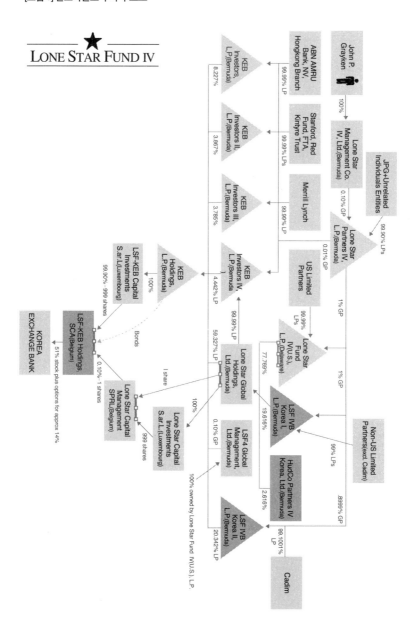

의 네 번째라는 뜻이고, 론스타가 외환은행을 인수하기 위해 만든 펀드 이름이다. 그다음 B는 미국인이 투자한 펀드인 A와 구분하기 위해서 붙인 인식표다. Korea I, Korea II가 한국인 투자자를 정의하는 핵심이다. LP는 유한책임사원Limited Partners이라는 뜻이고 GPGeneral Partners와 달리 펀드 운용에 관여하지 않고 투자 금액에 대해서만 책임을 지는 투자자를 가리킨다. Bermude는 세금을 내지 않기 위해 버뮤다라는 조세회피처에 이 펀드가 설립되었다는 표시다. 알고 보면 쉽다.

'HudCo Partners IV Korea Ltd(Bermude)'도 같은 맥락이다. 다른 점은 이들은 론스타의 직원들이 투자한 펀드라는 것이다. 알다시피 론스타는 국내에서 투자를 실행하고 투자 관리 및 채권 회수를 위해 론스타 코리아와 허드슨어드바이스 코리아를 설립했다. HudCo는 허드슨회사라는 뜻이고 Korea는 한국에서 이 회사에 근무하는 직원들이 투자한 몫이다. 회사 직원들이 론스타의 외환은행 인수 당시 함께 투자에 참여하기 위해 만든 펀드다. 이것이 '함께 나누어야 성공한다'는 론스타의 경영 기법이다. 같이 투자에 동참시켜야 거래의 성공을 위해 열심히 일한다. 거래가 성사되면 함께 이익이 올라가기를 바라는 운명 공동체가 된다. 투자 당시 있었던 비밀에 대한 유지도 가능하고, 별도의 강제가 필요하지 않게 된다. 그래서 펀드와 직원들은 '너는 내 운명'이 된다. 물론 펀드 매니저가 총 이익의 20~30%를 수수료로 가져가기에 이들이 최대 수혜자이지만, 소액투자자도 수익률이 400%에 달하면 엄청난 돈이다.

왜 투자자를 밝히는 것이 중요한가? 각종 불법과 로비를 하는 것은 동기가 있기 마련이다. 아무 이유 없이 은행 매각이라는 거대한 불법을 감행하겠는가. 정부 관료와 투기자본과 법률 엘리트의 사상 유례없는 도박이 감행된 배경을 알기 위해서는 투자자를 알아야 비밀이 풀린다.

삼성의 사례는 불법을 자행하고 증기를 조작하는 이유가 무엇인지를 좀 더 분명하게 알 수 있게 해 준다. 삼성에버랜드 사건은 재벌 총수의 이익과 경영권 승계를 위해 일어난 사건이다. 이 사건 역시 동기와 이유가 있다. 그리고 대가도 있다. 삼성에버랜드 사건과 그 밖의 삼성에 대한 법률자문과 소송에서 김앤장은 엄청난 대가를 받았으며, 이것이 불법과 조작에 대한 대가라고 의심받고 있다. 따라서 삼성특검법에서 김앤장에 대한 조사는 필수적이다. 이미 김용철 변호사가 수많은 증거를 제시했다. 김 변호사의 증언대로, 그 자신이 바로 살아있는 증거다.

김 변호사의 폭로 내용을 요약해 보자. 김앤장은 삼성에버랜드 이사회가 열리지 않은 상태에서 이학수 부회장, 김인주 사장 등이 전환사채 발행을 주도한 사실을 알았다. 그러면서도 허위사실 조작에 적극적으로 가담했다. 그뿐만 아니라 불법 행위의 대가로 엄청난 액수의 자문료를 챙겼다. 에버랜드 수사와 재판 과정에서 발생한 법률 비용 수십억 원을 김앤장 법률사무소가 요구해 삼성전자의 자문료 형식으로 지급되었다. 또한 김 변호사에 따르면, 김앤장은 이재용 씨에 대한 삼성전자 전환사채 사건 소송 도중에 약정 외 보너스로 10억 원을 요구해 5억 원을 받아 갔고, 2002년 대선 불법자금 수사 때도 약정된 이상의 거액을 비자금에서 받아 갔다.

게다가 삼성그룹의 불법 행위에 가담한 핵심 최고위인사가 김앤장 출신 변호사였던 점은 이 거대한 불법 비리 사건에 김앤장이 얼마나 깊숙이 관여했는지를 짐작케 한다. 삼성 경영권 불법 승계의 핵심인 에버랜드 사건 중거 조작에 가담했다면 김앤장은 위증 교사나 범인 은닉, 위계에 의한 공무집행방해 등 형사 처분을 피할 수 없을 것이다. 에버랜드 사건 수임료를 삼성전자의 자문료 형식으로 지급받았다면 이 역시 삼성전자의 업무상 배임 문제로 번질 수 있다.

론스타의 외환은행 불법 인수 주도로 국민적 지탄을 받아 온 김앤장이 삼성의 각종 불법 행위에도 핵심적으로 관여했고 그 대가로 막대한 수임료를 챙겼다는 의혹은, 김앤장이 다수 시민의 이익과 사회정의를 위해서 반드시 조사받아야 할 대상임을 보여 준다. 한 손에 투기자본을 또 한 손에는 재벌을 떠받들고 있는 김앤장을 수사하는 일은 더 이상 미뤄질 수 없다.

보이지 않는 권력은 취약하다: 비가시적 권력의 변증법

우리는 지금까지 김앤장의 실체를 드러내 보려 했다. 하지만 손에 잡힐 정도로 명확하게 그려진 것은 아니다. 분명 오늘날 한국 사회에서 김앤장의 강력함은 그 실체가 드러나지 않았기 때문에 발휘되는 측면이 크다. 그러나 자신의 권력을 보이지 않는 영역에서 관리하는 방법은 일견 매우 효과적이고 강력해 보이지만, 사실은 그렇지 않다. 비가시적 권력이 단기적으로는 효과적일 수 있다. 하지만 그것은 권력의 장기적이고 안정적인 유지에 있어서는 매우 치명적인 문제를 안고 있다.

첫째, 보이지 않는 권력은 대개 위계적이고 수직적인 구조를 갖기 마련이다. 따라서 자기 조정 능력을 갖춘 합리적이고 체계적인 조직이 아니다.

그러니 조직에 위기가 닥쳤을 때 관리가 어렵고 능동적인 변화가 불가능하기 때문에 해체나 분리 축소로 귀결되는 경우가 많다.

둘째, 기본적으로 권력은 일방적일 수 없기 때문이다. 독일의 사회학자 막스 베버가 강조했듯이, 권력의 원천은 상호적인 구조에서 발생한다. 그런데 비가시성은 일방적인 권력관계를 조장하게 되고 결과적으로 권력에 대한 자발적 동의의 기반을 스스로 취약하게 만든다.

김앤장의 경우에도 그 조직이 고액 급여와 잘못된 명성에 의존해 계속 유지될 수는 없다. 가시적이고 예측 가능한 조직 운영과 그것을 가능케 할 합리적 체계가 작동하지 않는다면 내부 구성원조차 적극적 참여와 열의를 지속적으로 발휘할 수 없기 때문이다.

사회적으로도 마찬가지다. 이제 김앤장은 투명한 운영과 결과에 대한 책임을 면제받기에는 그 규모나 영향력이 너무 커졌다. 경제 관리를 담당하는 공적 권력과 사적 이익이 거래되는 영역에 대한 사회적 감시는 사실상 시작된 것이나 다름없다. 이 책도 그것을 증명하는 하나의 예라고 할 수 있다. 그동안 최고의 영향력과 이익을 쌓아 온 김앤장에게도 책임에 대한 추궁은 어떤 형태로든 부과될 수밖에 없을 것이다.

이 책임에 대해 김앤장은 '토종 로펌론'으로 대응하고 있다. 법률 시장이 개방되면 외국 법률회사들이 밀려들어 오고 여기에 맞서 토종으로서의 자존심을 지키겠다고 이야기하고 있다. 비리 재벌이나 외국 투기자본의 이익을 위할 때는 '누구나 변호사의 조력을 받을 권리가 있고, 국적이나 성별에 따라 차별을 하지 말아야 한다'고 하면서 전문가로서 법률 서비스를 제공한다. 그러다가 자신들의 이익을 위해서는 토종이라는 '사악한 애국심'에 호소하는 것이다. 바둑에서 말하는 꽃놀이 패라고 할 것이다. 한 손에는 자신의 욕망을 위해 애국을 내세우고 또 한 손에는 법률 시장을 독점하는 이런 '꽃놀이 패'는 곤란하다.

그런 의미에서 김앤장의 신화는 깨져야 한다. 기록을 햇빛에 말리면 역사가 되고 달빛에 말리면 신화가 된다는 말이 있다. 김앤장은 보이지 않는 비가시적인 영역에서 수많은 일을 해 왔다. 여기에 아무런 견제와 감시가 없을 때 그들은 신화가 되었다. 그러나 투명성의 햇빛을 비추게 되면 그 신화는 사라진다. 왜 햇빛이 필요한가. 그것은 앞에서 이야기했듯이 그들이 권력의 핵심인 '법'을 다루기 때문이다.

법을 공부하다 보면 "권리 위에 잠자는 자는 보호받지 못한다"는 격언을 듣게 된다. 이 말은 스스로 권리를 인식하고 권리를 행사할 때 보호를 받을 수 있다는 의미다. 여기서 한 걸음 더 나아가 우리는 오늘날의 민주주의가 '법 앞의 평등'이라는 소극적 의미를 넘어 '권리 앞의 평등'이라는 적극적 의미로 확장되어야 한다고 본다.

우리가 보는 김앤장은 "권리 위에 잠자는 자를 깨우지 말고 그대로 두라"고 이야기하는 듯하다. 독자 여러분에게 김앤장은 무엇인가. 들어가고 싶은 로망인가. 소송을 맡기고 싶은 해결사인가. 같이 일해 보고 싶은 파트너인가. 아니면 나의 삶의 터전을 파괴하는 세력인가. 법률을 활용해서 시민의 권리를 억압하는 존재인가.

내가 서 있는 처지에 따라 바라보는 시각도 달라질 것이다. 그러나 더 이상 평등한 권리 위에 군림하고 있는 법률 전문가의 존재를 무비판적으로 용인할 수만은 없다. 최소한 김앤장의 실제 모습과 사회적 역할을 객관화하는 것에서 시작해, 보이지 않는 권력과 잘못된 신화가 우리 사회를 지배하도록 방치되고 있는 현실을 개선해 가야 할 것이다. 과도할 정도로 특권화되어 있는 법의 영역 역시 민주주의의 가치와 원리에 맞도록 변화시켜 가는 일이 중요하다. 이 일은 법률 전문가에게만 맡길 일이 아니며, 우리 사회 모두 관심을 갖고 참여해야 할 과제가 아닐 수 없다.

이것이 국회의원 임종인과 노동자 장화식, 즉 '임앤장'이 지금까지 김앤장에 관해 말하고자 했던 핵심 중의 핵심이다.

참고자료

감사원. 2006. 「감사결과 처분요구서 – 공정거래위원회 기관 운영 감사」(08/17).

감사원. 2007. 「감사결과 보고서 – 외환은행 매각추진 실태」.

고형식. 2006. 「론스타 사건의 핵심은 부패와의 전쟁」. 『르몽드 디프로마티크 한국판』 12월호.

국정홍보원. 2006. 「MS 대리인 회사 전문가 주장 여과 없이 보도」. 『국정브리핑』(02/03).

금융감독원. 「사모주식투자펀드(PEF) 등록 현황」(03/08).

금융감독원. 2006. 「금융회사의 로펌별 법률자문 현황」.

김&장 홈페이지 www.kimchang.com.

김영태. 2004. 『음, 꿈의 전람회』. 돌을새김.

김태선. 1999. 『예술가의 장한 어머니』. 꿈이있는사람들.

노르베르토 보비오 지음. 윤홍근 옮김. 1989. 『민주주의의 미래』. 인간사랑.

버나드 마넹. 2004. 『선거는 민주적인가』. 후마니타스.

이브 드잘레이 , 브라이언트 가스. 김성현 옮김. 2007. 『궁정전투의 국제화 』. 그린비.

이화형 외. 2006. 『한국현대여성의 일상문화 6: 자녀교육』. 국학자료원.

장화식. 2004. 「투기자본과 그 폐해 개관, 증권·투신·카드업종의 투기자본과 그 폐해」. 투기자본감
　　　시센터 창립 토론회 발표문(08/25).

장화식. 2005. 「론스타의 외환은행 투기는 유죄」. 『노동사회』 10월호. 노동사회연구소.

장화식. 2005. 「소버린은 과연 무엇을 남겼나?」. 『참여와 혁신』 8월호.

장화식. 2005. 「투기하기 좋은 나라, 투기 권하는 사회가 되려는가?」. 〈한림Online〉(06/20).

장화식. 2005. 「팩스 5장에 60조짜리 은행을 판 총체적 무능과 부패」. 〈레이버투데이〉(12/15).

장화식. 2006. 「3각 유착이 금융을 멍들게 하고 있다」. 『매일노동뉴스』(03/28).

장화식. 2006. 「국가를 '협박'하는 론스타펀드」. 〈한림online〉

장화식. 2006. 「론스타 불법거래 의혹 밝혀낸 장화식 투기자본감시센터 정책위원장」. 『대구매일신
　　　문』(06/19).

장화식. 2006. 「론스타의 '먹튀'와 '반전드라마'」. 『진보정치』(06/10/28).

장화식. 2006. 「론스타펀드, 한국인투자자 밝혀야」. 『한겨레21』 616호.

장화식. 2006. 「투기자본과 그들만의 먹이사슬」. 〈한림Online〉(03/28).

장화식. 2006. 「한미 FTA와 투기자본」. 대안연대 토론회 발표문(04/21).

장화식. 2006. 『외국 투기자본의 폐해실태와 해결방안 : 론스타의 외환은행 인수, 그 실체와 문제점을 중심으로』. 국회의원 최경환에 제출한 연구 용역보고서(06/18).

장화식. 2007. 「론스타 사건의 본질과 언론을 통한 여론 조작」. 론스타게이트 국민행동/국회연구단체 '한국적 제3의 길' 토론회 발표문(10/16).

장화식. 2007. 「론스타 사건의 본질은 부패다」. 『한겨레21』 677호.

장화식. 2007. 「투기자본-로펌-관료 삼각동맹」. 『시민과 세계』 제12호.

장화식. 2007. 「투기자본과 한국사회」. 한국사회포럼 발표문(07/06).

재정경제위원회 문서 검증반. 2005. 「론스타펀드의 외환은행 인수관련 문서검증 결과보고(안)」.

정범준. 2006. 『제국의 후예들: 대한제국 후예들의 삶으로 읽는 한반도 100년사』. 황소자리.

참여연대. 2006. 「2000년 이후 배임·횡령 기업인 범죄 판결사례 조사」. 참여연대 이슈리포트(07/03).

참여연대. 2006. 「퇴직 판·검사 영입으로 몸집 불린 로펌들」. 『사법감시』 28호.

최장집. 2006. 『민주주의의 민주화』. 후마니타스.

투기자본감시센터. 2004. 『투기자본(론스타)의 금융기관 (외환은행) 인수 왜 문제인가』.

한국은행. 2005. 『투기성 외국자본의 문제점과 대응과제』.

홍기빈. 2007. 「금융엘리트의 독주? : 금융허브 계획의 현황과 문제점」. 참여사회연구소 주최 심포지엄 "세계화 시대, 관료독주와 민주주의의 위기" 발표문(10/19).

「칼라일의 한미은행 변칙인수 논란」. 『신동아』 2005년 4월호.

Lincoln Caplan. 1994. *Skadden: Power, Money, and the Rise of a Legal Empire*. Farrar Straus Giroux.

국회의원 발표 자료

강기정. 2005. 「보건복지부 국정감사 자료」. 보도자료(9/20)

김동철. 2006. 「대법원 국정감사 자료」. 보도자료(11/01).

김동철. 2006. 「법무부 국정감사 자료」. 보도자료(10/30).

김양수. 2006. 「공정위 공직자가 공정거래 발목 잡나?」. 보도자료(09/20).

김양수. 2006. 「공정위, KT, 로펌 간 커넥션 의혹」. 보도자료(10/16).

김양수. 2006. 「공정위와 로펌 부적절한 공생」. 보도자료(10/16).

김양수. 2006. 「김&장 법률사무소, 고위공직자 대거 영입하여 은행 법률시장 싹쓸이!! 심각한 독점 폐해 드러나」. 보도자료(09/10).

김양수. 2006. 「최근 3년간 시중 은행의 로펌별 법률자문 건수, 액수, 법률자문 내용」. 금감원 요구자료 답변서(9월).

김영주. 2006. 「공정거래위원회 민간근무휴직 공무원, 민간 기업에서 부당금전 받아와」. 보도자료 (09/25).

박상돈. 2007. 「공정거래위원회 국정감사 자료」. 보도자료(10/22).

박세환. 2006. 「대법원 국정감사 자료」. 보도자료(11/01).

서혜석. 2006. 「2002년 이후 금감원이 법률자문을 구한 내역, 자문료, 자문사유」. 금감원 요구자료 답변서(10월).

서혜석. 2006. 「2002년 이후 금감원이 외부에 의뢰한 법률자문 목록」. 금감원 요구자료 답변서(10월).

서혜석. 2006. 「2004년 이후 금감원과 론스타(외환은행) 간 수발신 문서 목록」. 금감원 요구자료 답변서(10월호).

서혜석. 2006. 「공정거래위원회 국정감사 자료」. 보도자료(2006/10/16).

서혜석. 2006. 「금융회사의 로펌별 법률자문현황('02.1월~'06.6월)」. 금감원 요구자료 답변서(06/10).

심상정. 2006. 「관세청–부처 퇴사 후 김앤장에 근무하는 직원 현황」. 요구자료 답변서(09/22).

심상정. 2006. 「부처 내 김앤장 합동법률사무소에 근무한 경력이 있는 직원」. 재경부 요구자료 답변서(09/19).

심상정. 2006. 「최근 3년 동안 김앤장 합동법률사무소 관련자료」. 금감원 요구자료 답변서(9월).

심상정. 2006. 「최근 3년 동안 퇴사 후 김앤장 합동법률사무소에 근무하는 직원 현황」. 재경부 요구자료 답변서(09/19).

심상정. 2006. 「최근 3년간 김앤장 합동법률사무소에 용역 의뢰한 사항」. 재경부 요구자료 답변서(09/19).

임종인. 2006. 「'99년 이후 지난 10년간 김앤장에게 자문을 구한 내역, 자문료, 자문 사유」. 금감원 요청자료 답변서(10/17).

임종인. 2006. 「공사, 정부 투자기관·재투자기관(금융감독원)의 지난 5년간 로펌별 법률자문 현황(건수 및 금액)」. 금감원 요청자료 답변서(10/17).

임종인. 2006. 「공사, 정부 투자기관·재투자기관의 지난 5년간 변호사별 법률자문 현황(건수 및 금액)」. 금감원 요청자료 답변서(10/17).

임종인. 2006. 「국세청과 국세심판원 출신 중 김앤장에 근무하는 명단과 이직 직전 담당 업무(2001년 이후)」. 재경부 요청자료 답변서(10/16).

임종인. 2006. 「금감원 설립 '99년 이후 외부 법무법인에게 자문을 구한 내역, 자문료, 자문 사유」. 금감원 요청자료 답변서(10/19).

임종인. 2006. 「금감위는 론스타의 외환은행 대주주 자격을 박탈하라」. 검찰의 론스타 사건 수사결과 발표에 대한 입장 성명(12/07).

임종인. 2006. 「금융감독원이 99년 이후 외부에 의뢰한 법률자문 내역」. 금감원 요청자료 답변서(10/17).

임종인. 2006. 「론스타 사건 진상 규명 철저 촉구」. 대검찰청 국정감사 논평(10/26).

임종인. 2006. 「론스타, 외환은행 대주주 자격 승인 위해 재경부·금감위와 사전 공모」. 기자회견문(10/25).

임종인. 2006. 「법원은 론스타 사건 수사를 방해하지 말라」. 성명(11/03).

임종인. 2006. 「법원은 외환은행 불법매각의 진실을 밝히는 데 협조하라」(11/09).

임종인. 2006. 「재경부 초대 장관부터 현 장관들의 세부 경력」. 재경부 요청자료 답변서(07/21).

임종인. 2006. 「지난 10년간 김앤장 법률사무소 자문 내역」. 금감위 요청자료 답변서(10/11).

임종인. 2006. 「지난 10년간 김앤장에게 자문을 구한 내역, 자문료, 자문 사유」. 금감위 요청자료 답변서(10/17).

임종인. 2006. 「지난 5년간 금감위 출신의 김앤장 법률사무소 이직 현황」. 금감위 요청자료 답변서(10/17).

임종인. 2006. 「지난 5년간 재경부와 협의한 제정·개정 법안 중 금감위가 직접 개최한 공청회, 법안명, 참석자(발제자 및 토론자)」. 금감위 요청자료 답변서(10/17).

임종인. 2006. 「지난 5년간 재경부와 협의한 제정·개정 법안 중 외부 자문기관(변호사, 법무법인)으로부터 자문을 받은 법안명, 연도, 자문기관 및 자문료, 연구용역(변호사)」. 금감위 요청자료 답변서(10/17).

임종인. 2006. 「최근 10년간 정부입법 추진 시 외부법률회사에 대한 자문의뢰 목록」. 재경부 요청자료 답변서(10/20).

임종인. 2006. 「최근 5년간 법안 제출 목록과 자문기관, 공청회 등」. 재경부 요청자료 답변서(10/20).

임종인. 2006. 「IMF 이후 각 금융기관별 인수·합병·매각·청산 내역」. 금감원 요청자료 답변서(10/11).

임종인. 2007. 「'한국외환은행 불법매각의혹 감사원 감사결과 등에 따른 특별조치촉구 결의안' 이번 정기국회에서 반드시 처리해야」. 성명서(11/21).

임종인. 2007. 「공직자윤리법 일부개정법률안 : 고위공직자 로펌 재취업 제한」(09/04).

임종인. 2007. 「론스타 자격 '재심 권유'한 감사원 조치는 직무유기」. 성명서(03/13).

임종인. 2007. 「론스타게이트 의혹규명 및 재발방지를 위한 방안」. "론스타-HSBC, 외환은행 매각 자격 있는가" 토론회 토론문(10/16).

임종인. 2007. 「변호사법 일부개정법률안 : 퇴직 판·검사 전관예우금지」(06/15).

임종인. 2007. 「외환은행 불법매각의혹 특별조치 결의안 2007년 정기회 처리요청 공문」. 국회의장, 대통합민주신당·한나라당·민주노동당·민주당·국민중심당 원내대표 앞으로 발송(10/29).

임종인. 2007. 「투기자본 규제를 위한 국회의 역할」. 투기자본감시센터 창립 3주년 기념 토론회 토론문(11/28).

임종인. 2007. 『(준)사법기관에 대한 국민의 민주적 통제, 어떻게 할 것인가?』. (준)사법기관 개혁을 위한 연속 대토론회 토론자료집(5월).

임종인. 2007. 『2007년 의정보고서(대법원, 감사원, 대검찰청, 서울고등검찰청, 서울고등법원, 헌법재판소 2006년 국정감사 질의서)』(2월).

임종인. 2007. 『한국사회의 성역 김&장 법률사무소』. 정책자료집(2월).

최경환. 2006. 「2005년부터 현재까지 금감원 임직원 중 김앤장 법률사무소로 이직한 내역」. 금감원 요청자료 답변서(9월).

최경환. 2006. 「2006년 국정감사 질의자료」. 국세청 질의자료(10/16).

신문 및 방송 자료

「서울중, 소로스 지분 어디로 갔나」. 〈머니투데이〉(2005/12/15).

「[12월법인 주총]사외이사 법조·관료출신 독식」. 『매일경제』(2006/03/19).

「고위공직자 낙하산과 회전문 2. 재경부의 힘」. 『경향신문』(2005/06/29).

「공정거래위원회」〈인사〉공정거래위원회」. 〈연합뉴스〉(2005/12/28).

「그들의 스승, 그들의 모델 ⑬천정배 의원과 고 조영래 변호사·김대중 전 대통령」. 『내일신문』(2005/05/19).

「긴급점검〕공직자 로펌행 무엇이 문제인가? ③」. 『조세일보』(2006/04/18).

「김&장 법률사무소 "토종로펌 자본삼" … 전문화·대형화로 시장개방 극복」. 『법률신문』(2006/05/05).

「김우중 귀국특별수사통 '창' … 최대로펌 '방패'」. 『동아일보』(2005/06/14).

「법조광장〕로펌의 형태에 관한 소고」. 『법률신문』(2006/05/01).

「사람들〕삼성그룹 새 전략기획위원회 위원」. 『매경이코노미』(2006/03/22).

「정동칼럼〕강력한 국가의 귀환」. 『경향신문』(2007/10/18).

「주총결산 학계·법조 전문가 영입 경영 감독·견제 틀 마련」. 『파이낸셜 뉴스』(2006/03/30).

「집중해부〕막강 '토종 로펌' 김&장」. 〈etimes〉(2006/09/01).

「[태평로] 무책임 행정과 우물 안 검찰」,『조선일보』(2006/12/08).

「[회전목마]공정위 시장감시 주무팀장 로펌행」,〈연합뉴스〉(2006/09/01).

「[C대 Lounge]C대 EHDGID & 화제」,『매경이코노미』(2005/11/16).

「[edaily 리포트]김&장 '쏠림현상' 문제없나」,〈이데일리〉(2006/02/10).

「[KT&G] 주주들에게 회사가 추천한 사외이사 후보 지지 요청」,〈연합뉴스〉(2006/02/20).

「'개인 소득 함부로 공개 말라' 김앤장 변호사들 소송 파문」,『헤럴드경제』(2007/11/05).

「금산법' 공청회, 금산분리 원칙 놓고 격론」,『한국경제신문』(2006/02/14).

「로펌-대기업들' 퇴직 국세공무원 '싹쓸이'」,『조세일보』(2005/06/17).

「론스타 진상규명' 막는 세력들의 필사적인 로비」,〈한림Online〉(2004/04/11).

「KOREA CQ: 한국통' 강좌 내외국인 40명 북적」,『이코노믹리뷰』(2006/03/17).

「10원이라도 탈세했다면 옷 벗을 것」,『중앙일보』(2006/11/20).

「797억 횡령 정몽구 회장 변호사 비용 300억」,『한겨레』(2006/11/01).

「감사원 외환은행 매각 관련 중간발표에 관하여」, KBS1 라디오 인터뷰: 장화식(2006/06/20).

「감사원장의 국회 법사위 증언내용과 특검 도입의 필요성」, KBS1라디오 인터뷰: 장화식(2007/03/ 23).

「검찰, 귀국 김우중 전 대우그룹 회장 조사」,『법률신문』(2006/06/16).

「검찰의 론스타 수사가 남긴 문제점」, KBS1라디오, '라디오 정보센터 박에스더입니다' 인터뷰: 장화식(2006/12/08).

「고검 검사급 등 28명 … 단독개업 성향」,『내일신문』(2006/02/21).

「고위직 출신 인사 사외이사 모시기」,『세계일보』(2005/03/02).

「골드만삭스의 속살 낱낱이 파헤치다」,『이코노미21』(2006/02/09).

「공정위 4급이상 퇴직자 85% 기업체 등에 재취업」,〈연합뉴스〉(2005/09/09).

「공정위 고위퇴직자(4급 이상) 절반 '부적절한 로펌행'」,『조선일보』(2007/08/22).

「공정위가 뜨면 로펌은 웃는다」,『한국경제신문』(2006/01/23).

「국내·아시아 최대 로펌 '김&장 법률사무소'」,『내일신문』(2005/06/24).

「국내 1조4000억 시장, 6대 로펌이 절반 차지」,『조선일보』(2007/03/29).

「국내최대 로펌 김&장 후계카드 뭘까」,『서울신문』(2007/08/28).

「국민연금의 외환은행 인수 논란에 대해」, KBS1라디오 인터뷰: 장화식(2007/06/26)

「국민연금의 외환은행 인수논란과 세금」, MBC라디오 '손석희의 시선집중' 인터뷰: 장화식(2007/06/ 27).

「그들이 나서면 안 되는 게 없다」,『한겨레』. 2005/8/15.

「금감원 직원 로펌행 잇따라 … 김&장·율촌 등 스카우트 경쟁」,『한국경제신문』(2006/04/04).

「금감위는 론스타와 HSBC의 협상에 대해 매각 불가 입장을 밝혀야」, KBS1라디오 인터뷰: 장화식(2007/08/21).

「기업 품에 안겨버린 공정위」, 『조선일보』(2006/09/26).

「기업으로 가는 관료들: 공무원 된 민간인들」, 『문화일보』(2005/06/11).

「김&장, 국세심판원 출신 인사 영입 … 왜?」, 『조세일보』(2006/08/09).

「김&장, 변호사 40% 늘려 311명」, 『한국경제신문』(2006/03/06).

「김&장은 종로지방경찰청? … 검사 출신 잇따라 영입」, 『한국경제신문』(2006/01/23).

「김앤장 로펌 소득 킹 … 연 소득 6억 이상 변호사 무려 114명」, 『한국경제신문』(2005/09/25).

「김앤장, 외국자본 국내진출 법률교두보」, 『한겨레』(2006/04/18).

「김앤장을 말한다, 남겨진 선택」, KBS 〈시사기획 쌈〉(2007/01/22).

「김앤장을 말한다, 또 하나의 권력인가?」, KBS 〈시사기획 쌈〉(2007/01/15).

「김우중 새 법정 대리인, "조직을 위해 벚꽃처럼 지겠다"의 주인공」 〈노컷뉴스〉(2005/06/03).

「김진원의 로펌이야기」, 〈viewsnnews〉(2006/09/07).

「꼬리 밝힌 '이헌재 사단' 과거 과오」, 『주간한국』(2006/06/06).

「노대통령 사시17회 동기 줄줄이 요직에…」, 『매일경제』(2005/11/26).

「대법원장, 변호사시절 외환은 변호인으로 활동」, 〈이데일리〉(2006/11/17).

「대형 로펌 '몸집 불리기' 가속화」, 『서울경제』(2005/03/14).

「독성연구원장이 '김앤장'으로 간 까닭은」, 〈메디컬투데이〉(2007/10/02).

「두려움 없는 김&장 파워」, 『한겨레21』(2003/06/21).

「두산 오너일가 비자금조성 시인」, 『서울경제』, 2005/11/30.

「로펌가에 때아닌 2위 논쟁」, 『서울경제』(2006/01/30).

「로펌은 퇴임 고위관료 '정거장'? … 100여 명 포진」, 『한국경제신문』(2005/03/15).

「론스타 그레이켄의 미국에서의 연합뉴스와 인터뷰 분석 및 법원 재판 전망」, KBS1라디오 인터뷰:
        장화식(2007/06/11).

「론스타 영장기각사유 어디선가 들어봤던…」, 『한국일보』(2006/11/08).

「론스타 주가조작」, CBS라디오 〈시사자키 오늘과 내일〉 인터뷰: 장화식(2006/09/27).

「론스타를 둘러싼 검찰과 법원공방, 전망」, KBS강릉라디오 인터뷰: 장화식(2006/11/13).

「박용현 전원장, 두산 구원투수 등장?」 〈머니투데이〉(2006/2/28).

「법·검 영장 갈등 이용훈 대법원장 수임사건에 불똥」, 『서울신문』(2006/11/20).

「법률대리인 맡은 김&장, 장하성 펀드와 계약 파기」, 『한국경제신문』(2006/09/02).

「법률잡지, '아시아로'가 평가한 국제경쟁력 1위 국내로펌」, 『동아일보』(2006/06/05).

「법원, '대법원장 내사하다니…'」, 『조선일보』(2006/11/20).

「사외이사 "능력이야 있겠지만 쓴 소리 낼 수 있을지…"」, 『이코노믹리뷰』(2005/03/17).

「삼성전자 주총 80분 만에 끝」, 『중앙일보』(2006/03/01).

「세무조사 두산계열사 '삼화왕관' 임원진 국세청 'OB'」.『조세일보』(2005/12/08).

「손발이 되어주마, 병풍이 되어 주마」.『한겨레21』(2006/04/18).

「역대 국세심판원장들 … 경제계 여전한 '파워'」.『조세일보』(2005/06/01).

「예일대, 윤후정·장상 전 총장 등 여류학자 배출」.『매일경제』(2006/02/07).

「외국계 펀드 위법 첫 법정공방: '헤르메스 주가조작' 공판」.『국민일보』(2006/04/14).

「외환은행 측 두 차례 만났지만 유회원 씨 봤는지 기억 없다」.『조선일보』(2006/11/20).

「외환카드 주가조작」. KBS1라디오 인터뷰: 장화식(2006/09/27).

「월 소득이 47억 5,367만 원 … 김&장 변호사 최고소득」.『동아일보』(2005/09/21).

「은행권 '대형공익재단' 붐」.『서울신문』(2005/12/19).

「이 대법원장 의심받는 배경은」.『국민일보』(2006/11/20).

「이명박 후보가 신뢰하는 3인의 '말 벗'」〈뉴스앤뉴스〉(2007/05/15).

「이용훈 대법원장 '전관예우' 논란 재연: 변호사 5년간 4백 건 수임, 70%가 대법원 관련 사건」.『동아
일보』(2006/09/22).

「이재후 김&장 대표변호사, 로펌 CEO에게 듣는다」.『서울경제』(2005/06/27).

「이재후 김&장 법률사무소 인터뷰 "시장개방뿐만 아니라 법조직역 수성·확대도 중요"」.『법률신문』
(2006/05/05).

「이종규 국세심판운장 "39년 공무원생활 행복했습니다"」.『매일경제』(2006/02/15).

「이해 엇갈리는 양쪽 대리 … 잦은 '양다리'시비」.『한겨레』(2006/08/15).

「장펀드-대한화섬 분쟁 … 김앤장 보직변경」.〈이데일리〉(2006/10/17).

「재벌은 판·검사를 좋아해」.『이코노믹리뷰』(2006/11/09).

「전직경제관료 수십 명 대형 법무법인서 활동」.『매일경제』(2004/07/20).

「전형수 전 서울국세청장, 김&장 법률사무소 고문 취임」.『내일신문』(2005/07/01).

「정몽구회장, 변호인단 중 대법관출신 등 3명 사임」.『동아일보』(2006/06/01).

「정회장, '앞만 보고 달리다 뒤 못 돌아봐」.『동아일보』(2006/06/02).

「주택금융공사 주택저당증권 관계기관 선정」.『파이낸셜 뉴스』(2005/12/28).

「진단 진로매각, 우리는 또 국부유출을 당했나」〈딴지일보〉(2005/04/13).

「진로 비하인드 스토리」.『이코노미21』(2005/01/17).

「집중해부 김&장 론스타 커넥션」.『뉴스메이커』(2006/12/12).

「참여연대 '삼성, 사외이사후보 독립성에 하자 있다'」〈데일리 서프라이즈〉(2006/02/03).

「칼 아이칸의 KT&G 사태의 의미와 교훈」. MBC라디오 '손석희의 시선집중' 인터뷰: 장화식(2006/12/06).

「투기자본에 맞선 3년, 해고노동자 장화식」. KBS1라디오 특집인터뷰: 장화식(2006/07/14).

「판검사들 우르르 '김&장으로' … 왜?」.『문화일보』(2006/02/09).

「한 부총리, 외국계의 진로 매각차익은 리스크 부담결과」, 〈프레시안〉 (2005/04/13).

「한달에 십수억 버는 '샐러리맨' 누구일까」, 〈머니투데이〉 (2005/09/21).

「현대산업 측-건교부 아리송한 '밀착'」, 『경향신문』(2006/03/15).

「현대차·론스타 법률자문 '김&장' 대응 주목」, 『경향신문』(2006/04/03).

「현대차 비리의혹 사건으로 사외이사 역할 논란 부상」, 『코리아헤럴드』(2006/04/18).

「DBS의 외환은행 인수 움직임에 대해」, KBS1라디오 인터뷰: 장화식(2007/04/09).

「GS그룹, 김앤장과 사돈 맺는다」, 『헤럴드경제』(2006/10/20).

「INI스틸, 사외이사에 전형수 전서울국세청장 선임」, 『조세일보』(2006/03/12).

「KT&G, 홍삼·부동산 분리 거부」, 〈머니투데이〉 (2006/03/07).

「KT, 지배구조 투명성 강화 … 사장 공모제 폐지」, 〈디지털데일리〉 (2006/03/10).

「MBK 파트너스, 김&장 소속 M&A전문 변호사 영입」, 〈이데일리〉(2005/12/01).

「MS "끼워팔기" 법정서 다시 싸운다(종합)」, 〈이데일리〉 (2006/03/07).